职业教育汽车类专业“双证课程”培养方案教材

“十四五”“三教”改革精品教材

QICHE YINGXIAO

汽车营销

主　编◎鲍灵庆

副主编◎韩开志　范　竞　田　甜

主　审◎吉　杏

華中科技大學出版社
http://press.hust.edu.cn
中国·武汉

内容简介

本书旨在为广大读者提供系统、全面且深入的汽车营销知识与技能，从汽车市场的分析、消费者行为的洞察，到营销策略的制定与实施，再到销售流程的优化与管理，全方位解读汽车营销的方法和技巧。本书将理论与实践紧密结合，让读者在学习的过程中不仅能够掌握扎实的专业知识，还能培养敏锐的市场洞察力和卓越的营销实践能力。

图书在版编目(CIP)数据

汽车营销 / 鲍灵庆主编. -- 武汉 ：华中科技大学出版社，2025. 5. -- ISBN 978-7-5772-1953-0

Ⅰ. F766

中国国家版本馆 CIP 数据核字第 2025C31K84 号

汽车营销

Qiche Yingxiao

鲍灵庆　主编

策划编辑：张　毅

责任编辑：杜筱娜

封面设计：孢　子

责任监印：朱　玢

出版发行：华中科技大学出版社(中国·武汉)　　电话：(027)81321913

武汉市东湖新技术开发区华工科技园　　邮编：430223

录　　排：武汉正风天下文化发展有限公司

印　　刷：武汉科源印刷设计有限公司

开　　本：787mm×1092mm　1/16

印　　张：15.75

字　　数：374 千字

版　　次：2025 年 5 月第 1 版第 1 次印刷

定　　价：49.80 元

前言

在当今社会，汽车产业已经成为国民经济的重要支柱产业之一，汽车的生产、销售与服务对经济的发展和人们的生活产生了极其深远的影响。随着汽车市场的不断发展和竞争的日益激烈，汽车营销的重要性愈发凸显。无论是汽车制造商、经销商，还是相关的服务提供商，都需要具备专业的汽车营销知识和技能，才能在激烈的市场竞争中立于不败之地。

本书的编写旨在为广大读者提供一套系统、全面、深入的汽车营销知识体系，帮助读者掌握汽车营销的基本理论、方法和技巧，培养读者的汽车营销实践能力和创新思维。本书在编写过程中，充分考虑了汽车营销领域的最新发展动态和趋势，结合了大量的实际案例和数据，力求具有较强的实用性和前瞻性。

本书的内容涵盖了汽车营销的各个方面，包括汽车市场营销环境分析、汽车消费者行为研究、汽车产品策略、汽车价格策略、汽车分销策略、汽车促销策略、汽车售后服务管理等。通过对这些内容的学习，读者可以全面了解汽车营销的基本理论和方法，掌握汽车营销的核心技能，为今后从事汽车营销相关工作打下坚实的基础。

在本书的编写体例上，我们注重理论与实践的结合，每个模块都设置了学习目标、任务导入、知识导航、案例分析、课后习题等环节，以便读者能够更好地理解和掌握所学内容。同时，本书中还穿插了大量案例，使内容更加生动、直观、易于理解。

此外，为了方便教师教学和学生学习，本书还配备了丰富的教学资源，包括教学课件、案例分析参考答案、习题参考答案等。教师可以根据教学需要，灵活选择和使用这些教学资源，提高教学效果。

我们相信，本书的出版将为汽车营销专业的教学和人才培养提供有力的支持，也将为广大汽车营销从业人员的学习和工作提供有益的参考。

本书由鲍灵庆担任主编，韩开志、范竞、田甜担任副主编，吉杏担任主审。最后，感谢所有为本书的编写和出版付出辛勤努力的人员，同时也感谢广大读者对本书的支持和关注。

由于编者水平有限，书中难免存在不足之处，恳请读者批评指正。

编　者

2025 年 1 月

目录

模块1　汽车营销的概念

模块引言

在当今汽车产业蓬勃发展且竞争异常激烈的时代，汽车营销扮演着至关重要的角色。随着科技的不断进步、消费者需求日益多样化以及市场环境的持续变化，汽车营销已不再是简单的卖车行为。从汽车诞生之初到如今高度发达的汽车市场，其营销模式经历了诸多变革。了解汽车营销的概念，包括其定义、发展历程以及重要性，对于深入掌握汽车营销领域的知识并在相关工作中取得成绩至关重要。本模块将引领您全面了解汽车营销的概念，帮助您构建起扎实的汽车营销知识体系，为您在该领域的发展奠定坚实的基础。

模块简介

本模块聚焦于汽车营销的概念这一核心主题。首先，详细阐述汽车营销的定义，让您清晰知晓汽车营销所涵盖的具体活动与目标。其次，深入探讨汽车营销的发展历程，从早期汽车销售的雏形到现代多元化、数字化的营销模式，剖析不同阶段的特点与转变。最后，着重分析汽车营销的重要性，从汽车营销对汽车企业生存发展的影响到汽车营销对消费者购车决策的影响等多方面进行解读。通过理论讲解、案例分析等多种方式，本模块将为您呈现一个完整且系统的汽车营销概念框架，使您全面理解汽车营销在汽车产业中的关键地位与作用。

学习目标

一、知识目标

（1）准确理解汽车营销的定义，明确其围绕汽车产品开展的一系列满足消费者需求、实现价值交换的活动内涵。

（2）熟悉汽车营销的发展历程，能清晰说出不同历史阶段汽车营销的主要模式、特点及标志性变化。

(3) 深刻认识汽车营销的重要性,包括对汽车企业经济效益、品牌建设、市场份额以及对消费者购车决策、使用体验等方面的影响。

二、技能目标

(1) 能够运用所学的汽车营销知识,分析实际营销案例中活动的合理性与有效性。

(2) 依据汽车营销发展历程的相关知识,预测未来汽车营销可能出现的新趋势与新变化。

(3) 借助对汽车营销重要性的理解,在模拟或实际营销场景中,能针对性地制定提升营销效果的策略。

三、素质目标

(1) 培养对汽车营销领域的敏锐观察力,能及时捕捉市场中与汽车营销相关的新动态、新现象。

(2) 提升逻辑思维能力,以便在梳理汽车营销概念相关知识时,能清晰、有条理地进行分析与总结。

(3) 增强沟通协作能力,因为汽车营销涉及多方面协作,良好的沟通协作能力有助于更好地实现营销目标。

任务1　汽车营销的定义

任务导入

想象一下,你现在置身于一个繁华的汽车城,街道两旁摆满了各式各样、品牌各异的汽车。展厅里,销售人员正热情地向顾客介绍着车辆的性能、配置和特色;广告屏幕上,不断播放着炫酷的汽车广告,吸引着路人的目光;而在网络世界里,汽车品牌的官方网站、社交媒体账号也在积极推送着最新车型信息和促销活动。

在这样一个充满活力与竞争的汽车销售场景中,你是否思考过,背后是怎样一套系统的运作,才使得这些汽车能够从生产车间顺利地到达消费者手中,并且让消费者心甘情愿地掏腰包购买呢?这其实就是我们今天要深入探究的内容——汽车营销。

任务要求

一、知识与技能目标

(1) 学生能够准确阐述汽车营销的基本定义,理解其核心内涵,包括涉及的主体(汽车制造商、经销商、消费者等)、主要活动(市场调研、产品推广、销售、售后服务等)以及目标(满足消费者需求、实现企业盈利等)。

(2) 掌握汽车营销与传统营销的区别与联系,能清晰列举出汽车营销在产品特点、消费群体、营销渠道、服务要求等方面的独特之处。

(3) 学会运用汽车营销的定义去分析简单的汽车营销案例,判断案例中所涉及的营销活动是否在汽车营销的范畴内,并能指出其具体的营销环节和特点。

二、过程与方法目标

(1) 通过课堂讲解、案例展示与分析等教学方式,培养学生观察、分析和归纳总结的能力,使其能够从具体的营销实例中提炼出汽车营销的本质特征和规律。

(2) 组织学生进行小组讨论和课堂发言,培养学生的沟通表达能力和团队协作精神,鼓励学生在交流中深化对汽车营销定义的理解。

(3) 引导学生开展自主学习,借助图书馆资料、网络资源等进一步探究汽车营销的相关知识,拓宽知识面,提高自主获取知识的能力。

三、情感态度与价值观目标

(1) 培养学生对汽车营销行业的兴趣并提高关注度,让学生认识到汽车营销在现代经济生活中的重要地位和作用。

(2) 帮助学生树立正确的营销观念,强调以消费者为中心、诚信经营的重要性,使学生明白良好的营销行为对于企业发展和社会经济的积极影响。

(3) 增强学生对未来从事汽车营销相关工作的自信心,激发其在该领域深入学习和发展的热情。

一、定义

汽车营销是指汽车企业或相关销售者通过一系列的市场调研、策划、推广和销售活动,将汽车产品或服务推向目标市场和目标客户,以满足客户需求、实现企业销售目标和利润目标,并建立长期客户关系的过程。

汽车营销涵盖多个方面:对汽车产品的特性、优势、定位的分析和传播;对市场需求、竞争态势的研究和把握;制定价格策略、渠道策略、促销策略等;通过广告、公关、促销等手段来吸引潜在客户,提高品牌知名度和美誉度,促进汽车的销售和市场份额的扩大。同时,汽车营销还注重售后服务,以提高客户满意度和忠诚度,为企业的持续发展奠定基础。

二、基本原则

1. 以客户为中心原则

以客户为中心原则是指深入了解客户的需求、偏好和期望，提供符合客户需求的产品和服务，努力满足并超越客户的期望，从而建立长期的客户关系。

1）了解客户需求

市场调研：通过问卷调查、访谈等方式，深入了解不同客户群体对汽车的性能、外观、内饰、价格等方面的需求和期望。例如，年轻消费者可能更注重汽车的科技配置和时尚外观，而家庭用户则可能更关心汽车的安全性和空间大小。

客户反馈：积极收集客户的反馈意见，包括购买体验、售后服务等方面。这可以通过客户满意度调查、在线评论等渠道进行。根据客户反馈及时调整营销策略和产品改进方向。

2）提供个性化服务

定制化产品：根据客户的特殊需求，提供定制化的汽车配置选项。例如，客户可以选择不同的车身颜色、内饰材质、车载设备等，满足其个性化的需求。

专属服务：为客户提供专属的购车顾问，全程协助客户选择合适的车型、办理购车手续等。同时，在售后服务方面，提供个性化的保养计划和维修服务，提高客户的满意度。

3）建立良好的客户关系

沟通与互动：通过多种渠道与客户保持沟通，如电话、短信、电子邮件、社交媒体等。及时回复客户的咨询和问题，提供专业的建议和解决方案。举办客户活动，增强客户的参与感和忠诚度。

客户关怀：在客户购车后，定期进行回访，了解客户的使用体验和需求变化。在重要节日或客户生日等特殊时刻，送上祝福和小礼物，表达对客户的关心和感谢。

4）为客户提供优质的体验

展厅环境：营造舒适、温馨的展厅环境，让客户在购车过程中感受到愉悦和放松。提供充足的产品展示和试驾机会，让客户充分了解汽车的性能和特点。

售后服务：建立完善的售后服务体系，确保客户在车辆维修、保养等方面得到及时、高效的服务。提供 24 小时道路救援服务，解决客户的后顾之忧。

2. 产品差异化原则

产品差异化原则是指突出汽车的特点、优势和价值，与竞争对手的产品形成明显的差异，以吸引消费者的关注。

1）外观设计差异化

独特造型：汽车的外观造型是吸引消费者的重要因素之一。通过独特的车身线条、前脸设计、车尾造型等，使汽车在外观上与竞争对手的产品区分开来。例如，一些豪华品牌汽车采用独特的家族式前脸设计，具有很高的辨识度。

个性化颜色：提供丰富多样的车身颜色选择，满足不同消费者的个性化需求。一些汽车品牌还推出限量版或特别版车型，采用独特的颜色搭配，吸引消费者的关注。

2）性能配置差异化

动力系统：提供不同类型的动力系统，如传统燃油发动机、混合动力、纯电动等，满足不同消费者对动力和环保的需求。例如，一些消费者注重动力性能，可能会选择高性能的燃油发动机车型；而另一些消费者则更关注环保和节能，可能会选择纯电动或混合动力车型。

安全配置：加强汽车的安全配置，如主动安全系统（如自动紧急制动、车道偏离预警等）和被动安全系统（如多个安全气囊、高强度车身结构等）。更高的安全性能可以吸引注重安全的消费者。

科技配置：增加汽车的科技配置，如智能互联系统、自动驾驶辅助功能、高级音响系统等。这些科技配置可以提升汽车的便利性、舒适性和娱乐性，吸引年轻消费者和科技爱好者。

3）内饰设计差异化

材质选择：采用高品质的内饰材料，如真皮座椅、实木装饰、金属质感部件等，提升汽车内饰的质感和豪华感。同时，提供多种内饰颜色和材质搭配选择，满足消费者的个性化需求。

空间布局：优化汽车的内部空间布局，提供更宽敞、舒适的乘坐空间和储物空间。例如，一些SUV（运动型多用途汽车）车型通过合理的座椅布局和后备厢设计，提供更大的载物空间。

4）品牌定位差异化

目标市场定位：明确汽车品牌的目标市场定位，针对不同的消费者群体推出不同的车型和营销策略。例如，一些品牌定位为高端豪华市场，注重品牌形象和产品品质；而另一些品牌则定位为中低端市场，注重性价比和实用性。

品牌价值观：塑造独特的品牌价值观，通过品牌宣传和营销活动传达给消费者。例如，一些汽车品牌强调环保、可持续发展的价值观，吸引关注环保的消费者；而另一些品牌则强调运动、激情的价值观，吸引年轻、有活力的消费者。

3. 品牌建设原则

品牌建设的原则是打造具有强大影响力和良好声誉的汽车品牌，通过品牌形象、品牌价值和品牌故事的塑造，增强消费者对品牌的认同感和忠诚度。

1）明确品牌定位

目标市场分析：深入了解目标客户群体的需求、偏好、购买行为等，确定品牌所针对的特定市场细分。例如，有的品牌定位为高端豪华市场，主要面向高收入人群，注重品质、性能和独特设计；而有的品牌则专注于中低端市场，强调性价比和实用性。

独特价值主张：明确品牌的核心价值和独特卖点，与竞争对手区分开来。这可以是技术创新、卓越品质、优质服务、环保理念等。例如，特斯拉将电动汽车技术创新和环保理念作为品牌核心价值，吸引了众多消费者。

2）保持品牌一致性

视觉形象统一：包括品牌标志、车身设计、广告宣传、展厅布置等方面，都应保持统一的风格和形象。品牌标志要简洁、易识别，车身设计要有独特的风格，广告宣传和展厅布置要体现品牌的特色和价值观。

品牌价值观贯穿：品牌的价值观应贯穿于产品设计、生产、销售和售后服务的各个环节。例如，以“安全”为核心价值观的品牌，在产品设计上要注重安全性能的提升，在销售过程中要强调安全特点，在售后服务中要及时响应客户的安全需求。

3）提供优质产品和服务

产品质量保证：汽车作为一种高价值的耐用消费品，产品质量是品牌建设的基础。确保汽车的性能、安全性、可靠性等方面达到高标准，通过严格的质量控制和检测体系，为消费者提供优质的产品。

卓越售后服务：良好的售后服务可以提高客户满意度和忠诚度，对品牌建设起到重要作用。提供及时、专业、周到的售后服务，包括维修保养、配件供应、客户关怀等方面，让客户感受到品牌的关怀和支持。

4）持续创新与发展

技术创新：汽车行业技术不断进步，品牌要持续投入研发，推出具有创新性的产品和技术。例如，新能源汽车技术、智能驾驶技术等的应用，可以提升品牌的竞争力和市场影响力。

营销创新：不断探索新的营销方式和渠道，适应市场变化和消费者需求的变化。例如，利用社交媒体、线上直播、体验营销等方式，提高品牌的知名度和美誉度。

5）建立良好的品牌声誉

诚信经营：遵守法律法规，诚实守信，不做虚假宣传，没有欺诈行为。树立良好的企业形象，赢得消费者的信任和尊重。

社会责任：积极履行企业的社会责任，关注环境保护、公益事业等，提升品牌的社会形象和价值。例如，一些汽车品牌通过推出环保车型、参与公益活动等方式，树立了良好的品牌形象。

4. 市场导向原则

密切关注市场动态、趋势和变化，根据市场需求调整营销策略和产品供应，确保企业在市场竞争中保持良好的适应性。

企业要先对汽车市场进行调研，包括消费者对汽车的款式、性能、价格等方面的需求，以及竞争对手的产品特点和市场份额等情况。例如，若发现消费者对新能源汽车的需求增大，且偏好智能化配置，企业就需要根据这些需求来设计和推广产品。

在产品策略上，基于市场导向，汽车企业要研发和生产符合市场流行趋势和消费者期望的车型。如为了满足年轻消费者追求个性的心理需求，推出外观酷炫、色彩多样的汽车。

定价方面，要考虑市场的价格接受程度和竞品的定价。如果市场上同级别汽车的主流价格为 10 万～15 万元，那么企业就要根据自身产品的定位和差异化优势来定价。

促销活动也要以市场为导向，选择目标客户群体关注的渠道和方式。例如，针对上班族，可以通过地铁广告、网络平台进行促销宣传。

5. 整合营销传播原则

综合运用多种营销传播方式，形成协同效应，以统一的形象将信息传递给目标客户。

1) 传播方式的整合

传播方式包括广告、销售促进、公共关系、人员推销等。例如,汽车企业可以在电视、报纸等媒体投放广告展示新款汽车的外观和性能优势;利用销售促进手段(如车展期间提供折扣、赠品等)吸引消费者购买;通过举办新闻发布会、公益活动等公共关系活动提升品牌形象;销售人员在展厅为消费者进行专业讲解。以上几种方式相互配合,形成整合传播。

2) 信息内容的整合

不管使用何种传播工具,传递的核心信息都要保持一致,比如汽车品牌强调自身的安全性,那么就要在广告中突出安全配置,促销活动中可以以安全保障为卖点,公关活动中宣传品牌对安全理念的贯彻,销售人员也要重点讲解与安全性能相关的内容。

3) 传播渠道的整合

除了传统媒体渠道,还要结合线上渠道,如汽车品牌官网、社交媒体平台、汽车之家等垂直网站。不同渠道发布的内容应相互呼应,确保消费者在各个接触点都能接收到连贯的品牌及产品信息。

6. 销售与服务并重原则

不仅注重汽车的销售业绩,同时也要提供优质的售前、售中及售后服务,解决客户的后顾之忧,提升客户满意度和口碑。

从销售角度讲,汽车销售包括售前的产品展示、试驾体验等环节。清晰准确地向消费者介绍汽车的各项性能、配置和优势,如动力系统、智能驾驶辅助功能等,同时提供试驾服务,让消费者亲身体验车辆的操控性、舒适性等,能够促进消费者购买。

服务方面同样重要。售后服务涵盖了汽车维修保养、零部件更换、质保等内容。例如,为消费者提供定期的车辆保养提醒服务,并且在保养过程中使用原厂优质配件,保障维修质量。快速响应客户的维修需求、缩短客户等待时间,能增强客户对品牌的满意度和忠诚度。

销售与服务相互关联。良好的销售过程能够为售后服务奠定基础,因为客户在购买过程中的良好体验会使他们更愿意接受后续的服务。反过来,优质的售后服务也有助于促进再次销售。当客户享受到满意的维修保养服务后,他们更有可能向身边的人推荐该品牌汽车,或者在自己换车时再次选择这个品牌。

7. 成本效益原则

在制订营销计划和实施营销活动时,充分考虑投入产出比,合理配置资源,以最小的成本获取最大的营销效果。

成本包括多个部分:一是营销调研成本,如市场调研、消费者需求分析、竞争对手研究等,这需要投入人力、物力和时间;二是广告宣传成本,无论是在电视、网络还是在户外投放广告,都有制作和投放的费用;三是促销活动成本,例如车展的场地租赁、参展车辆的运输和布置、促销礼品的采购等;四是销售渠道成本,包括建立和维护 4S(sale、spare part、service、survey,分别指销售、零配件供应、售后服务、信息反馈)店、直营店等的费用。

效益主要体现在汽车的销量增加、市场份额扩大和品牌价值提升上。如果通过营销活动,汽车的销量显著提高,比如一款车型原来每月销售 100 辆,在开展营销活动后每月销售 300 辆,同时品牌知名度也在市场中得到提升,吸引了更多潜在消费者的关注,这就说明营销活动产生了良好的效益。

企业需要对比成本和效益。如果成本过高,效益却不明显,就需要调整营销战略。例如,当发现某个广告渠道投入大量资金,但转化率很低时,就可以考虑更换渠道或者优化广告内容,以提高成本效益比。

8. 长期关系建立原则

着眼于与消费者、供应商、合作伙伴建立长期稳定的合作关系,而非追求短期的销售成果,为企业的可持续发展奠定基础。

对于消费者而言,建立长期关系可以从多个方面入手。一是提供优质的售前服务,如热情接待、专业讲解汽车性能和配置等,让消费者有良好的购车体验。二是做好售后服务,包括定期保养提醒、高效的维修服务、建立客户反馈机制、及时解决客户的问题等。例如,汽车品牌可以为车主提供专属的客服热线,24 小时响应客户咨询和诉求。通过这些方式增强消费者对品牌的信任度和忠诚度,促进他们再次购买同品牌汽车或者将品牌推荐给他人。

在与供应商的关系方面,要保持紧密沟通。长期稳定的零部件供应商能保证汽车生产的质量和效率。比如,汽车制造商和优质轮胎供应商建立长期合作关系,双方可以共同研发适合车型的轮胎,并且在价格、交货期等方面达成长期有利的协议,保障汽车生产的顺利进行。

和合作伙伴(如金融机构、广告公司等)也要建立长期关系。以金融机构为例,和银行长期合作汽车贷款业务,可以为消费者提供更便捷的购车金融服务方案,同时也有助于企业稳定销售渠道、拓宽销售范围。

三、特点

1. 产品特点导向明显

产品复杂性强:汽车是技术密集型产品,包含机械、电子、材料等多个领域的技术。营销过程中需要向消费者详细介绍汽车的发动机性能、变速器类型、悬挂系统、安全配置(如安全气囊、防抱死制动系统(ABS)等)、智能互联功能(如车载导航、蓝牙等)等众多复杂的产品特性。

产品生命周期长:从汽车的研发、生产到最终退市,产品的整个生命周期较长。在不同阶段,营销重点不同。例如,新车型上市初期,重点是宣传产品的新颖之处和优势;在产品成熟期,会强调性价比和品牌服务;接近退市阶段,则可以通过促销活动清理库存。

2. 品牌影响深远

品牌忠诚度较高:消费者一旦认可某个汽车品牌,往往会在后续换车时继续选择该品牌,或者向他人推荐该品牌。这是因为汽车品牌不仅代表产品的质量和性能,还能体现车主的身份、品位和价值观。例如,豪华品牌(如宝马、奥迪等)汽车的车主,对品牌的忠诚度较高,部分原因是品牌所传达的高端形象和驾驶乐趣符合他们的心理需求。

品牌建设周期长:汽车品牌的建设是一个长期的过程,需要通过持续的产品质量保证、广告宣传、公关活动、客户服务等多种方式提高品牌声誉。一个新的汽车品牌要想在市场上获得认可,往往需要花费数年甚至数十年的时间来打造品牌形象。

3. 营销渠道专业性强

以4S店为主要销售渠道:4S店模式在汽车销售中占据主导地位。它为消费者提供了集汽车销售、原厂配件供应、专业售后服务和信息收集反馈于一体的综合性服务。4S店的销售人员和售后技术人员都需要经过专业培训,以保证服务质量。

新兴渠道逐渐兴起:除了4S店外,汽车电商平台、汽车超市等新兴渠道也在逐渐兴起。汽车电商平台为消费者提供了便捷的购车方式,消费者可以在网上比较不同车型的价格、配置等信息,部分平台还提供线上预订和交易服务;汽车超市则集合了多个品牌的汽车,消费者可以在同一地点对不同品牌的汽车进行比较和选择。

4. 促销活动形式多样

价格促销力度大:汽车促销活动中,价格促销是最常见的方式之一,包括现金折扣、降价促销、购车补贴等多种形式。例如,在车展期间或者年末冲销量时,汽车企业常常会推出大幅度的现金折扣活动,吸引消费者购买。

增值服务促销丰富:除了价格促销,增值服务促销也很受欢迎,如赠送汽车精品(汽车脚垫、座套、行车记录仪等)、免费保养、延长质保期、提供低息或零首付购车贷款等。这些增值服务可以增加产品的附加值,提高消费者的购买意愿。

5. 客户服务至关重要

售前服务影响购买决策:汽车售前服务包括热情接待消费者、专业讲解汽车性能和配置、提供试驾体验等。优质的售前服务能够让消费者更好地了解产品,增强购买欲望。例如,销售人员详细、准确地回答消费者关于汽车的各种疑问,并根据消费者的需求提供合理的购车建议,会对消费者的购买决策产生积极的影响。

售后服务保障长期关系:汽车售后服务涉及维修保养、零配件更换、故障排除等多个方面。良好的售后服务可以保障消费者的用车体验,增强消费者对品牌的信任度和忠诚度。例如,提供24小时道路救援服务、快速维修服务以及定期的保养提醒等,能够让消费者在使用汽车的过程中感到安心。

案例分析

案例一:特斯拉 Model 3 的推广营销

一、营销活动开展形式

线上方面,特斯拉通过官方网站、社交媒体平台(如推特、微博等)持续发布 Model 3 的相关信息,包括车辆性能参数(如续航里程、加速性能等)、智能驾驶功能展示、内饰外观图片及视频等,吸引潜在消费者的关注。同时,开展线上预订活动,消费者只需在官方网站缴纳一定定金即可预订车辆,这种方式提前锁定了大量客户。

线下方面,在各大城市的购物中心、商业广场等地开设体验店,消费者可以近距离接触和体验 Model 3,店内工作人员会详细介绍车辆特点并解答疑问。此外,还举办一些试驾活动,让消费者感受车辆的驾驶乐趣。

二、目标受众

主要针对年轻、科技爱好者以及对环保出行有需求的消费者。这些人群对新鲜事物接受度高,注重车辆的科技性和环保性能,且有一定的消费能力。

三、主要营销手段

产品创新营销:特斯拉将其领先的电池技术、智能驾驶技术等作为核心卖点进行宣传,突出 Model 3 在续航里程、自动驾驶辅助等方面的优势,将产品本身的创新性作为吸引消费者的重要手段。

口碑营销:通过早期用户的使用体验分享,在社交媒体等平台形成良好的口碑。例如,一些科技博主、汽车爱好者在试驾或购买后在网上发布好评,吸引更多人关注。

饥饿营销:在车辆生产初期,通过控制产量,造成市场供不应求的局面,进一步激发消费者的购买欲望。

营销效果:Model 3 一经推出便受到广泛关注,预订量持续上升,最终实现了较高的销量。同时,特斯拉的品牌知名度也在全球范围内显著提升,巩固了其在电动汽车领域的领先地位。

从汽车营销的定义来看,特斯拉 Model 3 的推广营销很好地体现了以下几点。

(1) 主体:营销主体是特斯拉公司,其通过各种营销活动将 Model 3 推向市场。

(2) 客体:营销客体自然是 Model 3 这款汽车产品,包括其性能、功能、外观等各个方面。

(3) 目的:一方面是实现 Model 3 的大量销售,获取经济效益;另一方面是提升特斯拉品牌的知名度和美誉度,扩大品牌在全球市场的份额。

(4) 手段:采用了线上和线下相结合的多种营销手段,如利用网络平台宣传、开设体验店、举办试驾活动、通过口碑营销和饥饿营销等方式吸引消费者。

(5) 结果:达成了预期的营销效果,即销量提升和品牌影响力扩大,这也正是汽车营销所期望取得的最终成果。

案例二:丰田卡罗拉的长期营销

一、营销活动开展形式

丰田长期在电视、报纸、杂志等传统媒体上投放广告,宣传卡罗拉的可靠性、燃油经济性等特点。近年来,丰田逐渐加大了在网络平台上对卡罗拉的宣传力度,如在汽车之家、易车等汽车专业网站上展示车型信息、用户评价等。

丰田举办各种有关卡罗拉的促销活动，如提供购车优惠、赠送汽车保养套餐、延长质保期等，吸引消费者购买。

丰田在全国各地建立了庞大的经销商网络，通过经销商开展试驾、展示等活动，方便消费者近距离了解卡罗拉。

二、目标受众

面向广大普通消费者群体，尤其是注重车辆实用性、经济性和可靠性的家庭用户。

三、主要营销手段

品牌营销：丰田作为全球知名的汽车品牌，长期以来宣传其品牌理念，并将卡罗拉与丰田的品牌形象紧密联系在一起，让消费者基于对丰田品牌的信任而选择卡罗拉。

产品特点营销：突出卡罗拉的可靠性、燃油经济性等核心产品特点，通过各种宣传渠道让消费者深刻了解这些优势。

促销营销：利用购车优惠、赠送保养套餐等促销手段，降低消费者的购车成本，提高消费者的购买欲望。

营销效果：卡罗拉成为全球最畅销的汽车车型之一，销量长期居高不下。丰田品牌也在消费者心目中进一步巩固了其可靠、经济的形象，为后续车型的销售打下了良好基础。

在汽车营销定义层面，丰田卡罗拉的营销体现在如下方面。

(1) 主体：丰田公司及其经销商网络共同构成营销主体，负责将卡罗拉推向市场并开展各项营销活动。

(2) 客体：卡罗拉这款车型，包括其品牌归属、产品特性等全部要素。

(3) 目的：实现卡罗拉的持续高销量，维持丰田品牌在家庭用户市场中的领先地位，同时获取经济效益并提升品牌知名度。

(4) 手段：运用传统媒体与网络平台宣传、举办促销活动、建立经销商网络、开展相关活动等多种方式进行营销。

(5) 结果：成功实现了销量目标，巩固了品牌形象，符合汽车营销期望取得的最终成果。

案例三：五菱宏光 MINIEV 的营销

一、营销活动开展形式

线上，五菱宏光 MINIEV 通过官方微博、抖音等社交媒体平台发布创意短视频，展示车辆小巧灵活、可爱时尚的外观，以及价格优势。同时，开展线上互动活动，如抽奖、问答等，吸引用户参与并关注。

线下，在一些城市的商业街、夜市等地设置展示点，吸引路人驻足观看和体验。此外，还与一些时尚品牌、潮流活动合作，将五菱宏光 MINIEV 融入潮流文化当中，提升其品牌形象。

二、目标受众

主要针对年轻消费者群体，特别是城市中的上班族、年轻人，尤其是女性消费者。这些人群注重车辆的外观和颜值、灵活性和实惠性。

三、主要营销手段

差异化营销：针对目标受众的特点，突出五菱宏光 MINIEV 与其他品牌汽车的不同之处，如小巧的车身、可爱的外观、极低的价格等，形成差异化优势，吸引特定群体的消费者。

社交营销：利用社交媒体平台的互动性，开展各种线上互动活动，通过用户的参与和分享，形成良好的社交传播效应。

潮流营销：与时尚品牌、潮流活动合作，将潮流文化融入车辆，使其在年轻消费者群体中更具吸引力。

营销效果：五菱宏光 MINIEV 一经推出便成为爆款，销量急剧上升，在年轻消费者群体中拥有极高的知名度和美誉度，也为五菱汽车品牌注入了新的活力。

从汽车营销定义角度分析，五菱宏光 MINIEV 的营销体现在以下方面。

(1) 主体：五菱汽车公司是营销主体，负责组织和开展各项营销活动。

(2) 客体：五菱宏光 MINIEV 这款电动汽车产品，涵盖其外观、价格、性能等各方面。

(3) 目的：一方面是实现产品的大量销售，获取经济效益；另一方面是提升五菱汽车品牌在年轻消费者群体中的知名度和美誉度，扩大品牌的市场份额。

(4) 手段：采用线上和线下相结合的营销手段，包括社交媒体宣传、线下展示点设置、与时尚品牌合作等方式。

(5) 结果：达到了销量提升和品牌形象提升的营销效果，符合汽车营销的目标和要求。

任务实施

一、实施准备

1. 学生准备

(1) 学生学习完知识导航部分，便可进行学习考评。

(2) 由学生自由组合成研究性学习项目小组，4～6 人为一组。

2. 教师准备

(1) 教师和各小组的组长担任考评人员。对协助教师进行考评的学生进行课前考评和监督方法的培训,确保考评结果准确和公平。

(2) 做好考评记录准备。

二、实施内容

学生按组选出代表,对所学知识进行复述。考评人员根据学生复述的内容,结合考评标准进行考评。

三、考评标准

汽车营销的定义复述测评表见表 1-1。

表 1-1 汽车营销的定义复述测评表

班级		姓名		小组			
任务名称	汽车营销的定义						
考核内容	测评标准	配分	考核分值	学生自评	小组互评	教师评价	考核得分
知识掌握	说出汽车营销的定义	50	10				
	说出汽车营销的 8 项基本原则		20				
	说出汽车营销的 5 个特点		20				
职业素养	表达清楚	50	20				
	普通话标准		20				
	形象得体		10				
总分		100	100				

注:考核得分=学生自评×20%+小组互评×40%+教师评价×40%。

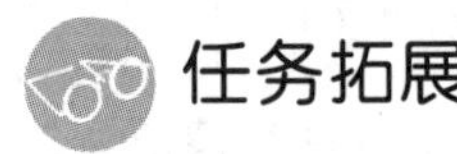

任务拓展

学生课后通过讨论和查阅相关资料完成学习通上的研讨任务“汽车营销的重要性”。

课后习题

一、填空题

1. 汽车营销是指汽车企业为了实现自身的经营目标，围绕汽车产品的生产、销售、售后服务等一系列活动，通过市场调研、产品定位、定价策略、促销推广、________等手段，满足消费者对汽车的需求并实现产品价值交换的过程。

2. 汽车营销的基本原则之一是________，即要充分了解不同消费者群体的需求差异，提供针对性的产品和服务。

3. 汽车营销的特点包括产品的复杂性，因为汽车不仅是一种交通工具，还涉及诸多________、安全性等方面的考量。

二、选择题

1. 以下哪项不属于汽车营销定义中所涉及的活动？（　　）

A. 市场调研

B. 产品研发

C. 促销推广

D. 渠道建设

2. 汽车营销遵循的基本原则是以消费者为中心，这意味着（　　）。

A. 只关注消费者的价格需求

B. 按照企业自身想法推广产品就行

C. 充分了解消费者需求并据此提供产品和服务

D. 不用考虑竞争对手的情况

3. 汽车营销的特点之一是营销周期长，主要是因为（　　）。

A. 汽车价格昂贵，消费者在购买时较为谨慎

B. 汽车企业生产效率低

C. 营销手段单一，难以快速达成效果

D. 不需要考虑市场变化

三、简答题

1. 简述汽车营销的定义。

2. 阐述汽车营销的基本原则及其重要性。

3. 分析汽车营销的特点。

任务2 汽车营销的发展历程

任务导入

展示图片或播放一小段视频：画面内容是汽车刚诞生时的简陋模样，比如1886年卡尔·本茨发明的第一辆汽车在街上行驶时人们好奇围观的场景；再切换到如今繁华都市中车展上各种炫酷、高科技含量汽车展示的热闹场面。同学们，从刚才看到的画面可以发现，汽车从诞生到现在发生了天翻地覆的变化。那大家想一想，这么多年过去了，汽车是怎么从最初鲜为人知发展到现在被大众广泛接受并购买的呢？其实这背后就是汽车营销不断发展的过程，今天咱们就来好好探究一下汽车营销的发展历程。

任务要求

一、知识与技能目标

（1）学生能够清晰了解汽车营销发展历程中的各个重要阶段，包括起始阶段、发展阶段、变革阶段等，准确说出每个阶段的时间范围、主要特点以及标志性事件。

（2）掌握不同阶段汽车营销所采用的主要营销方式、渠道以及策略，能对比分析各阶段之间的差异，理解营销手段随时代发展而演变的规律。

（3）学会运用所学的汽车营销发展历程知识，解读特定历史时期汽车营销案例，分析营销活动与当时阶段特点的契合度，以及在整个发展脉络中的位置和意义。

二、过程与方法目标

（1）通过课堂讲授、图片展示、视频播放等多种教学手段，生动呈现汽车营销发展历程，培养学生的观察能力、信息提取能力以及对历史脉络的梳理能力。

（2）组织学生进行小组讨论、案例分析等活动，培养学生的团队协作能力、分析思考能力以及口头表达能力，促使学生在交流互动中深化对汽车营销发展历程的理解。

（3）引导学生开展自主学习，鼓励学生利用图书馆、网络等资源进一步探究汽车营销发展历程中的细节内容，拓宽知识面，提高自主学习和知识整合的能力。

三、情感态度与价值观目标

（1）引导学生深入理解汽车营销行业的历史底蕴和文化内涵，使学生认识到汽车营销的发展历程不仅是一部商业演进史，更是一部凝聚创新智慧、顺应时代变革的奋斗史。

（2）激发学生对汽车营销的兴趣，使学生感受到行业发展的动态性和魅力，为今后从事相关工作或深入研究奠定情感基础。

(3) 使学生树立正确的行业发展观,让学生明白行业发展是一个循序渐进、不断变革的过程,鼓励学生在未来的学习、工作和生活中积极适应变化、勇于创新。

知识导航

一、早期萌芽阶段(19 世纪末—20 世纪初)

1. 背景

在这个时期,汽车属于新兴事物,产量较低,主要是手工制作。汽车的销售对象大多是富裕阶层,销售方式比较简单直接。汽车制造商主要通过小范围的展示活动,比如在一些高级俱乐部或者富人聚集的场合展示汽车,向特定的高净值人群介绍汽车的新颖之处,如它的机械构造先进性等。

那时还没有现代意义的营销理念,品牌意识也比较淡薄。由于汽车是奢侈品,购买者数量有限,汽车公司的主要精力集中在生产环节,提高汽车的性能和可靠性。同时,销售渠道也比较单一,基本是工厂直接销售给客户,中间环节很少。而且,由于当时汽车尚未普及,信息传播渠道有限,广告宣传仅能依靠一些报纸和杂志的小篇幅版面刊登,或者通过用户口碑进行传播,品牌知名度的提升相对缓慢。

2. 营销特点

1) 销售对象特定

汽车刚刚出现时是奢侈品,销售对象主要是社会上层人士、贵族和富裕的商人。这些消费者注重汽车的身份象征意义,对价格不太敏感,更在乎汽车是否能够体现自己的社会地位和财富。

2) 销售渠道简单

营销渠道以工厂直接面向客户为主。汽车制造商通常在工厂内或附近设立销售点,消费者直接在生产地或者附近区域购买汽车。由于汽车产量低、需求量少,几乎没有大规模的经销商网络。

3) 营销方式原始

展示为主:营销活动主要是产品展示,例如在高端展会、豪华酒店、私人俱乐部等地展示汽车。这种展示更像是一种社交活动,制造商借此机会向潜在客户介绍汽车的基本性能和独特设计,展示汽车的新奇之处。

口碑传播关键:由于信息传播手段有限,广告投放较少,品牌传播大多依靠消费者的口头推荐。口碑对于汽车销售起到了至关重要的作用。

4) 品牌意识淡薄

汽车品牌概念尚未完全形成,消费者更关注汽车的功能性和外观。制造商也没有投入大量精力进行品牌建设,品牌之间的差异主要体现在汽车性能和豪华程度上。

5）广告宣传有限

早期的汽车广告形式较为单一，传播范围有限，主要通过报纸、杂志的零星版面广告以及车展现场发放的简易宣传手册来传递产品信息。广告内容以汽车的外观图和基本参数为主。

二、快速发展阶段（20 世纪 20 年代—60 年代）

1. 背景

随着流水线生产技术的应用，汽车产量大幅增加，汽车不再是少数人的奢侈品，开始进入普通家庭。这使得汽车营销的重点从面向少数富裕阶层转变为面向大众市场。此时，汽车品牌日益增多，市场竞争加剧。

在销售渠道方面，出现了大量的经销商和 4S 店。4S 店为消费者提供了购车、维修保养、配件更换等一站式服务。汽车制造商与经销商紧密合作，构建起了庞大的销售网络，提高了汽车的铺货率和市场覆盖率。

广告宣传也迎来大发展。电视广告成为主流的宣传方式，生动形象的广告片能够更好地展示汽车的外观、性能和各种优势。同时，户外广告，如高速公路旁的巨型广告牌、城市中心的灯箱广告等也大量涌现，吸引消费者的目光。

在促销活动方面，汽车企业开始频繁地推出车展、试驾活动、购车优惠（如现金折扣、低息贷款、赠送汽车内饰等）来吸引消费者购买。汽车制造商更加注重市场细分，根据消费者的年龄、性别等因素划分市场，针对性地推出不同车型和营销方案。例如，推出适合年轻人的运动型轿车、适合家庭使用的 MPV（多用途汽车）等。

2. 营销特点

1）产品导向营销

强调汽车性能与质量：这一时期汽车制造技术不断进步，厂商在营销中着重宣传汽车的力学性能、耐用性等产品本身的优势。例如，通用汽车等大型汽车公司不断推出新的发动机技术、改进的悬挂系统等，在广告中突出这些技术创新带来的更好的驾驶体验和更高的可靠性，吸引消费者购买。

新车型的频繁推出：汽车厂商为了满足不同消费者的需求以及保持市场竞争力，加快了新车型的研发和推出速度。比如，福特在推出 T 型车之后，又不断推出新的车型系列，以吸引不同收入水平、不同用途的消费者。新车型的外观、功能等方面的改进成为营销的重要亮点。

2）品牌建设意识增强

树立独特的品牌形象：汽车厂商开始注重打造独特的品牌形象和品牌价值观，以区别于竞争对手。例如，凯迪拉克强调豪华与高端，成为美国豪华汽车的代表品牌；雪佛兰则主打亲民、实用的品牌形象，以吸引消费者。通过长期的广告宣传和市场推广，这些品牌形象逐渐深入人心。

培养品牌忠诚度：厂商意识到品牌忠诚度的重要性，开始通过提供优质的售后服务、定期举办车主活动等方式，增强消费者对品牌的认同感和忠诚度。例如，一些汽车厂商会为车主提供免费的保养服务、建立车主俱乐部等，加强与消费者的互动和联系。

3）广告宣传力度加大

多种广告媒介的运用：随着报纸、杂志、广播等大众媒体的发展，汽车厂商开始广泛利用这些媒介进行广告宣传。报纸和杂志上的汽车广告通常会详细介绍车型的特点、性能参数等信息，配以精美的图片，吸引消费者的关注；广播中的汽车广告则通过生动的语言描述和声音效果，向消费者传递汽车的品牌和产品信息。

广告创意的兴起：广告行业逐渐兴起，汽车广告的创意水平不断提高。厂商开始采用各种新颖的广告创意和宣传手法，以吸引消费者的注意力。例如，一些汽车广告会讲述汽车与消费者生活的故事，或者通过对比等方式突出自家汽车的优势，增强广告的吸引力和说服力。

4）销售渠道的拓展

经销商网络的扩大：汽车厂商开始大力发展经销商网络，在各地建立更多的销售网点，以便更好地覆盖市场。经销商不仅负责汽车的销售，还提供售后服务、配件供应等服务，成为汽车厂商与消费者之间的重要桥梁。同时，厂商对经销商的管理和培训也日益重视，以确保经销商能够提供优质的服务。

车展的兴起：车展成为汽车营销的重要平台，为汽车厂商提供了展示产品、与消费者直接互动的机会。例如，底特律车展、巴黎车展等国际知名车展在这一时期逐渐发展壮大，吸引了全球汽车厂商和消费者的关注。厂商会在车展上推出新车型、展示最新的技术和设计，同时举办各种活动和促销，吸引消费者下单购买。

5）市场细分逐渐显现

按价格和级别细分：汽车市场开始根据价格和汽车级别进行细分，出现了经济型轿车、中高级轿车、豪华轿车等不同的市场细分领域。厂商针对不同的细分市场推出相应的产品和营销策略，以满足不同消费者的需求。例如，针对经济型轿车市场，厂商会强调汽车的性价比和燃油经济性；针对豪华轿车市场，则注重汽车的豪华配置和品牌形象。

按用途细分：除了按价格和级别细分，汽车市场还开始按用途进行细分，如家用车、商务车、越野车等。厂商根据不同用途的汽车特点和消费者需求，进行有针对性的营销。例如，家用车注重舒适性和安全性，商务车注重空间和豪华感，越野车注重越野性能和通过性。

三、成熟阶段（20 世纪 70 年代—90 年代）

1. 背景

1）经济环境稳定与消费升级

经济稳定增长：20 世纪 70 年代—90 年代，许多国家的经济发展进入相对稳定增长阶段。人们的收入水平不断提高，消费者对汽车的购买力增强。经济的稳定使得汽车市场的需求也较为稳定，为汽车营销的成熟发展提供了良好的经济基础。

消费升级现象明显：消费者在满足基本出行需求后，开始追求更高品质的汽车。他们对汽车的舒适性、安全性、高科技配置等方面有了更高的要求。这种消费升级促使汽车企业不断提升产品品质和丰富产品功能，以适应市场需求的变化。

2）技术进步推动产品升级

汽车技术革新：这一时期汽车技术取得了巨大进步。电子技术在汽车领域的广泛应用是主要特点之一，例如电子燃油喷射系统、电子点火装置、车载电脑等技术的出现，大大提高了汽车的性能和燃油经济性。同时，汽车的制造工艺也不断改进，如采用新材料（高强度钢、塑料等）减轻车身质量、提高车身强度，这些技术进步为汽车产品的升级换代提供了技术支持。

产品研发竞争激烈：技术进步推动汽车企业加大产品研发投入，以在市场竞争中占据优势地位。企业之间的产品研发竞争激烈，新车型推出的周期缩短。汽车企业不仅要在传统燃油汽车领域不断创新，还要应对新能源汽车技术的早期探索。例如，一些汽车制造商开始研发电动汽车和混合动力汽车的原型，为未来汽车市场的变革做准备。

3）市场竞争格局变化

品牌竞争加剧：汽车市场上品牌数量增多，品牌之间的竞争更加激烈。除了传统的汽车强国品牌，新兴的汽车品牌也开始崛起并参与全球竞争。各品牌为了争夺市场份额，需要在营销上投入更多精力，通过塑造独特的品牌形象、提供优质的产品和服务来吸引消费者。

市场集中度提高：在竞争过程中，汽车行业的集中度逐渐提高。大型汽车集团通过并购、重组等方式不断扩大规模，整合资源。这些大型汽车集团具有更强的经济实力和市场影响力，能够在营销渠道建设、广告宣传、产品研发等方面进行大规模投资，推动汽车营销向更高层次发展。

4）政策法规日益完善

安全与环保法规严格：各国政府陆续出台了一系列严格的汽车安全和环保法规。在安全方面，法规要求汽车必须配备安全带、安全气囊等安全装置；在环保方面，对汽车的尾气排放标准进行了严格限制。这些法规促使汽车企业在产品设计和营销中必须重视安全和环保性能，并且要向消费者传达产品符合法规要求的信息。

贸易政策调整：国际贸易政策的调整对汽车营销也产生了影响。关税调整、贸易壁垒的变化等因素促使汽车企业更加注重全球市场的布局和营销战略的调整。例如，一些地区性贸易协定的签订，使得汽车企业需要根据贸易协定规定的优惠政策和市场准入条件调整产品销售渠道和营销策略。

5）消费者需求与观念变化

需求多样化和个性化：消费者对汽车的需求越来越多样化和个性化。他们不再满足于千篇一律的汽车产品，而是希望汽车能够体现自己的个性和品位。这种需求变化促使汽车企业提供更多样化的车型选择和定制化服务，在营销中也更加注重挖掘消费者的个性化需求。

品牌意识和服务意识增强：消费者的品牌意识和服务意识明显增强。他们在购买汽车时，不仅关注产品本身，还关注品牌的声誉和售后服务质量。汽车企业需要通过品牌建设和优质服务来满足消费者的需求，提高消费者的满意度和忠诚度。

2. 营销特点

1）精准化的市场细分与定位

多维度细分市场：汽车企业不再仅以价格或简单用途来划分市场，除了传统的经济型、豪华型，还从消费者年龄、生活方式、使用场景等多维度进行细分。例如，针对年轻上班族，推出小巧灵活、外观时尚且具备智能互联功能的车型；为户外爱好者打造具有强大越野性能和足够载物空间的SUV。

精准定位产品与品牌：根据细分市场，精准定位产品特性和品牌形象。豪华汽车品牌强调手工工艺、高端科技配置和尊贵的服务体验，如劳斯莱斯突出其手工打造内饰的精致感和独一无二的奢华驾乘体验；而经济品牌则聚焦性价比、燃油经济性和低维修成本，如现代汽车当时以经济实惠的形象吸引了众多注重实用性的消费者。

2）多元化的营销渠道拓展

传统渠道优化升级：4S店模式更加成熟，不仅销售和服务功能不断完善，还增加了品牌体验中心。消费者在4S店内可以通过虚拟现实（VR）等技术体验汽车的设计过程，或者在模拟驾驶环境中感受车辆性能。同时，汽车超市等多品牌销售渠道也在优化，增加了金融服务、保险办理等一站式服务。

新兴渠道崭露头角：电话销售和直邮广告开始出现，汽车企业收集潜在消费者信息，主动向他们介绍产品优惠和新车型。另外，汽车电商的雏形也开始形成，消费者可以在一些汽车网站上查询车型参数、价格对比，部分网站甚至可以实现线上预订和初步交易。

3）综合性的品牌建设强化

品牌形象塑造立体化：汽车品牌通过广告、公关活动和产品设计等多种方式塑造立体的品牌形象。广告不再局限于产品功能展示，更注重情感共鸣。例如，大众汽车的广告常常围绕家庭温馨出行场景，传递可靠、实用的品牌理念；在公关活动方面，品牌方积极参与公益事业，如丰田开展环保公益活动，强化品牌的社会责任感形象。

品牌文化传播深入化：品牌文化传播深入消费者心中。品牌故事、品牌历史被充分挖掘并广泛传播。例如，奔驰通过宣传其百年汽车制造历史和对汽车技术革新的贡献，巩固其在豪华品牌汽车领域的地位，让消费者在购买汽车时，不仅是选择一款产品，更是认同一种品牌文化。

4）多样化的促销策略运用

促销活动多样化组合：汽车企业采用多种促销手段组合，包括现金折扣、低息贷款、旧车置换补贴、延长质保期、赠送汽车精品（高级脚垫、行车记录仪等）等。例如，在车展期间，车企会同时推出购车现金优惠和赠送汽车精品的活动，吸引消费者下单。

体验式促销兴起：体验式促销成为重要方式。试驾活动更加多样化，除了常规道路试驾，还包括赛道试驾、越野场地试驾等，让消费者充分体验车辆性能。另外，品牌体验日活动增多，消费者可以在活动中深入了解品牌文化、汽车生产工艺，提升对品牌的好感度。

5）注重客户关系管理与服务质量提升

客户关系管理系统建立：汽车企业建立完善的客户关系管理（CRM）系统，记录消费者从购车咨询、购买到售后维修保养的全过程信息。通过数据分析，为消费者提供个性化服务，如定期推送符合消费者喜好的车型信息、保养提醒、生日祝福等。

售后服务质量提升:售后服务质量被提升到战略高度。除了常规的维修保养服务,还提供24小时道路救援、上门取送车、车辆故障快速诊断等服务。并且,售后服务人员经过专业培训,能够为消费者提供高质量、高效率的服务,提高消费者满意度和忠诚度。

四、现代阶段(21世纪以来)

1. 背景

1)经济全球化

产业转移与资源重新配置:汽车产业在全球范围内进行着资源的重新配置和产业转移。一些劳动密集、资源密集的汽车制造活动从发达国家逐渐向发展中国家转移,例如中国、印度、巴西等新兴市场国家。这使得全球汽车产业的生产格局发生了变化,发展中国家的汽车产业迅速发展,成为全球汽车产业的重要组成部分。

市场竞争国际化:经济全球化使得汽车市场的竞争不再局限于国内,而是扩展到了全球范围。各大汽车厂商纷纷在全球范围内布局生产基地、销售网络和研发中心,以获取更大的市场份额和资源优势。例如,丰田、大众、通用等国际知名汽车品牌在全球多个国家和地区都设有生产工厂和销售网点,其产品在全球范围内销售。

2)技术革新

动力系统升级:传统燃油汽车技术不断改进,发动机的燃油效率提高,尾气排放量降低。同时,新能源汽车技术取得了重大突破,电动汽车和混合动力汽车逐渐走向市场。新能源汽车具有环保、节能等优势,符合现代社会对可持续发展的要求,其市场份额不断扩大。

智能网联技术发展:汽车的智能化和网联化程度不断提高,车载信息娱乐系统、自动驾驶辅助技术、车联网等技术逐渐应用于汽车产品中。消费者对于汽车的智能化需求日益增长,希望能够获得更加便捷、安全、舒适的驾驶体验。

安全技术创新:汽车的安全技术不断创新,如主动安全系统(如自动紧急制动、车道偏离预警、盲点监测等)和被动安全系统(如多安全气囊、高强度车身结构等)的应用,提高了汽车的安全性,也成为汽车营销的重要卖点。

信息技术的广泛应用:互联网、大数据、人工智能等信息技术在汽车营销领域得到了广泛应用。汽车厂商和经销商可以通过互联网平台、社交媒体、电商平台等渠道进行汽车产品的宣传和销售,并收集消费者的信息和反馈意见,实现精准营销和个性化服务。

3)消费者需求变化

消费观念的转变:消费者的消费观念逐渐从单纯的购买产品向购买服务和体验转变。对于汽车产品,消费者不仅关注汽车的性能、价格和外观等因素,而且注重汽车的售后服务、品牌文化、驾驶体验等方面。例如,一些汽车品牌推出的定制化服务、车主俱乐部活动等,受到了消费者的欢迎。

个性化需求增加:随着消费者生活水平的提高和个性化意识的增强,消费者对于汽车的个性化需求日益增加。他们希望汽车能够满足自己的独特需求和喜好,例如定制化的外观颜色、内饰配置、功能选项等。因此,汽车厂商需要提供更多的个性化定制服务,以满足消费者的需求。

4）政策法规推动

环保政策日益严格：全球各国对于环境保护的重视程度不断提高，出台了一系列严格的环保政策和法规，对汽车的尾气排放、燃油消耗等指标提出了更高的要求。这促使汽车厂商加大对新能源汽车和节能环保技术的研发和投入，推动了汽车产业的绿色发展。

安全法规不断完善：为了提高汽车的安全性，各国政府不断完善汽车安全法规，加强对汽车产品的安全监管。这促使汽车厂商提高汽车的安全性能，也使得安全性能成为汽车营销的重要竞争因素。

5）市场竞争加剧

汽车厂商增多：全球汽车市场的竞争日益激烈，新的汽车厂商不断涌现，传统汽车厂商也在不断扩大生产规模和市场份额。这导致汽车市场的供给增加，竞争更加激烈，汽车厂商需要不断创新营销方式和手段，以提高产品的竞争力和市场占有率。

替代出行方式的竞争：随着共享经济的发展和公共交通的不断完善，消费者的出行方式选择更加多样化。共享单车、共享汽车、网约车等新型出行方式的出现，对传统汽车销售市场造成了一定的冲击。汽车厂商需要应对这些替代出行方式的竞争，挖掘汽车产品的独特优势，吸引消费者购买汽车。

2. 营销特点

1）以消费者为中心

需求深度洞察：汽车企业通过大数据分析、市场调研、客户反馈等多种方式，深入了解消费者的需求、偏好、购车行为和使用场景等，以便更好地满足消费者的个性化需求。例如，针对年轻消费者对智能互联功能的偏好，推出具备强大车联网功能的车型；针对家庭用户对空间和安全性的需求，设计更宽敞、安全配置更丰富的车型。

个性化定制服务：为了满足消费者的个性化需求，许多汽车厂商提供个性化定制服务。消费者可以根据自己的喜好选择车身颜色、内饰材质、配置等，甚至可以参与到车辆的设计过程中。比如宝马的定制化服务，消费者可以定制专属的车型、颜色、内饰等，满足了消费者的个性化需求。

2）营销渠道多元化

(1) 传统渠道优化升级。

4S店功能拓展：4S店仍然是汽车销售的重要渠道，但功能不断拓展和升级。除了销售和售后服务外，4S店还提供更多的增值服务，如汽车美容、改装、金融服务等，以提升消费者的购车体验和满意度。

经销商网络整合：汽车厂商对经销商网络进行整合和优化，加强对经销商的管理和培训，提高经销商的服务水平和销售能力。同时，通过建立数字化的经销商管理系统，实现对销售流程、库存管理、客户信息等的实时监控和管理。

(2) 新兴渠道快速发展。

汽车电商崛起：互联网的普及使得汽车电商平台迅速发展，消费者可以在网上浏览车型信息、比较价格、预约试驾、在线下单等。汽车电商平台为消费者提供了便捷的购车方式，同时也为汽车厂商提供了新的销售渠道和营销机会。例如，一些汽车厂商在天猫、京东等电商平台上开设官方旗舰店，开展线上促销活动。

社交媒体营销:社交媒体成为汽车营销的重要平台,汽车厂商通过官方微博、微信公众号、抖音等社交媒体账号,发布产品信息、品牌故事、促销活动等内容,与消费者进行互动和沟通,增强品牌影响力和用户黏性。例如,特斯拉通过社交媒体平台发布产品信息和品牌动态,吸引了大量粉丝的关注。

直播营销:直播营销成为汽车营销的新热点,汽车厂商和经销商通过直播平台展示车型、介绍产品性能、解答消费者疑问、开展促销活动等。直播营销具有实时性、互动性强的特点,能够有效吸引消费者的关注,提高营销效果。

3)品牌建设与文化营销

品牌形象塑造:汽车厂商更加注重品牌形象的塑造,通过广告宣传、公关活动、赞助活动等方式,传递品牌的核心价值观、文化内涵和个性特点,提升品牌的知名度和美誉度。例如,奥迪通过举办音乐会、艺术展览等文化活动,提升品牌形象和文化内涵。

品牌体验营销:汽车厂商通过建立品牌体验中心、举办试驾活动、开展品牌之旅等方式,让消费者亲身感受汽车产品的性能和品质,增强消费者对品牌的认知和信任。例如,奔驰的品牌体验中心为消费者提供了全方位的品牌体验服务,包括车型展示、试驾、技术讲解等。

4)绿色环保营销

新能源汽车推广:随着环保意识的增强和新能源汽车技术的不断发展,汽车厂商大力推广新能源汽车,宣传新能源汽车的环保性能、节能优势和政策支持,以吸引消费者购买。例如,比亚迪注重绿色环保理念,推广新能源汽车,在新能源汽车市场取得了良好的成绩。

可持续发展理念传播:汽车厂商将可持续发展理念融入营销活动中,强调企业在生产过程中的环保措施、资源利用效率等,以提升企业的社会形象和品牌价值。例如,一些汽车厂商在宣传中强调采用环保材料、减少废弃物排放、推广绿色工厂等。

5)技术创新营销

智能网联技术营销:智能网联技术是汽车行业的发展趋势,汽车厂商将智能网联技术作为重要的营销卖点,宣传车辆的智能驾驶辅助功能、车联网功能、远程控制功能等,以吸引消费者的关注。例如,蔚来汽车的 NIO Pilot 自动驾驶辅助系统、小鹏汽车的 Xmart OS 智能车载系统等,都成为品牌的重要营销亮点。

技术创新展示:汽车厂商通过参加车展、技术论坛和举办新品发布会等活动,展示企业的技术创新成果和研发实力,提升品牌的科技感和创新形象。例如,每年的国际车展上,各大汽车厂商都会展示最新的车型和技术,吸引了众多消费者和行业人士的关注。

6)跨界合作营销

与科技公司合作:汽车厂商与科技公司开展合作,共同研发智能网联技术、自动驾驶技术等,以提升产品的科技含量和竞争力。同时,通过与科技公司的合作,汽车厂商可以借助科技公司的品牌影响力和用户资源,拓展营销渠道、提高市场份额。例如,百度与吉利汽车合作,共同打造智能汽车;华为与赛力斯合作,推出了搭载华为智能汽车解决方案的车型。

与其他行业品牌合作:汽车厂商与其他行业的品牌开展跨界合作,推出联名款车型、举办联合营销活动等,以吸引不同领域的消费者关注,提升品牌的影响力和话题度。例如,宝马与时尚品牌合作推出联名款车型;五菱汽车与螺蛳粉品牌合作,推出了螺蛳粉主题的改装车。

案例分析

案例一:生产观念阶段——福特 T 型车

1. 背景

20 世纪初,汽车工业处于起步阶段,亨利·福特认为消费者主要关心的是能否买得起汽车,所以致力于通过大规模生产来降低成本。

2. 营销举措

福特采用流水线生产方式大量生产 T 型车,将其价格大幅降低,让汽车从奢侈品变为普通民众能消费得起的交通工具。当时的营销重点并非过多宣传产品特色等,而是突出价格优势以及能让大众拥有汽车。例如,福特曾说过:任何顾客都可以把他的车子漆成他喜欢的颜色,只要它是黑色的就行。因为黑色油漆干燥速度快,能加快生产流程,进一步降低成本。

3. 效果

T 型车凭借低廉的价格迅速占领市场,销量大幅增长,极大地推动了汽车的普及,也让福特汽车公司在当时成为汽车行业的巨头。这一案例体现了生产观念阶段企业的经营特点,即以生产为核心,通过大规模生产来降低成本,从而满足市场对汽车的基础性需求。

案例二:产品观念阶段——奔驰汽车早期发展

1. 背景

随着汽车工业的发展,部分消费者开始注重汽车的品质和性能,奔驰汽车在这一时期专注于打造高品质产品。

2. 营销举措

奔驰不断在汽车的发动机技术、车身工艺、舒适性等方面进行研发和改进,以制造出性能卓越、质量可靠的汽车。在营销上,主要是通过展示产品的先进技术和高端品质来吸引消费者。比如,奔驰会在车展等场合展示其最新款汽车的精致内饰、强大的发动机动力等,宣传其品牌一直以来对品质的严苛要求和传承。

3. 效果

奔驰凭借其优质的产品树立了高端豪华的品牌形象,吸引了众多追求高品质汽车的消费者,在高端汽车市场占据重要地位。此案例反映出产品观念阶段企业重视产品本身的质量和性能提升,并以此作为营销卖点吸引消费者。

案例三:推销观念阶段——20世纪中叶的通用汽车

1. 背景

20世纪中叶,汽车市场竞争加剧,产品供过于求,通用汽车需要更积极地推销产品。

2. 营销举措

通用汽车采用了多样化的推销手段:一方面,加大广告宣传力度,在报纸、杂志、电视等媒体上投放大量广告,宣传旗下不同品牌汽车的特色和优势;另一方面,开展人员推销,销售人员主动上门向潜在客户介绍产品,提供试驾服务等。此外,通用汽车还经常举办促销活动,如降价优惠、赠送汽车配件等。

3. 效果

通过这些推销举措,通用汽车在激烈的市场竞争中保持了较高的市场占有率,其旗下多个品牌也得到了更广泛的推广。这体现了在推销观念阶段,企业为应对供过于求的局面,主动出击,通过多种推销手段促进销售。

案例四:市场营销观念阶段——丰田汽车的精准营销

1. 背景

20世纪后期,消费者需求日益多样化和个性化,丰田汽车意识到需要深入了解消费者的需求,并据此开展营销。

2. 营销举措

丰田通过市场调研等方式深入了解不同地区、不同消费群体的需求特点。比如,针对美国市场,丰田发现消费者对汽车的空间、舒适性和燃油经济性有较高要求,于是推出了凯美瑞等车型,在设计上充分考虑这些需求,并且在营销过程中围绕满足这些需求进行宣传,如宣传凯美瑞的宽敞内部空间、舒适驾乘体验和优秀的燃油经济性。同时,丰田还注重客户服务,建立良好的客户关系,通过完善的售后服务体系提升客户满意度。

3. 效果

丰田汽车在美国市场等取得了很好的销售成绩,其品牌知名度和美誉度也不断提升。此案例展示了市场营销观念阶段企业以消费者需求为导向,根据不同市场需求设计、生产和营销产品,并注重客户服务的特点。

案例五:社会市场营销观念阶段——特斯拉汽车的营销

1. 背景

近年来,随着环保意识的提高和科技的发展,消费者对汽车的环保性、安全性以及智能科技应用等方面更加关注。

2. 营销举措

特斯拉以生产电动汽车为主,在营销中大力宣传其汽车的零排放、环保优势,满足消费者对环保的需求。同时,特斯拉也注重汽车的安全性和智能科技应用,宣传其自动驾驶技术等先进功能。此外,特斯拉还通过建立超级充电站网络等方式帮助消费者解决充电问题,提升用户体验。在社会责任方面,特斯拉也在推动全球新能源汽车的发展,倡导绿色出行理念。

3. 效果

特斯拉在全球范围内吸引了大量关注环保、科技的消费者,其品牌影响力不断扩大,成为新能源汽车领域的重要品牌。这体现了在社会市场营销观念阶段,企业不仅要考虑消费者需求和企业利益,还要考虑社会利益和可持续发展的特点。

任务实施

一、实施准备

1. 学生准备

(1) 学生学习完知识导航部分,便可进行学习考评。

(2) 由学生自由组合成研究性学习项目小组,4～6 人为一组。

2. 教师准备

(1) 教师和各小组的组长担任考评人员。对协助教师进行考评的学生进行课前考评和监督方法的培训,确保考评结果准确和公平。

(2) 做好考评记录准备。

二、实施内容

学生按组选出代表,对所学知识进行复述。考评人员根据学生复述的内容,结合考评标准进行考评。

三、考评标准

汽车营销的发展历程复述测评表见表 1-2。

表 1-2 汽车营销的发展历程复述测评表

<table>
<tr><td>班级</td><td></td><td>姓名</td><td colspan="2"></td><td>小组</td><td colspan="2"></td></tr>
<tr><td>任务名称</td><td colspan="7">汽车营销的发展历程</td></tr>
<tr><td>考核内容</td><td>测评标准</td><td>配分</td><td>考核分值</td><td>学生自评</td><td>小组互评</td><td>教师评价</td><td>考核得分</td></tr>
<tr><td rowspan="2">知识掌握</td><td>说出汽车营销发展历程中四个阶段的名称</td><td rowspan="2">50</td><td>10</td><td></td><td></td><td></td><td></td></tr>
<tr><td>说出汽车营销发展历程中四个阶段的详细内容</td><td>40</td><td></td><td></td><td></td><td></td></tr>
<tr><td rowspan="3">职业素养</td><td>表达清楚</td><td rowspan="3">50</td><td>20</td><td></td><td></td><td></td><td></td></tr>
<tr><td>普通话标准</td><td>20</td><td></td><td></td><td></td><td></td></tr>
<tr><td>形象得体</td><td>10</td><td></td><td></td><td></td><td></td></tr>
<tr><td colspan="2">总分</td><td>100</td><td>100</td><td></td><td></td><td></td><td></td></tr>
</table>

注：考核得分＝学生自评×20％＋小组互评×40％＋教师评价×40％。

任务拓展

学生课后通过讨论和查阅相关资料完成学习通上的研讨任务“汽车营销未来的发展”。

课后习题

一、选择题

1. 以下哪项是汽车营销早期萌芽阶段的典型特点？（　　）

A. 以消费者需求为导向

B. 注重产品的多样化

C. 营销手段单一，主要依靠广告

D. 强调品牌建设和售后服务

2. 在成熟阶段，汽车营销更加注重（　　）。

A. 产品的价格

B. 产品的性能

C. 客户的体验

D. 企业的品牌形象

二、简答题

1. 简述汽车营销早期萌芽阶段的主要特征。

2. 在早期萌芽阶段，汽车营销的主要手段有哪些？请举例说明。

3. 快速发展阶段汽车营销的主要变化体现在哪些方面？

4. 举例说明快速发展阶段汽车企业采用的创新性营销方式。

5. 成熟阶段汽车营销的竞争焦点是什么？

6. 简述成熟阶段汽车营销中客户关系管理的重要性。
7. 现代阶段汽车营销面临的新挑战有哪些？
8. 列举现代阶段汽车营销中运用的新兴技术和手段。

任务3　汽车营销的重要性

任务导入

播放一段汽车展销会热闹非凡的视频片段，展台上有各种酷炫的汽车、忙碌的销售人员以及热情咨询购买的顾客，呈现出汽车销售火爆的场景。

同学们看，在这样的汽车展销会上，一辆辆汽车正通过销售人员的介绍和各种营销活动被顾客了解并购买。大家想一想，如果没有这些营销环节，汽车企业只是默默地将生产的汽车放在仓库里，会怎么样呢？这其实就凸显了汽车营销的重要性，今天咱们就来好好探究一番。

任务要求

一、知识与技能目标

(1) 学生能够准确地阐述汽车营销的重要性所体现的方面，包括对汽车企业（如促进销售、提升品牌知名度、提高市场份额等）、对消费者（如提供产品信息、满足购车需求、保障售后等）以及对整个汽车行业发展（如推动产业升级、促进市场竞争等）的重要意义。

(2) 掌握具体的数据、案例或事实，并用其支撑汽车营销各方面重要性的阐述，能够在讨论或分析时准确引用相关实例进行说明。

(3) 学会运用所学的汽车营销重要性知识，分析简单的汽车营销场景或案例，判断营销活动是否在其中发挥了重要作用，并能指出改进的方向。

二、过程与方法目标

(1) 通过课堂讲解、案例分析、小组讨论等教学方式，培养学生观察、分析和归纳总结的能力，使其能够从具体的营销实例中提炼出汽车营销的重要性及作用机制。

(2) 组织学生进行课堂发言和小组汇报，培养学生的沟通表达能力和团队协作精神，鼓励学生在交流中深化对汽车营销重要性的理解。

(3) 引导学生开展自主学习，借助图书馆资料、网络资源等进一步探究汽车营销重要性的相关知识，拓宽知识面，提高自主获取知识的能力。

三、情感态度与价值观目标

(1) 培养学生对汽车营销行业的重视程度，让学生认识到汽车营销在现代汽车产业及经济生活中的关键地位和不可或缺的作用。

(2) 使学生树立正确的营销观念，强调以消费者为中心、诚信经营的重要性，使学生明白良好的营销行为对于实现汽车营销重要性的积极影响。

(3) 增强学生对未来从事汽车营销相关工作的自信心，激发其在该领域深入学习和发展的热情。

知识导航

一、对汽车企业的重要性

1. 提升产品销量

增加市场曝光度：有效的汽车营销活动能够让汽车产品获得更多的展示机会。通过投放广告、参加车展、线上推广等多种营销手段，将汽车的特点、优势展示给潜在消费者，使产品在竞争激烈的汽车市场中脱颖而出。例如，一款新推出的 SUV 车型，通过电视广告来展示其大气的外观、宽敞的内部空间和强大的越野性能，吸引消费者的关注，从而增加消费者购买的可能性。

刺激购买欲望：营销能够运用各种促销策略，如价格优惠、赠品、金融贷款支持等方式，降低消费者的购买门槛，刺激消费者的购买欲望。比如，在汽车销售淡季或者重大节日期间，企业推出购车现金折扣、赠送汽车精品和低息贷款购车等促销活动，吸引消费者购买汽车。

2. 塑造品牌形象

传递品牌价值观：汽车营销可以通过广告宣传、公关活动等方式向消费者传递品牌的价值观。例如，奔驰汽车一直通过营销活动传递其“豪华、舒适、科技”的品牌价值观。在广告中展示其精致的内饰、先进的科技配置以及高端的驾乘体验，使消费者对品牌产生认同感。

树立品牌个性：每个汽车品牌都有自己独特的个性，营销能够帮助品牌树立这种个性。比如，Jeep 品牌通过宣传其越野文化和冒险精神，在消费者心中树立起“硬派越野”的品牌个性。这种品牌个性能够吸引具有相同价值观和生活方式的消费者，使品牌在市场中具有独特的定位。

3. 提高客户忠诚度

售前服务建立良好印象：汽车营销中的售前服务，如热情接待、专业讲解汽车性能和配置、提供试驾服务等，能够让消费者在购车过程中感受到良好的服务，从而对品牌产生好感。例如，特斯拉的销售门店为消费者提供热情、专业的售前服务，详细介绍车辆的智能驾驶功能和独特的设计理念,使消费者在购车前就对品牌产生深刻印象。

售后服务巩固客户关系:汽车营销也包括售后服务的宣传和推广。良好的售后服务,如定期保养提醒、快速维修服务、24 小时道路救援等,能够让消费者在使用汽车的过程中感到安心,从而提高客户忠诚度。例如,丰田汽车通过完善的售后服务体系,为车主提供优质的维修保养服务,使消费者在换车时更倾向于再次选择丰田品牌。

4. 助力企业竞争

差异化竞争优势:通过营销,汽车企业可以突出自己产品与竞争对手的差异。比如,沃尔沃汽车在营销中重点强调其安全性能,通过宣传其独特的安全技术(如城市安全系统等),使消费者在购车时能够将沃尔沃与安全紧密联系起来,从而在竞争激烈的豪华汽车市场中占据一席之地。

适应市场变化:汽车市场变化迅速,营销可以帮助企业及时了解市场动态和消费者需求的变化,从而调整产品策略和营销方式。例如,随着消费者对新能源汽车需求的增加,汽车企业可以通过营销活动加大对新能源汽车的推广力度,同时根据消费者对新能源汽车的反馈,不断改进产品,以适应市场变化,在竞争中保持优势。

二、对市场的重要性

1. 促进汽车市场的繁荣与发展

激发市场活力:汽车营销活动通过各种促销手段和广告宣传,能有效激发消费者的购车欲望,促使更多消费者进入汽车市场。例如,汽车企业推出的限时购车优惠、以旧换新补贴等活动,会促使潜在消费者提前实施购车计划,从而增加汽车市场的交易量,使市场更加活跃。

推动产品创新与升级:激烈的营销竞争促使汽车企业不断投入研发,以推出更具竞争力的产品。企业为了在营销中突出自身优势,会加速汽车在技术、性能、外观、配置等方面的创新和升级。如智能驾驶辅助系统、新能源动力系统等新技术的应用,使得汽车市场产品更加丰富多样,推动整个汽车市场的发展和进步。

2. 优化市场资源配置

引导生产资源分配:汽车营销活动反馈的消费者需求信息,可以帮助汽车企业合理安排生产计划,将资源分配到更受欢迎的车型和技术研发上。例如,如果市场对 SUV 车型的营销反馈良好,企业就会增加 SUV 车型的生产资源投入,包括生产线的调整、零部件的采购等,从而提高资源利用效率,优化市场资源配置。

促进产业链协同发展:汽车营销不仅涉及汽车生产企业,还与众多上、下游产业相关。成功的营销会带动汽车零部件供应商、售后服务企业、金融机构等产业链各环节的协同发展。例如,汽车销量的增加会促使零部件供应商扩大生产规模,金融机构也会提供更多的汽车消费信贷产品,使整个汽车产业链的资源得到合理配置和有效利用。

3. 规范市场竞争秩序

促进公平竞争:汽车营销活动需要在法律法规和市场规则的框架内进行。规范的营销行为有助于营造公平竞争的市场环境，避免不正当竞争。例如，汽车企业在广告宣传中必须真实、准确地传达产品信息，不能进行虚假宣传，这使得各个企业只能通过提升产品质量、优化服务和合理定价等正当方式来竞争，有利于市场竞争秩序的维护。

提升市场透明度：汽车营销活动促使企业向消费者公开产品信息，包括价格、性能、配置、售后服务等内容，这有助于提高市场的透明度。消费者可以在充分了解产品信息的基础上进行比较和选择，使市场竞争更加公平、公正，同时也能促使企业不断提高产品和服务质量。

4. 加速市场信息流通

消费者需求信息反馈：汽车营销过程是企业与消费者互动的过程，企业可以通过市场调研、客户反馈等营销活动收集消费者对汽车产品的需求、偏好、意见和建议等信息，并将这些信息传递给汽车生产、研发等部门。例如，企业通过调研消费者对汽车内饰风格的偏好数据，及时优化产品设计方案，从而更好地满足市场需求。

产品信息传播：汽车营销通过各种渠道向消费者传播汽车产品和品牌的信息，包括新车型发布、产品特点、技术优势、促销活动等。这些信息能够让消费者及时了解汽车市场动态，做出更明智的购车决策，同时也有利于新产品在市场中的推广和普及。

三、对消费者的重要性

1. 提供信息参考

车型了解：汽车营销通过多种渠道，如广告、产品手册等，向消费者展示不同汽车品牌车型的产品特点和优势。消费者可以从中获取汽车的基本信息，包括车身尺寸、座位数量等，从而确定哪款车型能满足自己的日常使用需求，例如，是选择轿车还是选择 SUV。

性能参数展示：消费者能够从营销内容中了解汽车的动力性能（如发动机功率、扭矩等）、燃油经济性（百公里油耗等数据）、操控性能（底盘调校、转向系统特点等）等。这些信息有助于消费者判断汽车是否能满足自己的驾驶需求，比如追求速度的消费者会关注拥有高性能发动机的车型。

配置信息公开：汽车的配置是消费者很关注的一点。营销活动会介绍汽车的安全配置（如安全气囊的数量和类型、防撞系统等）、舒适配置（如座椅材质和调节功能、空调系统等）和智能配置（如车载互联系统、自动驾驶辅助功能等）等。消费者可以根据这些配置信息，选择适合自己预算和需求的汽车。

2. 创造购买机会

促销活动优惠：汽车营销经常会推出促销活动，如现金折扣、赠送汽车精品、提供免费保养套餐等。这些优惠措施可以降低消费者的购车成本，让消费者觉得自己得到了实惠，从而更愿意购买汽车。

金融方案支持：很多汽车营销活动包含金融服务方案，例如提供低息贷款、零首付购车或者长贷款周期等选择。对于资金有限但又有购车需求的消费者来说，这些金融方案使他们能够提前拥有汽车，减轻购车的经济压力。

3. 增强消费体验

售前服务体验：在汽车营销过程中，消费者可以体验到销售顾问的专业服务。销售顾问会耐心解答消费者的疑问，安排试驾等活动。良好的售前服务会让消费者在购车过程中感到舒适和被尊重，提高他们对品牌的好感度。

售后保障承诺：汽车营销也会强调售后保障，如质保期限、售后服务网络覆盖范围、24小时救援服务等。这些售后保障承诺可以消除消费者购车的后顾之忧，让他们放心地使用汽车。

4. 建立品牌认知和信任

品牌形象塑造：汽车营销通过广告宣传、品牌活动等方式塑造品牌形象。积极向上、注重品质和创新的品牌形象会吸引消费者。例如，一些汽车品牌强调环保理念，使用新能源技术，这会吸引注重环保的消费者。

品牌信任积累：持续有效的汽车营销可以让消费者逐渐了解品牌的历史、价值观和口碑。消费者看到品牌在市场上长期稳定经营，并且得到好评时，会增加对该品牌汽车的信任度，更倾向于选择这个品牌的汽车。

案例分析

案例一：特斯拉线上线下结合的营销

1. 背景

特斯拉作为一家新能源汽车制造商，在汽车行业中属于后起之秀，但凭借出色的营销战略迅速崛起。

2. 营销举措及成效

品牌塑造与传播：特斯拉通过一系列创新的营销活动来塑造高端、科技感十足的品牌形象。例如，其创始人马斯克经常在社交媒体上发布关于特斯拉的技术突破、产品亮点等内容，吸引了大量科技爱好者和潜在消费者的关注，极大地提升了品牌知名度。此外，特斯拉在全球各地举办盛大的新车发布会，展示其先进的自动驾驶技术、超长续航里程等独特卖点，让消费者对特斯拉品牌产生了强烈的认同感。这种品牌塑造使得特斯拉在众多汽车品牌中脱颖而出，即使其产品价格相对较高，也有大量消费者愿意为之买单。

销售促进：特斯拉采用线上预订与线下体验相结合的销售模式，并配合精准的营销宣传。比如针对不同地区的市场需求和消费特点，制定个性化的广告策略和促销活动。在一些国家和地区，特斯拉通过提供免费试驾、限时优惠等活动吸引潜在客户。这些营销举措有效地促进了产品销售，使得特斯拉的销量逐年攀升，并使其从一个小众品牌逐渐发展成为全球知名的汽车品牌，为企业带来了可观的经济效益。

案例二：丰田汽车在中国市场的营销

1. 背景

中国汽车市场规模庞大且竞争激烈，不同消费者群体有着多样化的需求。丰田汽车为了在中国市场取得更好的发展，实施了一系列有针对性的营销战略。

2. 营销举措及成效

市场细分与定位：丰田通过深入的市场调研，将中国市场细分为不同的消费群体，如年轻上班族、家庭用户、商务人士等。针对不同群体的需求特点，推出了卡罗拉、凯美瑞、埃尔法等多款车型，并分别进行精准的市场定位。例如，卡罗拉定位为经济实用型轿车，面向广大年轻上班族和普通家庭用户，通过宣传其燃油经济性、可靠性和舒适性等特点，吸引了大量目标客户群体。这种市场细分和定位的营销方式使得丰田汽车能够更好地满足不同消费者的需求，提高了市场占有率，同时也促使其他汽车企业更加注重市场细分，推动了整个中国汽车市场的精细化发展。

竞争推动：丰田在中国市场不断推出新车型和升级产品，并通过营销活动大力宣传其新技术、新配置。例如，丰田在部分车型上推广混合动力技术，宣传其节能环保优势。这一方面满足了消费者对环保和节能的需求，另一方面也促使其他汽车企业加快在新能源领域的研发和营销推广进度，加剧了市场竞争，推动了整个汽车行业在新能源技术方面的发展。

案例三：宝马汽车的个性化营销

1. 背景

随着消费者生活水平的提高，对汽车的个性化需求日益强烈。宝马汽车针对这一趋势，开展了一系列个性化营销活动。

2. 营销举措及成效

信息提供与需求满足：宝马通过多种渠道向消费者提供丰富、详细的产品信息。在其官方网站、线下展厅等地方，消费者可以详细了解到宝马各款车型的不同配置、性能参数、个性化定制选项等内容。例如，消费者可以根据自己的喜好选择宝马车型的车身颜色、内饰材质、轮毂样式等，消费者对汽车外观和内饰个性化的需求得到了满足。通过这些营销活动，消费者能够更加全面地了解宝马汽车的产品特点，从而做出更符合自己需求的购买决策。

消费体验提升：宝马注重消费者购买过程中的体验提升。购买前，有专业的销售顾问提供一对一咨询服务，解答消费者关于车型选择、配置搭配等方面的疑问；购买中，安排消费者进行试驾体验，让消费者亲身感受宝马汽车的操控性能和驾驶乐趣；购买后，通过建立完善的客户关系管理系统，为消费者提供定期的车辆保养提醒、售后服务跟进等服务，提升消费者的满意度和忠诚度。这种全方位的营销服务使得消费者在购买和使用宝马汽车的过程中感受良好,满足了消费者对高品质汽车消费的期望。

任务实施

一、实施准备

1. 学生准备

(1) 学生学习完知识导航部分,便可进行学习考评。

(2) 由学生自由组合成研究性学习项目小组,4~6 人为一组。

2. 教师准备

(1) 教师和各小组的组长担任考评人员。对协助教师进行考评的学生进行课前考评和监督方法的培训,确保考评结果准确和公平。

(2) 做好考评记录准备。

二、实施内容

学生按组选出代表,对所学知识进行复述。考评人员根据学生复述的内容,结合考评标准进行考评。

三、考评标准

汽车营销的重要性复述测评表见表 1-3。

表 1-3　汽车营销的重要性复述测评表

班级		姓名		小组			
任务名称	汽车营销的重要性						
考核内容	测评标准	配分	考核分值	学生自评	小组互评	教师评价	考核得分
知识掌握	说出汽车营销的重要性具体体现在哪些方面	50	10				
	说出汽车营销的重要性的详细内容		40				
职业素养	表达清楚	50	20				
	普通话标准		20				
	形象得体		10				
总分		100	100				

注:考核得分=学生自评×20%+小组互评×40%+教师评价×40%。

任务拓展

学生课后通过讨论和查阅相关资料完成学习通上的研讨任务“汽车营销重要性对学生而言体现在哪些方面”。

课后习题

1. 汽车营销如何帮助汽车企业提升品牌知名度？举例说明。

2. 汽车营销在提升产品销量方面起到了哪些关键作用？至少列举两个方面并阐述。

3. 说明汽车营销对塑造汽车企业良好形象的重要意义，并说明涉及的具体维度。

4. 汽车营销活动是如何影响汽车市场供需关系的？请简要阐述其作用机制。

5. 举例说明汽车营销在推动汽车行业市场竞争方面所起的作用。

6. 简述汽车营销对汽车市场细分和定位的影响，以及这种影响如何促进市场的精细化发展。

7. 汽车营销怎样帮助消费者了解汽车产品的功能、性能、配置等信息？请列举常见的营销渠道和方式。

8. 阐述汽车营销在满足消费者个性化需求方面的作用，举例说明汽车企业是如何通过营销实现这一点的。

9. 汽车营销对消费者购买过程体验有什么影响？涉及售前、售中、售后哪些环节？

模块1综合测试题

一、选择题(**每题2分，共20分**)

1. 汽车营销的核心是(　　)。

A. 销售汽车产品　　B. 满足客户需求

C. 宣传汽车品牌　　D. 组织促销活动

2. 以下哪项不属于汽车营销活动的范畴？(　　)

A. 市场调研　　B. 汽车生产制造

C. 广告宣传　　D. 客户关系管理

3. 汽车营销中，针对不同客户群体制定不同营销策略，这体现了(　　)原则。

A. 整体性　　B. 差异性

C. 动态性　　D. 创新性

4. 在汽车营销过程中，通过收集和分析市场信息，以便及时调整营销策略，这反映了汽车营销的(　　)特点。

A. 系统性　　B. 动态性

C. 服务性　　D. 关联性

5. 汽车营销人员向客户详细介绍汽车的性能、配置等信息，主要目的是(　　)。

A. 展示自己的专业知识

B. 让客户了解产品特点，满足其对产品信息的需求

C. 增加客户的购买压力

D. 按照公司规定完成介绍任务

6. 以下哪个阶段不属于汽车营销理念的发展历程(　　)。

A. 生产观念阶段　　B. 产品观念阶段

C. 垄断观念阶段　　D. 市场营销观念阶段

7. 汽车营销不仅要关注客户需求，还要考虑社会利益和可持续发展，这体现的是(　　)营销观念。

A. 社会市场　　B. 推销

C. 产品　　D. 生产

8. 汽车企业通过举办车展、试驾活动等方式吸引潜在客户，这属于(　　)营销手段。

A. 人员推销　　B. 广告宣传

C. 营业推广　　D. 公共关系

9. 汽车营销中，强调与客户建立长期稳定的关系，是为了(　　)。

A. 提高客户满意度，促进再次购买和推荐

B. 节省营销成本

C. 便于管理客户信息

D. 完成销售任务指标

10. 在汽车营销概念中，“以消费者为中心”意味着(　　)。

A. 完全按照消费者的要求生产汽车

B. 营销活动围绕满足消费者需求、提高消费者满意度展开

C. 消费者是营销活动的唯一参与者

D. 消费者决定汽车的价格

二、填空题(每题 2 分，共 20 分)

1. 汽车营销是指汽车企业或销售商通过一系列的市场活动，将汽车产品及相关服务从________转移到________的过程。

2. 汽车营销理念的发展经历了生产观念阶段、产品观念阶段、推销观念阶段、________观念阶段和社会市场营销观念阶段。

3. 汽车营销的目标不仅是实现汽车产品的销售，更重要的是满足________的需求，建立良好的________。

4. 在汽车营销活动中，________是了解市场需求、竞争对手和消费者偏好的重要手段。

5. 汽车营销中常见的促销活动有降价优惠、赠送礼品、________等。

6. 汽车营销人员应具备的基本素质包括专业知识、沟通能力、________和服务意识。

7. 汽车企业根据市场细分的结果，针对不同的细分市场制定不同的营销策略，这就是________营销。

8. 汽车营销过程中，通过社交媒体平台进行产品宣传和客户互动，属于利用________渠道开展营销活动。

9. 汽车营销的服务性特点要求营销人员在销售前后都要为客户提供优质的________。

10. 汽车营销活动中，企业为了提升品牌知名度，会在电视、报纸等媒体上投放________。

三、判断题（每题2分，共20分）

1. 汽车营销就是简单地把汽车卖给客户，不需要考虑其他因素。（　　）
2. 汽车营销理念的发展历程表明，企业的营销重点始终是以生产为中心。（　　）
3. 只要汽车产品质量好，就不需要进行营销活动。（　　）
4. 汽车营销中的市场细分就是按照地理位置把市场分成不同的区域。（　　）
5. 汽车营销人员在与客户沟通时，只需要介绍汽车的优点，不需要提及缺点。（　　）
6. 举办车展活动属于汽车营销中的广告宣传手段。（　　）
7. 汽车营销的动态性特点是指营销活动要根据市场变化不断调整。（　　）
8. 在汽车营销中，满足客户需求和企业利益是相互矛盾的。（　　）
9. 汽车企业通过提供优质的售后服务来提升客户满意度，这也是汽车营销的一部分。（　　）
10. 汽车营销中，针对不同客户群体采用相同的营销策略也能取得良好的效果。（　　）

四、简答题（每题10分，共40分）

1. 请简述汽车营销的主要任务。
2. 请阐述汽车营销理念从生产观念阶段到社会市场营销观念阶段的发展变化及特点。
3. 请说明汽车营销中市场细分的作用及常见的细分依据。
4. 请阐述汽车营销人员应具备的基本素质以及这些素质对营销工作的重要性。

模块 2　客户开发与跟进管理

模块引言

在当今竞争激烈的汽车市场中，汽车营销的成功不仅仅取决于产品本身的卓越性能与品质，更取决于开发新客户的能力以及对现有客户的持续精细化运营水平。客户，无疑是汽车营销领域的核心资产，而客户开发与跟进管理则是铸就企业销售辉煌、塑造品牌忠诚度的两大关键支柱。

汽车作为一种高价值、耐用性消费品，消费者在做出购买决策时往往会经过深思熟虑，涉及诸多考量因素，如品牌声誉、车辆性能、价格、售后服务等。这就意味着汽车营销人员面临着巨大的挑战，既要在茫茫人海中精准定位并吸引潜在客户，将其转化为实际购车者，又要在客户购车前后的漫长过程中，通过精心的跟进管理，满足他们不断变化的需求，进而提升客户满意度，实现客户的长期留存与口碑传播。

市场环境复杂多变，汽车营销客户开发与跟进管理已不再是简单的推销与偶尔的回访，而是一套涉及市场调研、目标客户定位、多渠道拓展、个性化沟通、异议处理等诸多环节的精细化运作体系。无论是传统的汽车销售模式，还是新兴的线上销售渠道，都离不开对这两大关键环节的深入探究与有效实践。

在此背景下，深入研究汽车营销客户开发与跟进管理的策略、方法以及最佳实践案例，对于汽车企业及营销人员而言，具有极为重要的现实意义。它不仅有助于提升企业的销售业绩，扩大市场份额，更能帮助品牌在消费者心中树立起良好的形象，奠定坚实的市场根基。接下来，就让我们一同踏入汽车营销客户开发与跟进管理的精彩世界，探寻其中的奥秘与智慧。

模块简介

一、客户开发

客户开发是指汽车企业或销售团队通过一系列有针对性的策略与活动，主动寻找、吸引潜在客户并将其转化为实际购车客户的过程。

1. 目标客户定位

这是客户开发的基础。需要深入分析汽车产品的特点、价格、性能等因素，结合市场细分的方法，按照地理、人口、心理、行为等维度，精准确定适合不同车型的潜在客户群体。例如，一款豪华跑车可能将目标客户定位为高收入、追求驾驶乐趣的年轻群体；而家用轿车则更多瞄准有家庭出行需求、注重性价比的消费者。

2. 渠道拓展与利用

利用多种渠道触达潜在客户。传统渠道包括汽车4S店、车展、经销商门店、户外广告等。随着互联网的发展，线上渠道（如社交媒体平台、汽车电商平台、线上直播、汽车论坛等）也成为重要途径。企业需根据目标客户的偏好，选择并整合合适的渠道。比如针对年轻消费者，可重点利用抖音等社交媒体平台进行产品宣传，挖掘潜在客户。

3. 客户开发策略

采用多样化策略吸引客户。广告宣传策略通过创意广告、精准投放媒体等提升产品知名度；活动营销策略借助车展、试驾活动、车主俱乐部等活动提高客户参与度与体验感；关系营销策略注重建立和维护与客户的良好关系，培养客户忠诚度；口碑营销策略则依靠激发客户的口碑传播，如老客户推荐新客户可获奖励等方式，扩大客户群体。

二、客户跟进管理

客户跟进管理是指在客户开发的基础上，与已接触或已购车的客户持续沟通并提供关怀与服务，以促进销售转化、提升客户满意度并维护长期客户关系的一系列活动。

1. 跟进流程设计

跟进流程一般包括初次跟进、试驾跟进、购车决策跟进、成交后跟进以及流失客户挽回跟进等环节。初次跟进要及时与客户取得联系，确认需求并提供相关信息；试驾跟进注重收集客户试驾体验反馈，解答疑问；购车决策跟进密切关注客户动态，处理价格等异议，推动客户做出购买决策；成交后跟进确保客户提车体验良好，定期回访了解车辆使用情况并提供售后服务指导；流失客户挽回跟进则分析客户流失的原因，制定针对性策略争取客户回流。

2. 跟进技巧运用

沟通技巧方面，销售人员要积极倾听客户意见，清晰准确地表达产品和服务信息，通过巧妙提问来了解客户需求；建立信任技巧方面，要求销售人员塑造专业形象，诚实守信，提供案例参考让客户放心；个性化跟进技巧方面，销售人员需根据客户特点定制跟进方案，关注特殊需求；处理异议技巧方面，销售人员需要正确对待客户异议，分析原因并针对性解决。

3. 利用科技手段提升效率

借助客户关系管理（CRM）系统全面记录客户信息，分类管理并设置跟进提醒；移动应用程序方便销售人员随时随地跟进客户、实时互动；社交媒体平台可扩大跟进范围，收集反馈并加强与客户的一对一沟通。

汽车营销客户开发与跟进管理是相辅相成的两个环节，有效的客户开发为跟进管理提供了对象，而良好的跟进管理则有助于提高客户满意度、促进客户二次购买及推荐，共同推动汽车营销业务的持续发展。

学习目标

一、知识目标

1. 客户开发相关知识

深入理解市场细分的概念、原则和常用方法，包括按地理、人口、心理、行为等因素对汽车市场进行细分，明确不同细分市场的特点和需求差异。

掌握目标客户定位的流程和要点，能够根据汽车产品的特性（如价格、性能、配置、用途等）准确描绘出目标客户群体的特征，如年龄、性别、职业、收入水平、消费习惯、兴趣爱好等。

熟悉汽车营销中常见的客户开发渠道的特点、优势、劣势及适用范围，包括传统渠道（如汽车4S店、车展、经销商门店、户外广告等）和新兴渠道（如社交媒体平台、汽车电商平台、线上直播、汽车论坛等）。

了解各类客户开发策略的原理、目标和实施要点，如广告宣传策略（广告创意、投放媒体选择、投放时间安排等）、活动营销策略（车展、试驾活动、车主俱乐部活动等的策划与执行）、关系营销策略（建立与维护客户关系的方法、客户忠诚度培养等）、口碑营销策略（激发客户口碑传播、处理负面口碑等）。

2. 客户跟进管理相关知识

掌握汽车营销客户跟进管理的完整流程，包括初次跟进、试驾跟进、购车决策跟进、成交后跟进以及流失客户挽回跟进等环节的主要任务、时间节点和注意事项。

理解客户跟进不同阶段与客户沟通的重点内容，如初次跟进时的需求确认与信息提供，试驾跟进时的体验收集与疑问解答，购车决策跟进时的异议处理与推动决策，成交后跟进时的使用感受询问与售后服务指导，流失客户挽回跟进时的原因分析与策略制定。

熟悉客户关系管理系统的基本功能和作用，如客户信息记录与查询、客户分类管理、跟进计划设置与提醒、数据分析与报表生成等，以及如何利用客户关系管理系统提升客户跟进管理的效率和效果。

了解在客户跟进管理中运用的各种技巧，包括沟通技巧、建立信任技巧、个性化跟进技巧、处理异议技巧。

二、技能目标

1. 客户开发技能

能够运用市场细分和目标客户定位的知识，针对给定的汽车产品或品牌，准确分析并确定目标客户群体，绘制出详细的目标客户画像。

学会根据目标客户群体的特点和分布情况，制订合理的客户开发渠道拓展计划，选择最适合的渠道组合进行客户开发，并能对不同渠道进行有效整合，实现多渠道协同营销。

具备独立策划和执行简单的客户开发策略活动的能力，如设计一个汽车广告宣传方案、组织一场小型试驾活动、制订一份关系营销策略实施计划等，确保活动能够有效吸引潜在客户并推动其向购车意向转化。

2. 客户跟进管理技能

能按照汽车营销客户跟进管理的流程，对实际接触到的客户进行规范、有序的跟进操作，及时完成各阶段的跟进任务，如在规定时间内进行初次跟进、妥善安排试驾跟进、在客户购车决策阶段积极协助并推动决策、成交后做好定期回访等。

在与客户跟进沟通的过程中，熟练运用各种沟通技巧，根据客户的反馈和情绪状态灵活调整沟通方式，准确传达产品和服务信息，有效收集客户需求和意见，建立良好的沟通氛围，提高客户满意度。

能够运用客户关系管理系统对客户信息进行准确录入、更新和查询操作，根据客户的不同特征和跟进阶段设置合理的跟进计划和提醒，通过对客户关系管理系统数据的分析，挖掘客户需求和潜在价值，为跟进管理提供决策依据。

针对客户在跟进过程中提出的各种异议，如价格异议、产品性能异议、服务异议等，能够迅速分析产生异议的原因，运用处理异议技巧提出针对性的解决措施，化解客户疑虑，推动销售进程。

三、素质目标

1. 市场洞察能力

培养对汽车市场动态变化的敏锐感知能力，能够及时了解市场趋势、消费者需求变化、竞争对手动态等因素对汽车营销客户开发与跟进管理工作的影响，以便适时调整工作策略。

2. 沟通协作能力

提升与客户、同事以及其他相关部门人员的沟通协作能力。在客户开发与跟进管理过程中，要善于与客户进行有效沟通，了解其需求并提供满意的服务；同时，要与销售团队、市场团队、售后服务团队等密切协作，共同完成汽车营销任务。

3. 问题解决能力

提升客户开发与跟进管理中的问题解决能力，包括渠道获客效果不佳、客户跟进不顺畅、客户提出难以解决的异议等问题，能够冷静分析原因，积极寻找解决方案，确保工作顺利进行。

4. 服务意识

强化以客户为中心的服务意识，始终将客户的需求和满意度放在首位，在客户开发阶段尽力满足客户对产品信息的需求，在跟进管理阶段持续为客户提供优质的服务，努力提升客户体验，培养客户忠诚度。

5. 学习与创新能力

养成持续学习的习惯，不断更新汽车营销相关知识，了解行业最新动态、新技术应用等，以便更好地适应市场变化。同时，鼓励在客户开发与跟进管理工作中进行创新实践，尝试新的渠道、策略、技巧等，提升工作效率和效果。

任务1　客户开发

任务导入

展示汽车销售展厅的视频或图片，画面呈现出展厅内摆放着各种款式的汽车，销售人员在一旁等待顾客，但顾客却寥寥无几的场景。

同学们，大家看这个汽车销售展厅，目前的状况似乎不太理想，顾客不多就意味着销量可能上不去。那作为汽车销售人员，我们的首要任务就是要开发更多的客户，可怎么去开发呢？这就是我们今天要深入探讨的汽车营销客户开发的相关内容。

任务要求

一、知识与技能目标

(1) 学生能够清晰阐述汽车营销客户开发的概念、意义及重要性，理解其在整个汽车营销流程中的关键地位。

(2) 掌握汽车营销客户开发的主要途径与方法，包括但不限于车展活动、网络营销、电话营销、转介绍等，了解各途径的特点、适用场景及操作流程。

(3) 学会运用市场调研工具与方法，准确分析目标客户群体的特征，如年龄、性别、职业、收入水平、购车需求、消费习惯等，以便有针对性地开展客户开发工作。

(4) 能根据不同的客户开发途径及目标客户群体特点，设计出有效的客户开发话术，包括吸引人的开场白、突出产品优势与客户利益的主体内容、明确的行动呼吁(如邀请看车、预约试驾等)，且针对不同类型客户可设计多种话术模板。

(5) 熟练掌握客户关系管理系统的基本操作，能够准确录入、更新和查询客户开发过程中涉及的各类信息，如客户基本资料、沟通记录、开发进度等，确保客户信息的完整性和准确性。

二、过程与方法目标

(1) 通过案例分析、小组讨论、模拟演练等教学活动，培养学生观察、分析、归纳总结汽车营销客户开发实际问题及提出解决方案的能力。

（2）借助实际操作（如参与车展活动策划、进行网络营销实践、模拟电话营销等），提升学生的动手能力，使其能够将所学的客户开发知识与技巧灵活运用到实际工作场景中，提高客户开发的效率和效果。

（3）在完成各项客户开发相关任务（如市场调研、话术设计、信息管理等）的过程中，引导学生学会自我评估和相互评价，进而不断优化客户开发工作的成果。

三、情感态度与价值观目标

（1）培养学生以客户为中心的服务意识，在客户开发过程中充分尊重客户的需求、时间和感受，树立良好的汽车营销形象。

（2）激发学生对汽车营销客户开发工作的兴趣和热情，增强学生对从事汽车营销相关工作的自信心，使其认识到客户开发是汽车营销成功的重要基础。

（3）强调诚信经营的重要性，教导学生在客户开发过程中要如实介绍产品信息，避免虚假宣传，以赢得客户的信任和长期合作。

知识导航

一、目标客户定位

1. 按年龄层次定位

年轻消费者（18～35岁）：这一群体通常对汽车的外观设计和科技配置有较高要求。他们追求时尚、个性化的车型，喜欢具有动感造型、鲜艳色彩的汽车。在科技配置方面，如智能互联系统、高级音响等对他们有很大吸引力。营销时可以突出汽车的时尚元素和创新科技，举办针对年轻人的试驾活动或线上互动活动，例如通过社交媒体平台开展汽车外观设计投票，邀请年轻人参与汽车改装创意比赛等。

中年消费者（36～55岁）：这个年龄段的消费者更加注重汽车的性能和舒适性。他们可能更倾向于选择空间宽敞、乘坐舒适、动力强劲且稳定可靠的车型，对于安全配置也有较高要求。营销重点可以放在汽车的品质和实用性上，如展示汽车的安全性能测试结果、强调车内空间的舒适性和多功能性。可以举办家庭试驾活动，让消费者带着家人一起体验汽车的舒适性和便利性。

老年消费者（55岁以上）：老年消费者通常更看重汽车的操作简便性和安全性。他们可能需要较大的字体显示、易于操作的控制按钮以及良好的视野。汽车的稳定性和低故障率也是他们关注的重点。营销时可以突出汽车的人性化设计和低维护成本，例如举办老年驾驶者安全讲座，介绍汽车的特殊设计如何方便老年驾驶者操作。

2. 按收入水平定位

高收入消费者：高收入消费者对汽车的品质、品牌和豪华程度有较高要求。他们愿意为高端品牌、先进技术和个性化定制服务支付更高的价格。针对这一群体的营销可以强调汽车的品牌历史、精湛工艺和专属服务，如举办高端品牌体验活动，邀请客户参观汽车生产工厂或参加定制化设计工作坊。可以推出限量版车型或提供个性化定制选项，满足他们对独特性的追求。

中等收入消费者：中等收入消费者在购车时通常会考虑性价比。他们希望汽车具有一定的品质和功能，但价格不能过高。这类消费者更关注汽车的实用性、燃油经济性和维护成本。营销时可以突出汽车的性价比优势，如展示汽车的配置与价格对比，提供优惠的购车方案和低息贷款等金融服务。可以举办团购活动或推出限时折扣，吸引中等收入消费者购买。

低收入消费者：低收入消费者更注重汽车的价格和经济性。他们可能会选择价格较低的入门级车型或二手车。对于这部分消费者，营销重点可以放在汽车的低价优势和低成本维护上，如推出低价促销活动、介绍汽车的低油耗和低维护成本。可以与金融机构合作，提供更灵活的贷款方案，降低购车门槛。

3. 按职业类型定位

商务人士：商务人士需要汽车来展现自己的专业形象和地位。他们通常更倾向于选择豪华商务车型或中高端轿车。汽车的舒适性、安全性和品牌形象对他们很重要。营销时可以强调汽车的商务功能，如后排空间的舒适性、车载办公设备的兼容性等。可以与商务俱乐部或商会合作举办活动，提高品牌在商务人士中的知名度。

家庭主妇/主夫：家庭主妇或主夫在购车时会考虑汽车的安全性、空间实用性和经济性。他们需要一辆能够满足家庭日常出行需求的汽车，如接送孩子、购物、旅行等。营销重点可以放在汽车的安全配置、宽敞的后备厢空间和低油耗上。可以举办家庭亲子活动，邀请家庭主妇/主夫和孩子一起参与，展示汽车为家庭生活带来的便利。

年轻上班族：年轻上班族通常需要一辆经济实用、方便停放的汽车。他们可能更倾向于选择小型车或紧凑型 SUV。对于汽车的燃油经济性、停车便利性和智能科技配置有一定要求。营销时可以突出汽车的小巧灵活、低油耗和智能互联功能，如展示汽车在城市狭窄道路上的驾驶优势，介绍汽车的智能导航和远程控制功能。可以与写字楼或创业园区合作，举办车展或试驾活动，方便年轻上班族了解和体验汽车。

二、渠道拓展与利用

1. 传统营销渠道拓展

4S 店升级：对汽车 4S 店进行升级改造，提升店面形象和服务质量。增加舒适的客户休息区，提供免费的饮品和小吃，让客户在等待的过程中感受到关怀。同时，加强销售人员的培训，提高他们的专业知识和服务水平，为客户提供更加个性化的购车建议。

参加车展：积极参加各类国内外车展，展示品牌的最新车型和技术。车展是汽车品牌展示实力、吸引消费者的重要平台。精心设计的展位和精彩的现场活动（如新车发布会、车模展示、互动游戏等）能够吸引消费者的注意力，提高品牌知名度和美誉度。

与经销商合作：加强与经销商的合作，共同拓展市场。为经销商提供更多的支持和激励政策，如提高返利比例、提供广告补贴、组织培训等，鼓励他们积极推广品牌汽车。同时，建立良好的沟通机制，及时了解市场动态和客户需求，共同制定营销策略。

2. 新兴营销渠道利用

社交媒体营销：利用社交媒体平台进行汽车营销，如微信、微博、抖音等。通过发布有趣、有价值的内容，如汽车测评、驾驶技巧、品牌故事等，吸引用户的关注。开展线上活动，如抽奖、问答、挑战赛等，增加用户的参与度和黏性。与社交媒体达人合作，进行产品推广和口碑营销，提高品牌的曝光度和影响力。

电商平台合作：与汽车电商平台合作，开展线上销售和营销活动。电商平台具有便捷、高效的特点，可以为消费者提供更多的购车选择和优惠。通过电商平台，消费者可以在线了解汽车信息、比较不同车型、预约试驾、下单购车等，实现一站式购车服务。同时，汽车品牌可以利用电商平台的大数据分析功能，了解消费者的需求和行为，优化营销策略。

内容营销：通过制作优质的内容，如视频、图片、文章等，进行汽车营销。内容可以围绕汽车的性能、配置、设计、驾驶体验等方面展开，以吸引消费者的关注。可以通过各大视频平台、汽车论坛、新闻媒体等渠道发布内容，提高品牌的曝光度和美誉度。同时，鼓励用户分享和评论内容，形成良好的口碑传播效应。

3. 跨界合作渠道拓展

与金融机构合作：与银行、金融公司等合作，推出汽车金融服务，如低息贷款、零首付购车、分期付款等。汽车金融服务可以降低消费者的购车门槛，提高购车的便利性和可及性。同时，汽车品牌可以通过金融机构的渠道，向潜在客户推广汽车产品，提高品牌的知名度和美誉度。

与旅游公司合作：与旅游公司合作，开展汽车自驾游活动。汽车自驾游是一种新兴的旅游方式，受到越来越多消费者的喜爱。通过与旅游公司合作，汽车品牌可以组织客户参加自驾游活动，让客户在旅途中体验汽车的性能和舒适性，提高客户对品牌的满意度和忠诚度。同时，旅游公司可以通过汽车品牌的渠道，向客户推广旅游产品，实现互利共赢。

与体育赛事合作：与体育赛事合作，进行汽车品牌推广。体育赛事具有广泛的受众群体和较高的关注度，可以为汽车品牌带来较高的曝光度和美誉度。可以通过赞助体育赛事、冠名球队、邀请体育明星代言等方式，提高品牌的知名度和影响力。同时，汽车品牌可以在体育赛事现场设置展示区和互动体验区，让观众近距离感受汽车的魅力。

三、客户开发策略

1. 产品策略

产品创新：不断推出新车型或对现有车型进行升级改进，满足消费者不断变化的需求和市场竞争的要求。例如，随着环保意识的增强，加大对新能源汽车的研发和推广力度，推出具有更长续航里程、更快充电速度和更先进智能驾驶功能的新能源车型，吸引关注环保和科技的客户群体。

个性化定制：提供汽车个性化定制服务，满足客户对汽车外观、内饰、配置等方面的个性化需求。客户可以根据自己的喜好选择车身颜色、座椅材质、音响系统等配置，使汽车更符合个人风格和需求，提高客户对产品的满意度和购买意愿。

2. 价格策略

差异化定价：根据不同车型的配置、性能、定位以及目标客户群体的价格敏感度，制定差异化的价格体系。对于高端豪华车型，强调品牌价值和产品品质，定价相对较高；对于经济型车型，注重性价比，以更亲民的价格吸引价格敏感型客户。同时，根据市场需求和竞争情况，适时调整价格，保持价格的竞争力。

价格促销活动：定期开展价格促销活动，如现金优惠、购车补贴、贴息贷款等。在节假日、销售淡季等特殊时期，推出限时优惠政策，刺激消费者的购车欲望。例如，在春节期间推出购车送大礼包(包括现金红包、汽车装饰用品等)的活动，吸引客户在节日期间购车。

3. 促销策略

广告宣传：制订全面的广告宣传计划，包括电视广告、报纸广告、杂志广告、户外广告等传统媒体广告，以及网络广告、视频广告、信息流广告等新媒体广告。根据目标客户的媒体接触习惯，选择合适的广告渠道和形式进行投放。广告内容要突出汽车的核心卖点和品牌形象，吸引客户关注。例如，制作一则富有创意的电视广告，展示汽车在崎岖山路上的卓越越野性能和豪华内饰，给观众留下深刻印象。

公关活动：通过举办新闻发布会、试驾活动、公益活动等公关活动，提升品牌形象和知名度。积极与媒体合作，争取媒体的正面报道和宣传，提高品牌的美誉度和公信力。例如，汽车企业赞助一场环保公益活动，组织车主参与植树造林等环保活动，并通过媒体报道宣传企业的社会责任形象，吸引更多消费者关注和认可品牌。

人员推销：培养专业的销售团队，加强销售人员的培训，提高其销售技巧和产品知识水平。销售人员要深入了解客户需求，为客户提供专业的购车建议和解决方案。通过面对面的沟通和交流，建立良好的客户关系，促进客户做出购买决策。例如，销售人员在与客户沟通时，详细了解客户的用车需求、预算和个人喜好，为客户推荐合适的车型，并介绍车辆的优势和特点，解答客户的疑问，提供优质的服务体验。

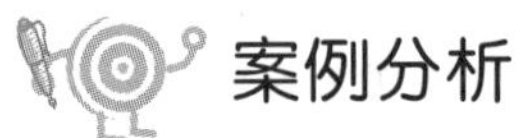

案例分析

案例一：某国产新能源汽车品牌针对年轻上班族的客户开发

一、目标客户定位

1. 客户特征分析

该品牌将目标客户定位为上班族，且年龄为25～40岁。这部分人群通常接受过良好的教育，对新事物、新技术有着较高的接受度，且环保意识较强。他们日常出行主要依赖公共交通工具，但随着生活品质的提升，对便捷、环保且性价比高的私家车有较大需求。同时，他们注重车辆的科技感和智能配置，也会考虑购车后的使用成本。

2. 需求洞察

了解到年轻上班族在城市中通勤距离较长，他们希望车辆有较好的续航里程以满足日常通勤及偶尔的周边游需求。同时，他们热衷于通过社交媒体分享生活，对于汽车的智能互联功能（如远程控制车辆、在线导航、智能语音助手等）非常感兴趣，期待借此提升出行的便利性和趣味性。

二、渠道拓展与利用

1. 线上渠道为主

鉴于目标客户群体年轻且活跃于网络，该品牌重点拓展了线上渠道。首先，在各大社交媒体平台（如微信、微博、抖音等）开设官方账号，定期发布品牌动态、车型亮点、车主故事等内容，吸引用户关注并互动。该品牌通过制作有趣的短视频来介绍车辆的智能配置和驾驶体验，短短数月内视频播放量累计达数百万次，有效提升了品牌知名度。

2. 电商平台合作

与知名电商平台开展合作，在平台上设立品牌旗舰店，展示车型信息、配置参数，并提供在线预订服务。这不仅方便了消费者了解和购买产品，还借助电商平台庞大的用户基础增加了客户来源。

3. 汽车论坛参与

安排专业团队积极参与汽车论坛的讨论，解答用户关于新能源汽车的疑问，分享品牌车型的使用经验和优势，引导潜在客户对品牌产生好感。

三、客户开发策略

1. 体验式营销

针对目标客户群体注重体验的特点，在各大城市的商业中心、写字楼附近设置临时试驾点，方便年轻上班族在工作之余或周末闲暇时能轻松试驾体验。试驾过程中，销售人员重点介绍车辆的智能配置和环保优势，让客户亲身感受车辆的便利性和科技感。

2. 口碑营销

邀请汽车领域的关键意见领袖（KOL）进行试驾并分享体验，借助他们的影响力在社交媒体上引发关注和讨论，形成良好的口碑传播。同时，实行推荐奖励机制，鼓励老车主向他们身边的朋友推荐该品牌车型，每成功推荐一人，老车主和新车主均可获得一定的购车优惠或售后服务礼包。

3. 活动营销

举办以“绿色出行，智能生活”为主题的系列活动，如新能源汽车科普讲座、车主自驾游等。这些活动不仅能吸引目标客户群体的参与，还能进一步强化品牌的环保、智能形象，加深客户与品牌之间的联系。

案例二:某豪华汽车品牌针对高收入商务人士的客户开发

一、目标客户定位

1. 客户特征分析

某豪华汽车品牌将目标客户聚焦于高收入商务人士,年龄一般为35～55岁。他们事业有成,在商务场合中对座驾的品牌形象、舒适性、安全性和性能有着极高的要求。这类人群注重身份和地位的象征,追求高品质的生活体验,并且有较强的品牌忠诚度,但同时也较为忙碌,时间宝贵。

2. 需求洞察

高收入商务人士经常需要参加商务会议、接待重要客户等,因此车辆的后排空间要宽敞舒适,配备高级的座椅按摩、通风加热等功能;在性能方面,需要强劲的动力以确保在高速公路上的快速行驶;而且他们希望座驾能体现出独特的品牌文化和历史底蕴,以彰显其身份和地位。

二、渠道拓展与利用

1. 高端场所合作

该品牌与五星级酒店、高端高尔夫球场、商务会所等高端场所建立合作关系。在这些场所设置展示区,展示品牌的最新车型,让目标客户群体在日常商务活动或休闲娱乐时能近距离接触到汽车产品。同时,在这些场所举办小型的品牌品鉴会、新车发布会等活动,邀请潜在客户参加,营造高端、专属的氛围。

2. 专业媒体宣传

该品牌与汽车领域的专业媒体、财经媒体等开展深度合作,在这些媒体上刊登大幅广告,宣传品牌的历史文化、车型亮点以及最新的技术创新。借助专业媒体的权威性和针对性,精准触达目标客户群体,提升品牌在高收入商务人士中的知名度和美誉度。

3. 客户关系管理系统优化

利用先进的客户关系管理系统,对现有客户进行精细化管理,分析客户的购买行为、偏好、使用频率等数据,以便更好地了解客户需求。通过客户关系管理系统向老客户推送个性化的产品信息、保养服务提醒等内容,同时利用老客户的人脉资源,请他们推荐潜在客户。

三、客户开发策略

1. 定制化营销

针对高收入商务人士的个性化需求,提供定制化服务。客户可以根据自己的喜好选择车身颜色、内饰材质、配置套餐等,让每一辆车都成为独一无二的专属座驾。在销售过程中，销售人员会根据客户的需求和喜好，为其量身定制购车方案，包括金融服务方案、售后服务方案等。

2. 专属活动营销

举办一系列专属活动，如商务座驾体验之旅、品牌文化之旅等。这些活动不仅为客户提供了独特的体验机会，还能让他们更深入地了解品牌的历史文化和价值观，增强客户与品牌之间的情感联系。

3. 服务营销

强调以优质的服务赢得客户的心。购车前，专业的销售顾问提供一对一的咨询服务，解答客户关于车型选择、配置搭配等方面的疑问；购车中，安排专人负责车辆的交付手续，确保交付过程顺利、高效；购车后，建立完善的售后服务体系，提供24小时道路救援、定期保养提醒、上门取送车等服务，让客户感受到无微不至的关怀。

案例三：某家用轿车品牌针对家庭用户的客户开发

一、目标客户定位

1. 客户特征分析

某家用轿车品牌将目标客户定位为家庭用户，主要是有孩子的年轻夫妻或中年夫妇。年龄范围是28～45岁，他们收入相对稳定，注重家庭生活品质，购车的主要目的是满足家庭日常出行需求，如接送孩子上学、购物、周末出游等。

2. 需求洞察

家庭用户对车辆的安全性、空间舒适性、燃油经济性最为关注。他们希望车辆有足够的后排空间，能安装儿童座椅，并且车辆的安全配置要齐全，如有多个安全气囊、车身稳定系统等；在燃油经济性方面，他们希望能节省日常出行的油费开支；同时，他们也希望汽车品牌能提供一些家庭友好型的服务，如儿童游乐区、免费的饮料和小吃等，以方便他们在购车或保养时可以享受。

二、渠道拓展与利用

1. 线下渠道拓展

首先，加强与各地的汽车4S店、经销商门店的合作，在门店内设置具有温馨家庭氛围的展示区，摆放儿童玩具、家庭照片等，营造出家庭友好型的购车环境。同时，在门店附近举办亲子活动，如亲子绘画比赛、亲子运动会等，吸引家庭用户的关注和参与。

2. 社区营销

深入社区进行营销活动，与社区居委会合作，在社区内举办小型车展、开展汽车知识讲座等，向社区居民介绍品牌车型的特点和优势，针对家庭用户的需求进行重点宣传。通过社区活动，直接触达目标客户群体，建立起与家庭用户的紧密联系。

3. 线上宣传配合

在各大社交媒体平台上开设官方账号，发布与家庭出行相关的内容，如家庭自驾游攻略、带孩子出行的注意事项等，并适时宣传品牌车型在家庭出行方面的优势。同时，利用搜索引擎优化（SEO）技术，确保当用户搜索家庭出行相关关键词时，能优先看到该品牌的相关信息。

三、客户开发策略

1. 情感营销

在营销过程中，注重融入情感元素。通过讲述品牌与家庭之间的故事，如某款车型陪伴一个家庭成长的历程，引发家庭用户的情感共鸣。在销售环节，销售人员也会以家庭为主题进行沟通，询问客户的家庭情况，根据家庭需求推荐合适的车型，让客户感受到品牌对家庭的关怀。

2. 促销活动营销

针对家庭用户注重性价比的特点，经常开展促销活动。如在节假日、开学季等特殊时期，推出购车优惠套餐，包括现金折扣、赠送汽车配件、提供免费保养服务等，吸引家庭用户在这些时间段购车。

3. 服务提升营销

不断提升服务质量，除了前面提到的家庭友好型服务外，在购车后，建立客户服务热线，及时解答客户关于车辆使用的疑问；定期回访客户，了解客户使用车辆的情况，根据客户反馈及时调整服务内容，确保客户满意度的提升。

任务实施

一、实施准备

1. 学生准备

（1）学生学习完知识导航部分，便可进行学习考评。

（2）由学生自由组合成研究性学习项目小组，4～6 人为一组。

2. 教师准备

（1）教师和各小组的组长担任考评人员。对协助教师进行考评的学生进行课前考评和监督方法的培训，确保考评结果准确和公平。

（2）做好考评记录准备。

二、实施内容

学生按组选出代表，对所学知识进行复述。考评人员根据学生复述的内容，结合考评标准进行考评。

三、考评标准

客户开发复述测评表见表 2-1。

表 2-1 客户开发复述测评表

<table>
<tr><td>班级</td><td></td><td>姓名</td><td colspan="2"></td><td>小组</td><td colspan="2"></td></tr>
<tr><td>任务名称</td><td colspan="7">客户开发</td></tr>
<tr><td>考核内容</td><td>测评标准</td><td>配分</td><td>考核分值</td><td>学生自评</td><td>小组互评</td><td>教师评价</td><td>考核得分</td></tr>
<tr><td rowspan="2">知识掌握</td><td>说出客户开发的步骤</td><td rowspan="2">50</td><td>10</td><td></td><td></td><td></td><td></td></tr>
<tr><td>说出客户开发的具体实施方法</td><td>40</td><td></td><td></td><td></td><td></td></tr>
<tr><td rowspan="3">职业素养</td><td>表达清楚</td><td rowspan="3">50</td><td>20</td><td></td><td></td><td></td><td></td></tr>
<tr><td>普通话标准</td><td>20</td><td></td><td></td><td></td><td></td></tr>
<tr><td>形象得体</td><td>10</td><td></td><td></td><td></td><td></td></tr>
<tr><td colspan="2">总分</td><td>100</td><td>100</td><td></td><td></td><td></td><td></td></tr>
</table>

注：考核得分＝学生自评×20%＋小组互评×40%＋教师评价×40%。

任务拓展

学生课后通过讨论和查阅相关资料完成学习通上的研讨任务“客户开发完成后如何进行跟进管理”。

课后习题

1. 汽车营销中，如何根据一款中级家用轿车的特点来定位目标客户群体？至少从三个方面进行分析。

2. 某汽车品牌推出一款主打智能科技体验的新能源汽车，其目标客户可能具有哪些特征？从年龄、职业、消费习惯等方面描述。

3. 汽车营销中常见的线上客户开发渠道有哪些？各有什么特点和优势？请分别阐述。

4. 对于一款面向年轻消费者的汽车产品，应如何拓展和利用线下渠道进行客户开发？至少列举三种方式并说明理由。

5. 请列举汽车营销中常用的三种客户开发策略，并简要说明每种策略的实施要点。

6. 在汽车营销客户开发过程中，如何通过活动营销吸引潜在客户？举例说明一种活动形式及具体实施步骤。

任务2　客户跟进管理

任务导入

发放纸质案例材料，内容如下：前段时间，某汽车4S店销售顾问小张接待了一位很有购车意向的客户李先生。小张在初次接待时，李先生表现出对一款SUV车型很感兴趣，询问了很多关于车型配置、价格等方面的问题。小张也热情地做了回答，并且留下了李先生的联系方式。

可是之后小张并没有制订一个很明确的跟进计划。他有时候隔好几天才想起来给李先生发个短信，短信内容也很简单，就是问问李先生有没有时间再来看车。而且小张也没有好好记录他和李先生每次的沟通情况，以至于后来李先生又提出了一些疑问，小张都不记得之前有没有回答过。最终，李先生选择去另外一家4S店购买了同款车型。

想一想，小张在客户跟进管理方面都出现了哪些问题？让学生分组讨论，然后请各小组代表发言，汇总学生提出的问题。

从这个案例可以清楚地看到，客户跟进管理在汽车营销中是非常重要的。如果做不好，就可能像小张这样，眼睁睁地看着潜在客户流失掉。今天这堂课就要来系统地学习汽车营销客户跟进管理的知识，包括如何制订跟进计划、设计跟进内容、记录客户信息等，这样大家以后在实际工作中就能避免出现类似小张所犯的错误，成功地跟进客户并促成交易。

任务要求

一、知识与技能目标

(1) 学生能够清晰阐述汽车营销客户跟进管理的概念、目的及重要性，理解其在汽车营销业务流程中的关键作用。

(2) 掌握客户跟进管理的主要流程，包括客户信息收集与整理、跟进计划制订、跟进方式(如电话、微信、邮件、面谈等)选择、跟进内容设计、跟进记录与反馈处理等环节，明确各环节的具体操作要点。

(3) 学会运用合适的工具与方法进行客户信息收集，如通过展厅接待、线上咨询、活动报名等渠道获取客户的基本信息(姓名、性别、年龄、职业、联系方式等)、购车意向(车型、配置、预算等)以及沟通历史等内容，并能准确、完整地整理这些信息以便后续跟进。

(4) 能根据不同客户的特点(如购车意向强烈程度、兴趣点、回复频率等)和跟进阶段(如初次跟进、深度跟进、促成交易跟进等)制订出科学合理的跟进计划，明确跟进时间间隔、跟进方式及重点跟进内容等。

(5) 掌握客户跟进内容的专业化设计技巧，包括编写吸引人的开场白、围绕客户需求和关注点阐述产品优势与解决方案、适时提出行动呼吁（如邀请试驾、到店详谈、确认订单等），且针对不同类型客户和跟进阶段可设计多种跟进内容模板。

(6) 学会正确使用客户跟进记录表格或客户关系管理系统，准确记录每次跟进的时间、方式、内容、客户反馈等信息，以便随时查阅和分析客户跟进情况，同时能依据跟进记录及时调整跟进策略。

二、过程与方法目标

(1) 通过案例分析、小组讨论、模拟演练等教学活动，培养学生观察、分析、归纳总结汽车营销客户跟进管理实际问题及提出解决方案的能力。

(2) 借助实际操作（如利用模拟客户数据进行跟进计划制订、内容设计及记录填写等），提升学生的动手能力，使其能够将所学的客户跟进管理知识与技巧灵活运用到实际工作场景中，提高客户跟进管理的效率和效果。

(3) 在完成各项客户跟进管理相关任务（如信息收集、计划制订、内容设计、记录填写等）的过程中，引导学生学会自我评估和相互评价，进而不断优化客户跟进管理工作的成果。

三、情感态度与价值观目标

(1) 培养学生以客户为中心的服务意识，在客户跟进管理过程中充分尊重客户的需求、时间和感受，展现出耐心、热情、专业的态度，树立良好的汽车营销形象。

(2) 激发学生对汽车营销客户跟进管理工作的兴趣和热情，增强学生对从事汽车营销相关工作的自信心，使其认识到客户跟进管理是促成汽车营销交易、维护客户关系的重要环节。

(3) 强调诚信经营的重要性，教导学生在客户跟进管理过程中要如实传达产品信息，准确回答客户疑问，避免虚假宣传和误导客户，以赢得客户的信任并形成长期合作关系。

知识导航

一、汽车营销客户跟进管理的重要性

1. 提高销售转化率

销售人员通过及时、专业的跟进，能够解答客户在购车过程中的疑问，消除客户的顾虑，从而促使潜在客户更快地做出购车决策，显著提高销售转化率。

2. 建立良好客户关系

持续的跟进能够让客户感受到被重视和关怀，有助于建立起信任和友好的客户关系，为后续的售后服务及客户忠诚度培养奠定坚实的基础。

3. 获取市场反馈

在跟进过程中，销售人员通过与客户的深入交流，可以收集到关于产品、市场需求以及竞争对手的宝贵反馈信息，这些信息对于汽车企业优化产品和制定营销策略至关重要。

二、跟进流程设计

1. 客户信息收集与分类

初次接触客户时，无论是展厅接待、车展活动还是线上咨询，销售人员都要全面收集客户的基本信息，包括姓名、联系方式、职业、购车预算、意向车型、购车用途等。

根据客户的购车意向程度和紧迫性，将客户分为以下几类。

(1) 高意向且近期有购车计划的客户：这类客户对某款车型表现出浓厚兴趣，且已明确表示在较短时间(如 1～3 个月)内有购车打算。

(2) 有一定意向但购车时间不确定的客户：他们对汽车产品感兴趣，但可能受经济状况、家庭因素等条件的影响，尚未确定具体购车时间。

(3) 低意向客户：只是初步了解汽车信息，还未形成明确的购车意向。

2. 初次跟进

在收集客户信息后的 24 小时内，销售人员应及时与客户进行初次跟进沟通。对于高意向且近期有购车计划的客户，可以选择电话联系，表达感谢之意的同时，再次确认客户的意向车型和需求细节，并邀请客户到店试驾或参加专属活动。

对于有一定意向但购车时间不确定的客户，可通过短信或电子邮件发送温馨问候，附上车型资料、最新优惠活动等信息，保持与客户的适度联系，让客户在需要时能够方便地找到相关资料。

针对低意向客户，同样可以发送简短的问候短信，介绍品牌的一些特色服务或近期的热点活动，以维持客户对品牌的初步印象。

3. 试驾跟进

如果客户接受了试驾邀请，销售人员要提前做好试驾准备工作，包括确保试驾车辆状态良好、规划合理的试驾路线等。

在试驾过程中，销售人员要全程陪同，详细介绍车辆的性能、操作方法以及特色功能，同时观察客户的反应和关注点，以便在后续跟进中更有针对性地解答疑问。

试驾结束后，立即与客户进行沟通，询问试驾体验，收集客户的反馈意见。对于试驾满意的客户，趁热打铁，进一步介绍购车优惠政策、金融服务方案等，推动客户向购车决策迈进；对于在试驾时遇到一些小问题的客户，销售人员应认真记录问题，向客户承诺尽快解决问题，并安排客户再次试驾。

4. 购车决策跟进

当客户进入购车决策阶段，销售人员要密切关注客户的动态，通过电话、微信等保持频繁沟通，了解客户是否在与其他品牌或经销商进行比较，及时提供针对性的对比分析资料，突出自身品牌和车型的优势。

如果客户提出价格方面的疑虑，销售人员要熟练运用价格谈判技巧，根据客户的预算和市场行情，提供合理的报价方案，并解释价格构成及优惠依据，争取让客户接受报价。

在此阶段，还可以邀请客户参加一些限时的购车活动，如团购活动、周末特卖会等，营造紧迫感，促使客户尽快做出购车决策。

5. 成交后跟进

客户购车成交并不意味着跟进的结束。相反，这是建立长期客户关系的新起点。销售人员要在客户提车当天，举行隆重的交车仪式，让客户感受到购车的喜悦和尊贵。

在客户提车后的一周内，通过电话或微信询问客户对车辆的使用感受，是否遇到什么问题，及时提供必要的售后服务指导。

定期（如每月或每季度）对客户进行回访，了解车辆的使用情况，提醒客户进行定期保养，同时向客户推送品牌的最新活动、新产品信息等，保持客户对品牌的关注度和参与度。

6. 流失客户挽回跟进

对于那些曾经有过购车意向但最终未成交的客户，要定期进行分析，找出客户流失的原因，如价格因素、服务不满意、竞品吸引等。

根据不同的流失原因，制定相应的挽回策略。例如，如果是因为价格问题流失的客户，当市场价格有调整或推出新的优惠活动时，可以及时联系客户，告知其新情况；如果是服务不满意导致的流失，要诚恳地向客户道歉，并承诺改进服务，邀请客户再次体验。

三、跟进技巧运用

1. 沟通技巧

1）积极倾听

在与客户沟通的过程中，销售人员要养成积极倾听的习惯，给予客户充分的表达机会，不打断客户的讲话，通过点头、眼神交流等方式表明自己在认真倾听。只有充分了解客户的需求、顾虑和想法，才能更有针对性地进行跟进回应。

2）清晰表达

销售人员自身的表达要清晰、准确、简洁，避免使用过于专业或晦涩难懂的词汇。在介绍车型特点、优惠政策等内容时，要做到条理清晰，让客户能够轻松理解。例如，在介绍车辆的安全配置时，可以说："这款车配备了多个安全气囊，包括前排正面气囊、侧面气囊以及帘式气囊，能在发生碰撞时全方位保护车内人员的安全。"

3）提问技巧

通过巧妙的提问，可以更好地了解客户的需求和心理状态。例如，在初次接触客户时，可以问："您购车主要是用于日常通勤还是周末出游呢？"这样的问题可以帮助销售人员根据客户的回答来推荐合适的车型。在跟进过程中，也可以问一些引导性的问题，如："您觉得我们这款车的试驾体验怎么样？您对哪个方面比较满意或者还有哪些疑虑呢？"

2. 建立信任技巧

1）专业形象塑造

销售人员要注重自身的专业形象塑造，包括穿着得体、言行举止规范等。同时，要对汽车产品知识、市场行情、销售政策等方面有深入的了解,能够在客户面前展现出专业的素养,让客户相信自己能够得到专业的建议和服务。

2) 诚实守信

在跟进过程中,要始终坚持诚实守信的原则,不夸大产品的优点,也不隐瞒产品的不足。如果客户提出关于产品的问题,要如实回答,让客户感受到真诚。例如,当客户问起某款车型的油耗情况时,销售人员要将实际测试数据或官方公布的数据如实告知客户,而不是为了促成交易虚报油耗。

3) 提供案例参考

为了让客户更有信心做出购车决策,可以向客户提供一些已成交客户的案例参考。比如,可以说:"之前有一位和您情况相似的客户,他买车也是为了日常通勤,在选择我们这款车后,非常满意车辆的舒适性和燃油经济性,现在已经开了一年多了,没出现过什么大问题。"

3. 个性化跟进技巧

1) 根据客户特点定制跟进方案

不同的客户有不同的需求、兴趣和沟通方式,因此要根据客户的具体特点来定制跟进方案。例如:对于年轻的客户,可以采用更加时尚、轻松的沟通方式,如通过抖音短视频介绍车型特点;对于年长的客户,则要更加注重礼貌、耐心,沟通方式要更加传统,如电话沟通时语速要慢一些,用词要更正式一些。

2) 关注客户的特殊需求

在跟进过程中,要关注客户的特殊需求并及时满足。比如,有的客户可能对车辆的颜色有特殊要求,销售人员就要在库存或订单中留意是否有符合客户要求的车辆;有的客户可能需要特定的金融服务方案,销售人员就要协同金融机构为客户量身定制方案。

4. 处理异议技巧

1) 正确对待异议

客户提出异议是正常的,说明客户对购车这件事是认真的,并且在思考和比较。销售人员要正确对待异议,把它看作推进销售的机会,而不是障碍。

2) 分析产生异议的原因

当客户提出异议时,首先要分析产生异议的原因,是价格、产品性能、服务还是其他因素。例如,客户说:"我觉得这款车的价格有点高。"这时就要进一步分析,是客户预算有限,还是客户觉得产品不值这个价。

3) 针对性解决异议

根据产生异议的原因,采取针对性的解决措施。如果是价格问题,销售人员可以介绍相关的优惠政策、金融服务方案等,降低客户的购车成本;如果是产品性能问题,销售人员要详细介绍产品的实际性能表现,提供测试数据或用户反馈等证据,消除客户的疑虑。

四、利用科技手段提升客户跟进管理效率

1. 客户关系管理系统

客户关系管理(CRM)系统可以帮助销售人员全面记录客户的信息,包括基本信息、

跟进历史、购车需求、反馈意见等，方便随时查阅和更新。

通过 CRM 系统，销售人员可以对客户进行分类管理，根据不同的分类设置不同的跟进计划和提醒，确保跟进工作的及时性和有效性。

销售人员还可以利用 CRM 系统分析客户的购买行为、偏好等数据，为个性化跟进提供依据。

2. 移动应用程序

许多汽车企业都开发了自己的移动应用程序，销售人员可以通过手机随时随地访问客户信息，进行跟进工作。

在移动应用程序中，可以设置跟进任务提醒，确保不会错过任何一个跟进节点。

而且，移动应用程序还可以实现与客户的实时互动，如通过聊天功能及时回答客户的咨询，发送图片、视频等资料给客户，提升沟通效果。

3. 社交媒体平台

利用社交媒体平台，如微信、微博、抖音等，可以扩大客户跟进的范围和渠道。

销售人员可以通过社交媒体平台发布品牌活动、车型信息、优惠政策等内容，吸引客户的关注，同时也可以通过私信等方式与客户进行一对一的跟进沟通。

此外，社交媒体平台还可以收集客户的反馈意见和建议，为改进跟进管理提供参考。

五、结论

汽车营销客户跟进管理是一个系统而复杂的过程，涉及跟进流程设计、跟进技巧运用以及科技手段的利用等多个方面。科学合理的跟进流程设计，能够确保对客户的跟进有条不紊地进行，提高销售转化率和客户满意度；销售人员熟练掌握并运用各种跟进技巧，可以更好地与客户沟通，建立信任关系，处理异议，满足客户需求；利用科技手段则能进一步提升跟进管理的效率，使跟进工作更加便捷、高效。只有将这些方面有机结合起来，汽车营销从业者才能在激烈的市场竞争中脱颖而出，实现销售业绩的持续增长并建立长期稳定的客户关系。

案例分析

案例一：精准跟进促成高意向客户快速成交

1. 背景

某汽车 4S 店销售人员小李接待了一位陈先生。陈先生在展厅详细了解了一款中型 SUV 车型，表现出浓厚兴趣，明确表示自己近期有购车计划，预算充足，且对车辆的舒适性、安全性和科技配置较为看重，属于高意向且近期有购车计划的客户。

2. 跟进流程及技巧运用

初次跟进：小李在接待陈先生后的 2 小时（远低于规定的 24 小时）内就给陈先生打去

电话，再次表达感谢，并确认陈先生对之前看过车型的意向未变。同时，详细询问了陈先生关于家庭出行及日常驾驶习惯等方面的问题，进一步了解其需求细节。小李还热情邀请陈先生在周末参加该车型的专属试驾活动，并告知活动现场会有专业讲解和额外优惠。陈先生欣然答应。

试驾跟进：在试驾活动前，小李提前将试驾车辆准备好，确保车内整洁、各项功能正常，并设计了一条能同时展现车辆城市道路行驶舒适性与越野性能的试驾路线。试驾过程中，小李全程陪同，一边熟练地介绍车辆的各种性能和特色功能（如智能驾驶辅助系统，座椅的加热、通风、按摩功能等），一边观察陈先生的反应。陈先生对车辆的舒适性和科技配置非常满意，但对车辆的刹车提出了一点疑问。小李认真记录下来，并承诺会让技术人员检查调试，安排再次试驾。试驾结束后，小李趁热打铁，向陈先生介绍了购车可享受的金融服务方案和当前的限时优惠活动，陈先生表示会认真考虑。

购车决策跟进：接下来的几天里，小李通过微信与陈先生保持密切沟通，及时解答陈先生提出的关于车辆配置升级、售后服务等方面的问题。得知陈先生还在与另一个品牌的同级别车型做比较时，小李精心准备了一份对比分析资料，详细列出了自家车型在舒适性、安全性和科技配置方面相较于竞品的优势，并发送给陈先生。同时，小李再次邀请陈先生参加店里即将举办的团购活动，强调活动的优惠力度和限时性，营造紧迫感。陈先生在综合考虑后，最终决定购买小李推荐的车型。

3. 分析总结

小李在整个跟进过程中，严格遵循了高意向客户的快速跟进原则，及时与客户沟通，不让客户的热情冷却。

小李还充分运用了沟通技巧，如积极倾听陈先生的需求和疑问，清晰准确地介绍车辆相关信息，并通过巧妙提问进一步了解陈先生的想法。

在处理异议方面，面对陈先生对刹车的疑问，小李没有回避，而是认真记录并承诺解决，增强了客户对其的信任。

通过适时提供对比分析资料和邀请参加限时活动等方式，有效推动了客户做出购车决策。

案例二：个性化跟进满足不同客户需求

1. 背景

某汽车销售公司有两位潜在客户，张女士和王先生。张女士是一位年轻的职场白领，对时尚外观和智能互联功能感兴趣，购车预算有限，属于有一定意向但购车时间不确定的客户；王先生则是一位中年企业主，注重车辆的品牌形象、舒适性和豪华配置，购车预算充足，同样购车时间不确定。

2. 跟进流程及技巧运用

1）张女士的跟进

初次跟进：销售人员小赵在收集到张女士的信息后，通过微信与张女士取得联系。考虑到张女士年轻且活跃于社交媒体，小赵发送了一段制作精美的短视频，介绍了几款符合张女士预算且外观时尚、智能互联功能强大的车型，并附上温馨问候和车型资料链接。之后，每隔一周左右，小赵会通过微信分享一些汽车保养小知识、时尚出行攻略等与汽车相关的有趣内容，保持与张女士的适度联系。

后续跟进：当市场上有新的符合张女士需求的车型推出时，小赵会第一时间通过微信告知张女士，并邀请她到店体验。在一次聊天中，张女士提到希望车辆能有粉色的外观，小赵立即在库存和预订系统中查找，发现没有现货，但告知张女士可以通过定制的方式满足她的要求，并详细介绍了定制流程和费用。通过这些个性化的跟进方式，张女士对小赵和该品牌的印象越来越好。

2）王先生的跟进

初次跟进：销售人员小钱面对王先生这种中年企业主类型的客户，采取了更为传统、正式的跟进方式。在收集到信息后的第二天，小钱通过电话与王先生进行了沟通，礼貌地表达感谢，并介绍了几款适合王先生身份和需求的豪华车型，详细阐述了车辆在品牌历史、舒适性和豪华配置等方面的优势。之后，小钱每隔两周通过短信向王先生发送品牌的最新活动信息和一些关于商务出行的优质服务介绍。

后续跟进：当得知王先生对某款车型的座椅舒适度还有些疑虑时，小钱安排王先生到店体验，并邀请了专业的座椅工程师一同为王先生讲解座椅的设计理念、材质选用和舒适度调节等方面的知识，彻底消除了王先生的疑虑。同时，小钱还为王先生量身定制了一份购车金融服务方案，考虑到王先生的企业资金周转情况，提供了灵活的付款方式。通过这些针对性的跟进措施，王先生也对小钱和该品牌产生了浓厚的兴趣。

3. 分析总结

针对不同客户的特点和需求，小赵和小钱分别采取了个性化的跟进方式。对于年轻的张女士，利用微信等社交媒体平台，通过短视频、有趣内容分享等方式吸引她的注意，满足她对时尚和智能互联的需求，并积极响应她的特殊要求；对于中年的王先生，采用传统且正式的电话、短信沟通方式，突出车辆在品牌、舒适性等方面的优势，同时在处理疑虑和提供金融服务方案时也充分考虑他的身份和企业情况。

这种个性化跟进有效地满足了不同客户的需求，提升了客户对品牌和销售人员的好感度，为后续的销售转化奠定了良好基础。

案例三：处理客户异议不当导致客户流失

1. 背景

某汽车经销商的销售人员小孙接待了一位对一款新能源汽车感兴趣的李先生，李先生属于有一定意向但购车时间不确定的客户。在初次接待和后续跟进过程中，销售人员小孙向李先生介绍了该车型的诸多优点，如环保、节能、智能科技应用等，但对车辆的续航里程在低温环境下可能出现的衰减情况只字未提。

2. 跟进流程及技巧运用

初次跟进：小孙在接待李先生后，通过短信向李先生发送了车型资料和一些优惠活动信息，之后每隔几天就通过电话邀请李先生到店试驾，但李先生一直以工作忙为由推脱。

试驾跟进：一次偶然的机会，李先生终于接受了试驾邀请。试驾过程中，李先生发现车辆的实际续航里程与宣传资料上标注的有较大差距，尤其是在低温环境下（当时正值冬季），续航里程衰减严重。李先生当场提出了异议，小孙试图回避这个问题，只是含糊其词地说这是正常现象，所有新能源汽车都这样，而且宣传资料上的续航里程是在理想条件下测试的。李先生对小孙的回答很不满意。

购车决策跟进：试驾后，李先生对购买该车型的意向大幅降低，小孙虽然继续通过电话和微信与李先生保持联系，但只是一味地强调车辆的其他优点，仍然回避续航里程的问题。最终，李先生决定放弃购买该车型，转而考虑其他品牌。

3. 分析总结

小孙在跟进过程中犯了两个主要错误。首先，在介绍车型时没有如实告知客户车辆续航里程在低温环境下可能出现的衰减情况，存在隐瞒产品不足的问题，这违背了诚实守信的原则，导致客户在试驾时产生较大心理落差。

其次，当客户提出异议时，小孙没有正确对待，而是试图回避，没有分析异议的原因并采取针对性的解决措施。如果小孙能在介绍车型时就如实告知客户续航里程的实际情况，并在客户提出异议时，详细解释新能源汽车续航里程受温度影响的原理，以及该品牌正在采取的改进措施等，或许李先生就不会那么快放弃购买该车型。

任务实施

一、实施准备

1. 学生准备

（1）学生学习完知识导航部分，便可进行学习考评。

（2）由学生自由组合成研究性学习项目小组，4～6 人为一组。

2. 教师准备

（1）教师和各小组的组长担任考评人员。对协助教师进行考评的学生进行课前考评和监督方法的培训，确保考评结果准确和公平。

（2）做好考评记录准备。

二、实施内容

学生按组选出代表，对所学知识进行复述。考评人员根据学生复述的内容，结合考评标准进行考评。

三、考评标准

客户跟进管理复述测评表见表 2-2。

表 2-2　客户跟进管理复述测评表

班级		姓名		小组			
任务名称	客户跟进管理						
考核内容	测评标准	配分	考核分值	学生自评	小组互评	教师评价	考核得分
知识掌握	说出客户跟进管理的步骤	50	10				
	说出客户跟进管理的具体实施方法		40				
职业素养	表达清楚	50	20				
	普通话标准		20				
	形象得体		10				
总分		100	100				

注：考核得分＝学生自评×20％＋小组互评×40％＋教师评价×40％。

任务拓展

学生课后通过讨论和查阅相关资料完成学习通上的研讨任务“客户跟进管理过程中需要注意哪些问题”。

课后习题

1. 简述汽车营销客户跟进管理中，对于高意向且近期有购车计划的客户，初次跟进的要点。

2. 在汽车营销客户跟进过程中，如何通过沟通技巧建立与客户的信任关系？请列举至少三点并简要说明。

3. 请说明汽车营销客户跟进管理中，对客户进行分类的主要目的以及常见的分类方式。

模块 2 综合测试题

一、选择题(每题 2 分,共 20 分)

1. 在汽车营销客户开发中,将市场按照年龄、性别、收入等因素进行划分,这属于(　　)市场细分方法。

A. 地理因素　　B. 人口因素　　C. 心理因素　　D. 行为因素

2. 以下哪种客户开发渠道更吸引年轻且热衷于网络社交的潜在客户?(　　)

A. 汽车 4S 店　　B. 户外广告　　C. 社交媒体平台　　D. 传统车展

3. 汽车营销客户跟进管理的初次跟进环节,对于高意向且近期有购车计划的客户,最合适的沟通方式是(　　)。

A. 发送短信简单问候并附上车型资料

B. 在收集信息后 24 小时内电话沟通并邀请试驾

C. 一周后通过电子邮件发送详细优惠活动内容

D. 等待客户再次主动联系后再进行沟通

4. 在汽车营销客户开发策略中,通过老客户推荐新客户并给予奖励的方式属于(　　)策略。

A. 广告宣传　　B. 活动营销　　C. 关系营销　　D. 口碑营销

5. 客户关系管理(CRM)系统在汽车营销客户跟进管理中的主要作用不包括(　　)。

A. 全面记录客户信息,方便随时查阅和更新

B. 对客户进行分类管理,设置不同跟进计划和提醒

C. 替销售人员自动完成与客户的所有沟通工作

D. 分析客户购买行为、偏好等数据,为个性化跟进提供依据

6. 在汽车营销客户跟进管理中,处理客户异议时,首先应该(　　)。

A. 强调产品的其他优点来转移客户注意力

B. 分析异议产生的原因

C. 直接按照客户要求给予解决办法

D. 告诉客户这是正常现象,不必在意

7. 以下哪个选项不属于汽车营销客户开发与跟进管理中对客户进行分类的常见依据?(　　)

A. 购车意向程度　　B. 客户的职业

C. 客户的家庭住址　　D. 购车时间紧迫性

8. 在汽车营销客户开发中,针对一款高端豪华轿车,其目标客户群体可能具有的特征不包括(　　)。

A. 高收入　　B. 追求品质生活

C. 注重性价比　　D. 对品牌形象敏感

9. 汽车营销客户跟进管理中,成交后跟进的主要目的不包括(　　)。

A. 了解客户对车辆使用的感受,及时提供售后服务指导

B. 向客户推销新的汽车产品，促使客户再次购买

C. 提醒客户进行定期保养

D. 保持客户对品牌的关注度和参与度

10. 在汽车营销客户开发过程中，为了让潜在客户更好地了解汽车产品的性能，最有效的方式是(　　)。

A. 只在宣传资料上列举性能参数

B. 安排潜在客户进行试驾体验

C. 让销售人员口头简单介绍

D. 通过电话详细描述性能特点

二、填空题(每题 2 分，共 20 分)

1. 在汽车营销客户开发中，通过分析消费者的生活方式、消费观念等来确定目标客户群体，这是依据________因素进行市场细分。

2. 汽车营销客户跟进管理的试驾跟进环节，销售人员要提前做好试驾准备工作，包括确保试驾车辆________良好以及规划合理的试驾路线。

3. 在汽车营销客户开发策略中，举办车展活动属于________营销手段。

4. 汽车营销客户跟进管理中，对于有一定意向但购车时间不确定的客户，跟进方式可采用定期发送________、最新优惠活动等信息，保持与客户的适度联系。

5. 在处理客户异议时，除了分析产生异议的原因，还要采取________的解决措施。

6. 汽车营销客户开发与跟进管理要求营销人员具备良好的________意识，始终以客户为中心提供服务。

7. 在汽车营销客户开发中，利用社交媒体平台发布品牌活动、车型信息等内容吸引客户关注，同时通过私信等方式与客户进行________跟进沟通。

8. 汽车营销客户跟进管理流程包括初次跟进、试驾跟进、________跟进、成交后跟进以及流失客户挽回跟进等环节。

9. 在汽车营销客户开发中，根据汽车产品的特点和市场需求，将市场细分为不同的子市场，这就是________的过程。

10. 在汽车营销客户跟进管理中，为了建立与客户的信任关系，销售人员要注重自身的________形象塑造，包括穿着得体、言行举止规范等。

三、判断题(每题 2 分，共 20 分)

1. 汽车营销客户开发只需要关注产品本身的优势，不需要考虑市场细分和目标客户定位。(　　)

2. 在汽车营销客户跟进管理中，对于低意向客户可以完全不用跟进，因为他们购买的可能性很小。(　　)

3. 举办试驾活动既属于汽车营销客户开发策略中的活动营销手段，也属于客户跟进管理中的试驾跟进环节的重要内容。(　　)

4. 在汽车营销客户开发中，只要广告宣传做得好，就不需要其他客户开发策略了。(　　)

5. 客户关系管理(CRM)系统能帮助销售人员自动完成所有与客户的沟通工作，无须

人工干预。(　　)

6. 在汽车营销客户跟进管理中,处理客户异议时,应尽量回避客户提出的问题,以免引起更多争议。(　　)

7. 在汽车营销客户开发中,针对不同类型的客户,如年轻客户和年长客户,应采用相同的客户开发策略。(　　)

8. 汽车营销客户跟进管理中,成交后跟进环节只需要在客户提车时进行一次回访就可以了。(　　)

9. 在汽车营销客户开发中,通过市场细分确定的目标客户群体是固定不变的,不需要根据市场变化调整。(　　)

10. 在汽车营销客户跟进管理中,为了让客户更有信心做出购车决策,可向客户提供一些已成交客户的案例参考。(　　)

四、简答题(每题 10 分,共 40 分)

1. 请简述汽车营销客户开发中,目标客户定位的重要性及主要步骤。

2. 请阐述汽车营销客户跟进管理中,运用沟通技巧建立与客户信任关系的具体方法。

3. 请说明汽车营销客户开发与跟进管理中,对客户进行分类的意义以及常见的分类方式。

4. 请阐述汽车营销客户开发中,活动营销策略的实施要点以及其在吸引潜在客户方面的作用。

模块 3　客户邀约与接待

模块引言

在汽车营销的广阔领域中，客户邀约与接待犹如一扇至关重要的大门，开启了汽车销售成功的旅程。客户邀约与接待这两个环节紧密相连，这两个环节不仅是与潜在客户建立初步联系的关键步骤，更是塑造品牌形象、赢得客户信任，进而推动销售转化的重要基石。

随着汽车市场竞争的日益激烈，消费者在购车决策过程中变得越发谨慎且挑剔。他们不再仅仅满足于汽车产品本身的性能与配置，对于购车过程中的服务体验也有着极高的要求。在这样的市场环境中，如何精准地邀约到潜在客户，并在接待环节给予他们专业、热情且贴心的服务，就成为汽车营销人员必须掌握的核心技能。

客户邀约是吸引潜在客户走进汽车销售门店或参与相关营销活动的重要手段。它并非简单的通知行为，而是需要深入了解客户需求、精准把握邀约时机，并通过富有吸引力的邀约话术，激发客户的兴趣与参与意愿。一个成功的邀约，能够让客户放下手头的事务，满怀期待地前来与我们会面，为后续的销售工作奠定良好的基础。

客户接待，则是从客户踏入销售场所的那一刻起，全方位展示品牌魅力与服务品质的绝佳机会。从热情洋溢的迎接，到专业细致的产品介绍，再到贴心周到的咨询解答，每一个环节都关乎客户对品牌的印象以及购买决策的形成。优质的接待服务能够让客户感受到被重视、被尊重，从而在心理上拉近客户与品牌的距离，增加客户购买的可能性。

可以说，汽车营销中的客户邀约与接待环节，既是一门艺术，也是一门学问。它要求营销人员具备敏锐的市场洞察力、出色的沟通技巧、深厚的产品知识以及真诚的服务态度。接下来，就让我们一同深入探讨汽车营销客户邀约与接待的方方面面，揭开其神秘面纱，探寻其中蕴含的技巧与策略，助力汽车营销人员在激烈的市场竞争中脱颖而出，实现销售业绩的稳步提升。

模块简介

一、客户邀约

汽车营销中的客户邀约是指通过一系列有针对性的沟通方式和策略，主动邀请潜在客户到汽车销售门店、参加车展和试驾活动等,以进一步了解汽车产品并促进销售转化的过程。

1. 了解客户需求

这是邀约的基础。营销人员需要通过与客户的初次接触、市场调研或客户咨询记录等,尽可能掌握客户的购车意向、预算、偏好车型、购车时间等关键信息。比如,知道客户对SUV车型感兴趣且预算在20万～30万元之间,就可以围绕符合这些条件的产品进行邀约。

2. 选择邀约时机

把握好时机至关重要。要避免在客户忙碌工作、休息等不合适的时间打扰他们。例如,一般工作日的上午9点到11点、下午2点到5点相对合适,但对于上班族客户,也需考虑其上下班通勤时间。还可根据客户近期的行为动态来确定时机,如客户刚在网上咨询过某款车型相关信息后不久,就是较好的邀约时机。

3. 制定邀约话术

富有吸引力的邀约话术是成功邀约的关键。话术要简洁明了、突出重点且具有针对性。例如:"您好,[客户姓名]! 我是[汽车品牌]的销售顾问[姓名]。得知您对我们的[具体车型]比较感兴趣,这款车最近推出了一些全新配置,而且本周末我们店内有专属试驾活动,现场还有专业讲解和购车优惠,您看周六或周日方便过来体验一下吗?"

二、客户接待

客户接待是指在客户应邀来到汽车销售场所或活动现场后,为其提供一系列优质服务,展示品牌形象和产品优势,以增强客户购买意愿的过程。

1. 热情迎接

客户抵达时,接待人员要以热情、友好的态度第一时间上前迎接,微笑、眼神交流和亲切的问候必不可少,如"您好,欢迎光临[汽车品牌]展厅,我是您的专属销售顾问[姓名],很高兴为您服务!"让客户感受到被重视和欢迎。

2. 需求确认

再次与客户确认其购车需求和关注点,一方面加深对客户的了解,另一方面确保后续的介绍和推荐更具针对性。可以通过轻松的交谈来询问:"您之前了解过我们这款车的哪些方面? 您购车主要是用于日常通勤还是家庭出行?"

3. 产品介绍

根据客户需求,专业、详细地介绍汽车产品的性能、配置、特色功能等。可以采用FABE销售法,即先介绍产品特点(feature),再说明这些特点能带来的优势(advantage),接着阐述这些优势能为客户带来的利益(benefit),最后提供相关证据(evidence),比如车辆的某项安全配置的特点是配备了多个安全气囊,优势是能提供全方位的安全保护,利益是让车内人员在行车过程中更安心,证据是相关安全测试数据或实际事故案例。

4. 咨询解答

耐心倾听客户提出的各种问题，并给予准确、清晰的解答。问题可能涉及价格、售后服务、车辆保养等多个方面。例如，客户问到车辆保养周期，就要准确告知具体的公里数或时间间隔以及保养项目等内容。

5. 试驾安排（如有需求）

如果客户有试驾意愿，要及时、妥善地安排试驾事宜，包括准备好试驾车辆，确保车辆状态良好，规划合理的试驾路线等，让客户能充分体验车辆的性能。

汽车营销中的客户邀约与接待是紧密相连的两个环节，优质的邀约能够吸引客户前来，而出色的接待则能让客户在体验过程中对品牌和产品产生良好的印象，进而促进销售成交，二者共同构成了汽车营销销售流程的重要部分。

学习目标

一、知识目标

1. 客户邀约相关知识

深入理解市场细分和目标客户定位的概念及方法，明确不同类型客户（如按年龄、性别、职业、收入等划分）的购车需求特点，以便精准邀约潜在客户。

掌握客户购车决策过程的各个阶段及其影响因素，了解在不同阶段客户对邀约的接受程度和关注点的差异。例如，在初步了解产品阶段，客户可能更关注产品信息获取，而在对比选择阶段，客户可能更看重优惠活动等。

熟悉各类客户邀约渠道的特点、优势和适用场景，包括电话邀约、短信邀约、微信邀约、邮件邀约等，以及如何根据客户偏好选择合适的邀约渠道。

了解邀约时机的选择原则，知道不同客户群体在一天、一周内的空闲时间段分布规律，以及结合客户近期行为动态（如咨询产品、浏览官网等）把握最佳邀约时机。

熟知有效的邀约话术的构成要素、设计原则和常见类型，明白如何通过突出产品亮点、活动优惠、专属服务等内容来吸引客户接受邀约。

2. 客户接待相关知识

全面掌握汽车产品知识，包括不同车型的性能（如动力、油耗、操控等）参数、配置（如安全配置、舒适配置、智能配置等）详情、特色功能（如自动驾驶辅助、智能互联等）以及外观内饰设计特点等，以便准确、专业地向客户介绍产品。

理解客户的心理需求和购买行为模式，懂得客户在接待过程中对尊重、关怀、专业服务等方面的期望，以及这些需求如何影响他们的购买决策。

熟悉客户接待的流程和环节，包括热情迎接、需求确认、产品介绍、咨询解答、试驾安排（如有需求）等环节的主要任务和操作要点，确保接待过程有条不紊。

了解展厅布置、展示车辆陈列等方面的知识，明白如何通过合理的展厅环境营造来提升客户的参观体验感和对品牌的好感度。

掌握售后服务政策、车辆保养知识等相关内容，以便在客户咨询时能够准确、全面地提供信息，增强客户对购车后续事宜的信心。

二、技能目标

1. 客户邀约技能

能够根据给定的汽车产品或目标客户群体，运用市场细分和目标客户定位知识，准确筛选出潜在客户名单，并制订个性化的邀约计划，明确邀约渠道、时机和话术。

熟练掌握各类邀约渠道的操作技巧，如电话邀约时语气、语调和语速的控制，短信邀约时的文字简洁性与吸引力，微信邀约时的图文结合运用，邮件邀约时的格式规范与内容重点突出等，确保邀约信息能够有效传达给客户。

能根据客户的反馈和反应，灵活调整邀约策略和话术，例如，当客户表示近期较忙时，能够适时提出更合适的邀约时间或提供线上了解产品的替代方案，以保持与客户的沟通和互动。

具备通过客户近期行为数据（如浏览记录、咨询记录等）分析其购车意向和兴趣点的能力，从而更精准地把握邀约时机，提高邀约成功率。

2. 客户接待技能

能够以热情、友好、专业的态度迎接客户，通过恰当的肢体语言（如微笑、眼神交流、主动握手等）和亲切的问候语，给客户留下良好的第一印象，让客户感受到被重视和欢迎。

在需求确认环节，能运用有效的沟通技巧（如提问技巧、倾听技巧等），深入了解客户的购车需求、预算、用途、偏好等关键信息，为后续的产品介绍和推荐做好充分准备。

熟练运用 FABE 销售法或其他有效的产品介绍方法，准确、详细、有条理地向客户介绍汽车产品的性能、配置、特色功能等内容，突出产品能为客户带来的利益和价值，激发客户的购买兴趣。

面对客户提出的各种问题，能迅速、准确地进行解答，涉及价格、售后服务、车辆保养等多个方面，解答过程中要保持耐心、清晰、专业的态度，让客户满意。

若客户有试驾需求，能够迅速、妥善地安排试驾事宜，包括准备好试驾车辆，确保车辆状态良好，规划合理的试驾路线等，同时在试驾过程中能够给予客户必要的指导和介绍，让客户充分体验车辆的性能。

三、素质目标

1. 沟通协作能力

提升与客户的沟通能力，包括清晰表达自己的观点和想法，准确理解客户的意图和需求，通过积极倾听、恰当提问等方式建立良好的关系，使客户在邀约与接待过程中感受到被尊重和理解。

培养与团队成员的协作能力，在客户邀约与接待过程中，能与销售团队、市场团队、售后服务团队等密切配合，如及时共享客户信息、协同完成客户接待任务等，确保为客户提供全方位、无缝对接的服务。

2. 市场洞察力

培养对汽车市场动态变化的敏锐感知能力，及时关注市场趋势、竞争对手的动态、消费者需求变化等因素对客户邀约与接待工作的影响，以便适时调整邀约与接待策略，适应市场环境。

3. 问题解决能力

提升在客户邀约与接待过程中应对各种问题的能力，如客户拒绝邀约、客户对产品介绍不理解、客户提出棘手的售后服务问题等，能够冷静分析原因，积极寻找解决方案，确保工作顺利进行。

4. 服务意识

强化以客户为中心的服务意识，始终将客户的需求和满意度放在首位，在邀约过程中尽力满足客户对产品信息的需求，在接待过程中持续为客户提供优质的服务，通过热情、专业、贴心的服务让客户体验到品牌的价值，培养客户的忠诚度。

5. 学习与创新能力

养成持续学习的习惯，不断更新汽车营销相关知识，了解行业最新动态、新产品推出、新技术应用等，以便更好地适应市场变化。同时，鼓励在客户邀约与接待工作中进行创新实践，尝试新的邀约渠道、接待方式、沟通技巧等，提升工作效率和效果。

任务1　客户邀约前准备

任务导入

播放提前准备好的视频，视频内容为销售顾问在未充分准备的情况下进行邀约，出现各种问题，比如不了解客户需求、不熟悉产品信息、邀约话术生硬等，导致客户态度冷淡甚至拒绝邀约。

视频看完了，这位销售顾问在邀约过程中都出现了哪些问题？学生分组讨论并发言，汇总学生的答案。通过刚才的视频和讨论，发现如果在汽车营销客户邀约前不做好准备，会状况百出。这堂课的教学任务就是要系统地学习汽车营销客户邀约前需要准备的各项内容，并且通过实际演练，能熟练做好这些准备工作，以后在实际工作中就能顺利地邀约到更多客户。

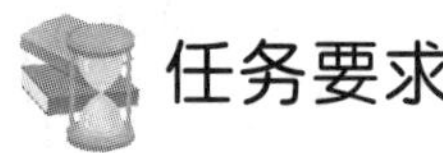

任务要求

一、知识与技能目标

（1）清晰了解汽车营销中客户邀约前准备工作的各个环节及其重要性。

（2）熟练掌握收集、整理和分析客户信息的方法，包括准确获取客户的基本资料（姓名、性别、年龄、职业、联系方式等）、购车意向（感兴趣的车型、配置、预算等）以及过往沟通记录等内容。

（3）依据不同场景（如新车型上市、促销活动、售后回访等），准确确定合适的邀约目的，如产品展示与体验、促销活动告知、售后回访与服务推广等。

（4）学会根据客户的特点（如年龄、职业、沟通习惯等）和邀约目的，合理选择邀约方式（电话邀约、电子邮件邀约、短信邀约等），并明确各邀约方式的优缺点。

（5）能按照一定原则（如亲切、自然、简洁、有针对性等）设计出有效的邀约话术，话术应涵盖吸引人的开场白、围绕邀约目的阐述的关键内容（如产品特点、活动详情、售后服务等）以及明确的邀约行动（如询问是否到店、能否接听后续电话等），且针对不同类型客户和邀约目的可设计多种话术模板。

（6）熟练掌握准备各类邀约工具（如宣传资料、礼品、记录工具等）的方法，明确这些工具在邀约过程中的作用，并能根据邀约目的进行有效准备。

（7）学会依据客户反馈和邀约进展情况，合理确定跟进频率，以便及时调整邀约策略和后续销售策略。

二、过程与方法目标

（1）通过案例分析、小组讨论等活动，培养学生观察、分析和归纳总结汽车营销客户邀约前准备工作中常见问题及提出解决方案的能力。

（2）借助模拟邀约前准备的实践操作，提升学生的动手能力，使其能够将所学知识灵活运用到实际准备工作中，提高准备工作的效率和质量。

（3）在完成各项准备工作（如收集客户信息、设计话术、准备工具等）的过程中，引导学生学会自我评估和相互评价，进而不断优化准备工作的成果。

三、情感态度与价值观目标

（1）培养学生以客户为中心的服务意识，在邀约前的准备工作中充分尊重客户的需求、时间和感受，确保准备工作的针对性和有效性。

（2）促使学生树立专业、诚信的汽车营销形象，保持积极、热情的工作态度，避免因准备不足或不专业而给客户留下不良印象。

（3）增强学生对汽车营销行业的认同感和从事相关工作的自信心，激发其在该领域深入学习和发展的兴趣。

知识导航

一、了解客户信息

1. 基本情况

客户的姓名、联系方式、职业等，以便在邀约时准确称呼客户，增加亲近感。

通过客户的职业可以初步判断客户的收入水平和购车需求特点。

2. 购车意向

了解客户感兴趣的车型、配置、颜色等，在邀约时可以强调这些方面的优势。

明确客户的购车时间安排，以便调整邀约节奏和沟通重点。

3. 以往沟通记录

回顾之前与客户的沟通内容，包括客户的问题、关注点和反馈意见。

避免在邀约时重复询问客户已经解答过的问题，提高沟通效率。

二、确定邀约目的

1. 试驾邀请

准备好试驾车辆，确保车辆状态良好、清洁整齐。

了解试驾路线的特点和优势，能够在邀约时向客户介绍试驾的体验和收获。

2. 活动参与

明确活动的主题、内容和亮点，如新车发布会、团购活动、车展等。

准备好活动的宣传资料和礼品，吸引客户参加。

3. 到店洽谈

安排专业的销售顾问，熟悉客户的情况和需求，做好洽谈准备。

整理好店内的展示车辆和资料，营造良好的购车环境。

三、制定邀约策略

1. 邀约方式选择

电话邀约：准备好简洁明了的邀约话术，注意语气和语速。

短信邀约：编辑有吸引力的短信内容，突出重点信息。

电子邮件邀约：设计精美的邮件模板，附上详细的活动介绍和图片。

2. 时间安排

根据客户的工作和生活习惯，选择合适的邀约时间，避免在客户忙碌或休息时间打扰客户。

为客户提供多个可选的时间点，提高邀约的成功率。

3. 优惠政策透露

如果有针对邀约客户的特别优惠政策，可以在邀约时适当透露，激发客户的兴趣。但应注意不要过度承诺，以免引起客户的误解和不满。

四、准备邀约工具

1. 宣传资料

车型手册、宣传单页、海报等，展示汽车的外观、性能、配置等特点。

可以根据客户的需求，挑选重点资料在邀约时发送给客户。

2. 礼品

准备一些小礼品，如汽车模型、保温杯、雨伞等，以表示邀约的诚意和感谢。礼品的选择要符合客户的喜好和需求，提高客户的满意度。

3. 记录工具

在邀约过程中，及时记录客户的反馈和意见，以便后续跟进和调整邀约策略。可以使用笔记本、手机备忘录等工具进行记录。

五、注意事项

1. 信息准确性

确保客户信息准确是至关重要的。仔细核对客户的联系方式，包括电话号码、电子邮箱等，避免因信息错误而导致邀约失败。

同时，要精准把握客户的购车意向和偏好，如车型、颜色、配置等细节信息。如果信息有误，可能会向客户推荐他们不感兴趣的产品，降低邀约的吸引力。

2. 邀约目的明确性

清楚地知道邀约客户的目的，如试驾、参加活动、到店洽谈。如果目的不明确，邀约内容可能会变得混乱，让客户感到困惑。

例如：试驾邀约要重点说明试驾车辆的特点、试驾路线的优势；活动邀约则要突出活动的亮点和对客户的价值；到店洽谈邀约要提及店内的专业服务和购车优惠等内容。

3. 邀约策略合理性

根据客户的特点和习惯选择沟通方式。对于比较忙碌的商务人士，电话邀约可能更直接有效，但要注意沟通时间；对于年轻客户，短信或社交媒体邀约可能更容易被接受。

时间安排要合理。避免在客户不方便的时候进行邀约，比如工作时间、用餐时间或休息时间。可以提前了解客户的日程安排，选择合适的时间进行邀约，并且提供多个时间选项，增加客户接受邀约的可能性。

在透露优惠政策时，要确保真实性和准确性。不要夸大优惠幅度或承诺无法实现的优惠，否则会引起客户的反感和不信任。

4. 邀约工具适用性

宣传资料要新颖、有吸引力，并且与邀约目的相匹配。如果是试驾邀约，宣传资料应重点展示车辆的性能和驾驶体验；如果是活动邀约，要突出活动的精彩内容。

礼品准备要考虑客户的喜好和实用性。例如，对于家庭客户，实用的家居用品或儿童玩具可能更受欢迎；对于汽车爱好者，汽车模型或汽车周边产品是更好的选择。

记录工具要方便使用，能够及时准确地记录客户的反馈和意见。在邀约过程中，可能会出现客户提出新的需求或疑问的情况，良好的记录工具可以帮助销售团队更好地跟进客户。

案例分析

案例一：充分准备，成功邀约

一、背景

某汽车4S店销售顾问小李，得知店内即将举办一场新款SUV车型的试驾活动，他想邀请之前咨询过该款SUV车型的潜在客户陈先生参加。

二、邀约前准备情况

1. 了解客户信息

小李仔细查阅了与陈先生的过往沟通记录，得知陈先生是一位35岁左右的企业中层管理人员，家庭年收入较高。陈先生之前在展厅看车时，对一款中型SUV表现出浓厚兴趣，尤其关注车辆的科技配置和舒适性，预算为30万～40万元。

小李还了解到陈先生平时工作较忙，一般晚上7点之后才有空接电话或回复信息。

2. 确定邀约目的

邀请陈先生参加新款SUV的试驾活动，让他亲身体验新车在科技配置和舒适性方面的升级亮点，进而促进购车意向转化。

3. 制定邀约策略

邀约方式：考虑到陈先生工作繁忙且习惯电话沟通，小李决定采用电话邀约方式，并选择在晚上7点半左右拨打陈先生的电话。

话术设计：“陈先生，您好！我是之前在[汽车品牌]4S店接待过您的销售顾问小李。看您之前对咱们的中型SUV很感兴趣，现在我们店正好举办一场新款SUV的试驾活动，这款新车在您关注的科技配置和舒适性方面又有了很大的升级，比如新增了智能驾驶辅助系统，座椅也采用了更高级的材质，坐起来特别舒服。我觉得您肯定会感兴趣的，您看您这周五晚上或者周六上午有空来参加试驾活动吗？”

跟进频率：如果陈先生当场表示有兴趣但时间不确定，小李计划在活动前三天再次电话跟进确认。

4. 准备邀约工具

准备了新款 SUV 车型的电子版手册，以便在电话中提及相关配置时，可以及时发给陈先生查看。

整理出了此次试驾活动的详细优惠政策清单，如试驾有礼、现场订车额外优惠等，在邀约时告知陈先生，增加吸引力。

5. 邀约结果

陈先生在电话中表现出较大的兴趣，询问了一些活动细节后，同意参加周五晚上的试驾活动。

三、分析

小李在邀约前对客户信息了解全面且深入，能准确把握客户的需求、喜好和方便沟通的时间，这为成功邀约奠定了坚实的基础。

邀约目的明确，紧紧围绕让客户体验新车优势以促进购车转化展开。

制定的邀约策略合理，选择了合适的邀约方式、设计了有吸引力的话术，并确定了恰当的跟进频率。

准备的邀约工具也起到了辅助作用，通过提供车型手册和优惠政策清单，进一步提高了邀约的成功率。

案例二：准备不足，邀约失败

一、背景

销售顾问小张想邀请一位潜在客户王女士到店看车，王女士曾在车展上咨询过某款轿车，但小张对王女士的具体情况了解不多。

二、邀约前准备情况

1. 了解客户信息

小张只记得王女士在车展上咨询过一款轿车，大致知道她是女性，但对其年龄、职业、预算、具体购车意向等都不清楚。

此外，小张也没有详细查阅与王女士的沟通记录，不知道她当时提出过哪些问题或关注点有哪些。

2. 确定邀约目的

单纯地想邀请王女士到店再看看那款轿车，没有特别明确的吸引王女士到店的理由。

3. 制定邀约策略

邀约方式：随意选择了短信邀约方式，发送了一条简短的短信：“王女士，您好！我是[汽车品牌]销售顾问小张，您之前在车展上看过我们的车，有空来店看看。”

话术设计：短信内容简单、生硬，没有提及任何关于车型的特色、优惠等能吸引王女士的内容。

跟进频率：没有明确的跟进计划，如果王女士不回复，小张也不知道下一步该怎么做。

4. 准备邀约工具

没有准备任何与邀约相关的宣传资料或优惠清单等工具。

5. 邀约结果

王女士没有回复小张的短信，后续小张再次尝试电话邀约时，王女士表示很忙，没有兴趣到店看车。

三、分析

小张在了解客户信息方面严重不足，对王女士的基本情况、购车意向等一无所知，导致无法针对性地进行邀约。

邀约目的不明确，只是简单地邀请到店，没有给出让客户心动的理由。

制定的邀约策略不合理，短信邀约方式选择不当且话术缺乏吸引力，也没有跟进计划。

没有准备邀约工具，无法在邀约过程中提供更多有价值的信息来吸引客户。

案例三：部分准备到位，但仍有欠缺

一、背景

销售顾问小赵想邀请潜在客户刘先生参加店内的购车促销活动，刘先生曾在展厅咨询过一款紧凑型轿车，小赵对刘先生的一些基本情况有所了解。

二、邀约前准备情况

1. 了解客户信息

小赵知道刘先生是一位28岁的年轻上班族，喜欢简洁时尚的设计风格，之前咨询过的紧凑型轿车符合他的要求。刘先生的预算为15万～20万元。

查阅了与刘先生的部分沟通记录，小赵知道他对车辆的油耗比较关注，但不清楚他是否还有其他更深层次的关注点。

2. 确定邀约目的

告知刘先生店内正在进行的购车促销活动，吸引他到店参与并促成购车交易。

3. 制定邀约策略

邀约方式：考虑到刘先生年轻且经常使用微信，小赵选择了微信邀约方式。

话术设计："刘先生，您好呀！我是[汽车品牌]销售顾问小赵，您之前不是喜欢我们那款紧凑型轿车嘛，现在我们店正在搞一场超划算的购车促销活动，有各种优惠，比如购车折扣、赠品等。您要是感兴趣的话,可以来店看看,您现在方便吗?”

跟进频率:如果刘先生回复说有兴趣但没时间,小赵计划在活动期间每隔两天发一次微信提醒。

4. 准备邀约工具

准备了那款紧凑型轿车的电子版宣传单页,在微信中可以发给刘先生查看。

整理了一份促销活动的优惠清单,在微信邀约时告知刘先生。

5. 邀约结果

刘先生回复说对活动有点兴趣,但要先看看其他品牌的车,暂时不打算到店。

三、分析

小赵在了解客户信息方面做了一定工作,知道刘先生的基本情况和部分关注点,但对其可能存在的其他关注点挖掘不够深入,比如是否对车辆的动力、售后等方面也有要求,这可能导致在邀约时无法全面满足刘先生的需求。

邀约目的明确,围绕促销活动吸引客户到店购车。

制定的邀约策略中,邀约方式选择合适,话术设计虽然提到了优惠,却没有针对刘先生关注的油耗问题进行更深入的阐述,比如促销活动中是否有关于油耗方面的优惠政策等,使得邀约的吸引力有所欠缺。

准备的邀约工具基本到位,如果能在宣传单页和优惠清单中突出与刘先生关注点相关的内容,效果可能会更好。

任务实施

一、实施准备

1. 学生准备

(1) 学生学习完知识导航部分,便可进行学习考评。

(2) 由学生自由组合成研究性学习项目小组,4～6 人为一组。

2. 教师准备

(1) 教师和各小组的组长担任考评人员。对协助教师进行考评的学生进行课前考评和监督方法的培训,确保考评结果准确和公平。

(2) 做好考评记录准备。

二、实施内容

学生按组选出代表,对所学知识进行复述。考评人员根据学生复述的内容,结合考评标准进行考评。

三、考评标准

客户邀约前准备复述测评表见表3-1。

表3-1 客户邀约前准备复述测评表

班级		姓名		小组			
任务名称	客户邀约前准备						
考核内容	测评标准	配分	考核分值	学生自评	小组互评	教师评价	考核得分
知识掌握	说出客户邀约前准备的步骤	50	10				
	说出客户邀约前准备的具体实施方法		40				
职业素养	表达清楚	50	20				
	普通话标准		20				
	形象得体		10				
总分		100	100				

注：考核得分＝学生自评×20%＋小组互评×40%＋教师评价×40%。

任务拓展

学生课后通过讨论和查阅相关资料完成学习通上的研讨任务“如何做好客户邀约前的准备工作”。

课后习题

一、选择题

1. 在汽车营销客户邀约前，了解客户信息至关重要。以下哪项不属于应重点了解的客户基本信息？（　　）

A. 客户的宠物喜好　　B. 客户的年龄

C. 客户的职业　　D. 客户的联系方式

2. 当确定以邀请客户到店体验新车型为邀约目的时，下列哪项准备工作最为关键？（　　）

A. 整理出店内所有车型的库存清单

B. 深入了解新车型的特色卖点和体验亮点

C. 统计近期到店看新车型的客户人数

D. 准备好与老款车型对比的资料

3. 对于经常使用微信且回复及时的年轻客户，在邀约方式的选择上，以下哪种更为合适？（　　）

A. 电话邀约　　B. 微信邀约　　C. 短信邀约　　D. 邮件邀约

二、填空题

1. 在汽车营销客户邀约前，需要回顾与客户之前的所有沟通交流情况，包括客户提出的________、疑虑、建议以及对品牌或车型的态度等，以便预判客户在邀约时可能提出的问题，并提前准备好相应的解答方案。

2. 为了增强邀约的说服力，在准备邀约工具时，应整理出详细的________清单，包括购车折扣、赠品明细、金融方案优惠等内容。

三、简答题

1. 简述在汽车营销客户邀约前，了解客户信息的重要性及应从哪些方面去了解客户信息。

2. 请说明制定邀约策略时，话术设计应遵循的原则，并举例写出一个以邀请客户参加购车促销活动为目的的邀约话术开头部分。

3. 当准备邀约工具时，宣传资料可以有电子版和纸质版两种形式，分别阐述它们在邀约过程中的作用。

任务2　客户邀约

任务导入

播放提前准备好的视频，视频内容为汽车销售场景，展示不同销售顾问对客户邀约的情况：有的邀约成功，客户欣然前往展厅了解汽车；有的则邀约失败，客户直接拒绝或者表现得很冷淡。

组织学生分组讨论，然后请各小组代表发言。

分析视频，了解汽车营销客户邀约过程中可能出现的种种问题。这堂课的任务就是系统地学习汽车营销客户邀约的方方面面，从了解客户信息、确定邀约目的、设计邀约话术，到选择邀约方式、准备邀约工具以及邀约注意事项等，每一个环节都至关重要，掌握了这些才能在实际工作中成功地邀约到更多的客户，提高汽车营销的成功率。

任务要求

一、知识与技能目标

(1) 让学生全面了解汽车营销客户邀约的重要性、流程及各环节的要点。

(2) 学生能够熟练掌握多种收集客户信息的方法，准确分析客户的基本资料、购车意向、沟通历史等信息。

(3) 学会依据不同情境（如新品推广、促销活动、售后回访等）确定明确且合理的邀约目的。

(4) 学会根据客户特点（如年龄、沟通习惯等）选择合适的邀约方式（电话、微信、短信等），并清晰知晓各邀约方式的优缺点。

(5) 能按照亲切、自然、有针对性等原则设计出吸引人的邀约话术，包括有效的开场白、清晰阐述邀约内容及明确的邀约行动，且能够针对不同目的和客户类型设计多种话术模板。

(6) 学会合理确定跟进客户的频率，依据客户反馈及时调整邀约及后续销售策略。

(7) 熟练准备各类邀约工具，如宣传资料（车型手册、活动海报等）、优惠清单、预约表单等，并明确其在邀约过程中的作用。

二、过程与方法目标

(1) 通过案例分析、小组讨论等活动，培养学生观察、分析和归纳汽车营销客户邀约中的实际问题及提出解决方案的能力。

(2) 借助模拟邀约演练，让学生在实践中提升沟通能力、应变能力以及灵活运用邀约知识与技巧的能力。

(3) 引导学生在完成各项邀约相关任务（如信息收集、话术设计等）的过程中，学会自我评估，进而不断优化工作成果。

三、情感态度与价值观目标

(1) 培养学生以客户为中心的服务意识，在邀约过程中充分尊重客户的需求、时间和感受。

(2) 促使学生树立专业、诚信的汽车营销人员形象，保持积极、热情的工作态度，避免过度推销给客户带来压力。

(3) 增强学生对汽车营销行业的认同感和从事相关工作的自信心，激发其在该领域深入学习和发展的兴趣。

知识导航

一、确定邀约对象

1. 潜在客户

通过市场调研、广告投放、车展活动等渠道收集潜在客户的信息。

对潜在客户进行筛选，确定那些对汽车有一定兴趣、有购车需求和能力的客户作为邀约对象。

例如,根据客户在汽车网站上的浏览记录、咨询信息等,判断其购车意向的强烈程度。

2. 老客户

对于已购买过本品牌汽车的老客户,可以邀请他们参加新车试驾活动、车主活动等,以提升客户忠诚度并促进口碑传播。

分析老客户的购车历史和车辆使用情况,针对他们可能的升级需求或推荐朋友购车的可能性进行邀约。

比如,对于使用本品牌旧款车型的老客户,可以邀请他们试驾新款车型,使其了解升级换代的优势。

二、选择邀约方式

1. 电话邀约

准备好专业的邀约话术,清晰地表达邀约目的和活动内容。

注意语气和语速,保持热情、礼貌,让客户感受到真诚和被重视。

例如:“您好,我是[汽车品牌]的销售顾问[你的名字]。今天给您打电话是想邀请您参加我们本周末的新车试驾活动。这款新车在外观、性能和配置上都有很大的提升,相信您一定会感兴趣。您有时间来参加吗?”

2. 短信邀约

编写简洁明了、有吸引力的短信内容,突出活动亮点和客户利益。

避免使用过于商业化的语言,增加一些个性化的元素,提高短信的打开率和回复率。

比如:“[客户称呼],您好![汽车品牌]全新车型震撼登场,诚邀您本周五来店试驾,感受极致驾驶体验。还有精美礼品等您!回复‘Y’确认参加。”

3. 电子邮件邀约

设计精美的邮件模板,包含活动详情、图片、视频等丰富的内容。

在邮件主题上突出重点,吸引客户打开邮件。

例如:“[汽车品牌]新车试驾邀请函——开启您的精彩驾驶之旅!”邮件中详细介绍试驾活动的时间、地点、流程以及参与的好处。

4. 微信邀约

以微信群发消息或发布微信朋友圈的方式对客户进行邀约。

增加互动:结尾用提问引导回复(如“您哪天方便来?”)。

突出专属感:提及客户曾关注的车型、需求。

减轻决策压力:强调“无强制消费”“纯体验”。

1) 新车到店体验邀约

标题:××新车到店!诚邀您抢先试驾体验!

正文:[客户称呼],您好!全新××车型已到店,百公里加速仅××秒,智能座舱黑科技满满!现诚邀您到店体验,专属试驾礼已备好!周末(或××时间)是否方便?我为您预留专属试驾时段!

2）促销活动邀约

标题：限时福利！购车立省××元，名额有限，先到先得！

正文：[客户称呼]，您好！本月购车享超值优惠：①现金直降××元；②置换补贴××元；③三年零利率金融方案！活动仅剩×天，想了解详情随时找我，到店还能参与抽奖！

3）老客户转介绍邀约

标题：感谢信任！推荐好友购车，您可得××元加油卡！

正文：[客户称呼]，感谢您一直以来的支持！现邀您参与老客户转介绍福利：推荐好友成功购车，您和好友均可获得××元加油卡/保养券！有合适的朋友欢迎随时推荐，后续服务我来跟进！

4）节日/主题活动邀约

标题：周末亲子狂欢！带娃试驾领玩具，还有免费下午茶！

正文：[客户称呼]，周末遛娃好去处！×月×日我们举办亲子试驾活动，试驾即送儿童益智玩具，现场还有 DIY 手工、免费茶歇！带孩子来玩，轻松解锁购车福利！需帮您预留席位吗？

5）个性化跟进邀约

标题：[客户称呼]，上次聊的××车型有新进展！

正文：[客户称呼]，之前您关注的××车型，我们争取到了额外礼包(如行车记录仪和贴膜)！库存仅剩×台，您这周方便来店详谈吗？我全程帮您争取最优方案！

三、明确邀约内容

1. 活动信息

清楚地说明邀约的活动类型，如试驾活动、车展、团购会、车主俱乐部活动等。

提供活动的具体时间、地点和流程安排，让客户能够提前做好准备。

例如：“试驾活动将于[具体日期]上午 10 点在[试驾地点]举行。活动流程包括车型介绍、试驾体验、专业讲解等环节。”

2. 客户利益

强调客户参加活动能够获得的好处，如优惠政策、礼品、专属服务等。

激发客户的兴趣和参加欲望，提高邀约的成功率。

比如：“活动期间购车可享受[具体优惠政策]，还有机会赢取价值[奖品价值]的豪华大礼包。现场还将为您提供免费的茶歇和专业的购车咨询服务。”

3. 行动呼吁

在邀约内容的结尾，明确提出希望客户采取的行动，如回复确认参加、拨打电话咨询等。

给客户一个明确的行动方向，提高客户的响应率。

例如：“如果您对本次活动感兴趣，请在[截止日期]前回复‘Y’确认参加，我们将为您预留专属席位。如有任何疑问，欢迎随时拨打我们的客服热线[电话号码]。期待您的光临！”

四、电话邀约话术模板

1. 开场白

“您好，请问是[客户称呼]吗？我是[汽车品牌]4S店的销售顾问[你的名字]。”

2. 唤起记忆（若有过接触）

“您之前在我们展厅看过[具体车型]，还跟我咨询过汽车相关的事情，您还有印象吗？”

3. 活动引入

“是这样的，我们店最近正在举办一场特别精彩的活动，我觉得您肯定会感兴趣的。而且您也知道咱们[汽车品牌]一直以来都有很多独特的优势，这次活动也是基于咱们品牌的实力和特色来开展的。”

4. 品牌优势阐述

“咱们[汽车品牌]在汽车行业有着深厚的底蕴和良好的口碑。首先，在技术研发方面那是相当厉害，拥有顶尖的工程师团队，不断投入大量资源进行创新研发，所以咱们的汽车在[列举相关技术优势，如发动机性能卓越、智能驾驶辅助系统先进等]方面表现特别突出，能为您提供更安全、更舒适、更高效的驾驶体验。其次，咱们品牌非常注重品质把控，每一辆车从生产线上下来都要经过严格的质量检测，确保交到您手里的车都是高品质、零瑕疵的。而且，我们的售后服务网络遍布全国，无论您在哪个城市，一旦车子有任何问题，都能及时得到专业、贴心的售后服务，让您没有后顾之忧。”

5. 活动亮点阐述

1）新车试驾活动

“这次是[新车车型]的试驾活动，这款新车刚上市，它完美继承了咱们品牌的优秀基因，在[列举新车优势，如外观设计时尚大气、配置高科技、动力强劲等]方面都特别出色。您亲自试驾一下，就能真切感受到它不仅有着新车的魅力，更有着咱们品牌一贯的高品质保障。而且现场还有专业的试驾教练指导，能让您更好地体验车子的性能。”

2）购车促销活动

“我们现在正在搞一场购车促销活动，优惠力度超级大！比如说，购车直接享受[×]折优惠，还赠送价值[具体金额]的汽车精品礼包，里面有[列举礼包内容，如行车记录仪、车载吸尘器等]。另外，我们还有特别的金融方案，首付低至[×]成，月供压力也很小，能让您轻松把爱车开回家。您想想，既能享受到咱们品牌的卓越品质，又能得到这么多的优惠，多划算！”

3）车主回馈活动

“这次是专门为我们的车主朋友们举办的回馈活动，现场有免费的车辆检测服务，能帮您全面检查车子的状况，确保行车安全。这也是基于咱们品牌对车主负责的态度，希望您的爱车一直保持最佳状态。还有各种好玩的互动游戏，赢了就能拿到精美小礼品。而且我们请了专业的汽车养护专家来开展讲座，给大家分享一些汽车保养的小窍门，对您日常用车很有帮助。”

6. 邀约行动

“您看您[具体时间，如本周五晚上、周六上午等]有空来参加我们的活动吗？我可以现在就帮您预留一个位置。”

7. 处理疑虑（若客户提出）

比如客户说没时间，就回应：“我理解您忙，这次活动真的很不错，要不我给您留个名额，活动持续到[活动结束时间]，您看您在这期间哪天方便，提前和我打个招呼就行，我好给您安排好一切。”

8. 结束语

“不管您最后能不能来参加，都感谢您接听我的电话。要是之后您对我们的汽车或者活动还有什么疑问，可以随时联系我，我的电话是[电话号码]。祝您生活愉快！”

五、微信邀约话术模板

1. 开场白

“[客户称呼]，您好！我是[汽车品牌]4S店的销售顾问[你的名字]。”

2. 唤起记忆（若有过接触）

“您之前在我们展厅看过[具体车型]，还和我聊过汽车的事情，您还有印象吗？”

3. 活动引入

“跟您说个好消息，我们店正在举办一场超有意思的活动，我觉得您肯定会感兴趣的。对了，您也知道咱们[汽车品牌]有着诸多令人瞩目的优势，这次活动更是凸显了咱们品牌的实力。”

4. 品牌优势阐述

“咱们[汽车品牌]在汽车界那可是响当当的，有着深厚的历史底蕴和极佳的口碑。一方面，咱们品牌在技术研发上投入巨大，汇聚了一大批顶尖的专业人才，不断推陈出新，像咱们的汽车在[列举相关技术优势，如发动机性能卓越、智能驾驶辅助系统先进等]方面就展现出了非凡的实力，能给您带来超棒的驾驶体验。另一方面，品质是咱们品牌的生命线，每一辆车都要经过层层严格的质量检测，确保达到最高标准，让您放心使用。并且我们的售后服务体系非常完善，在全国各地都有售后服务网点，无论您身处何方，车子出了问题都能迅速得到专业的服务，解决您的后顾之忧。”

5. 活动亮点阐述

1）新车试驾活动

“这次是[新车车型]的试驾活动，这款新车继承了咱们品牌的优良传统，在[列举新车优势，如外观时尚、配置高科技、动力强劲等]方面表现优异，而且有着咱们品牌的品质背书，您要是亲自试驾一下，就会发现它不仅颜值高、性能好，更有着可靠的品质保障。而且现场还有专业的试驾教练指导，让您更好地感受车辆的性能。您要是有空，一定要来试试。”

2）购车促销活动

“我们店正在搞一场购车促销活动，优惠多多！购车能享受[×]折优惠，还送价值[具体金额]的汽车精品礼包，里面有[列举礼包内容，如行车记录仪、车载吸尘器等]。另外，还有特别的金融方案，首付低至[×]成，月供压力很小，轻松就能把爱车开回家。您想想，既能享受咱们品牌的卓越品质，又有这么多的优惠，简直太划算了！您要是感兴趣，就赶紧来看看吧。”

3）车主回馈活动

“这次是车主回馈活动，现场有免费的车辆检测服务，帮您检查车子状况，确保行车安全。这也是基于咱们品牌对车主负责的态度，希望您的爱车一直保持最佳状态。还有好玩的互动游戏，赢了能拿到精美小礼品。而且我们还请了专业的汽车养护专家来开展讲座，分享汽车保养小窍门，对您日常用车很有帮助哦。您要是车主，可别错过啦。”

6. 邀约行动

“您[具体时间]有空来参加吗？要是您感兴趣的话，我可以先给您预留一个名额。您方便的时候回复我一下，谢谢！”

7. 处理疑虑（若客户提出）

比如客户说没时间，就回应：“我理解您忙，不过这次活动真的很不错，活动持续到[活动结束时间]，您看您在这期间哪天方便，提前和我打个招呼就行，我好给您安排好一切。”

8. 结束语

“好的，希望您能来参加，要是来不了也没关系，祝您生活愉快！有啥问题随时可以微信问我。”

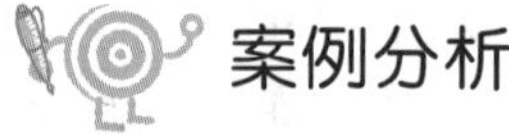

案例分析

案例一：电话邀约成功案例

一、背景

某汽车4S店销售顾问小张，得知店内即将举办一场新款SUV的试驾活动，想起之前有位潜在客户李先生曾在展厅咨询过SUV车型，觉得这是个很好的邀约契机。

二、邀约前准备

1. 了解客户信息

小张仔细查阅了与李先生的沟通记录，得知李先生是一位35岁左右的企业中层管理人员，平时喜欢户外运动，对车辆的通过性和空间有较高要求，预算为30万～40万元。

小张还了解到李先生一般在工作日下午6点之后才有空接电话或回复信息。

2. 确定邀约目的

邀请李先生参加新款SUV试驾活动，让他亲身体验新车在通过性、空间等方面的优势，进而促进购车意向转化。

3. 制定邀约策略

邀约方式：考虑到李先生的工作时间和习惯电话沟通，小张决定采用电话邀约方式，并选择在工作日下午6点15分左右拨打李先生的电话。

话术设计："李先生，您好！我是之前在[汽车品牌]4S店接待过您的销售顾问小张。记得您之前对咱们的SUV车型挺感兴趣，现在我们店正好举办一场新款SUV的试驾活动，这款新车在您关注的通过性方面又有了新的提升，能轻松应对复杂路况，而且车内空间也更宽敞了，特别适合您这种喜欢户外运动的客户。我觉得您肯定会感兴趣的，您看您这周五晚上或者周六上午有空来参加一下试驾活动吗？"

跟进频率：如果李先生当场表示有兴趣但时间不确定，小张计划在活动前三天再次电话跟进确认。

4. 准备邀约工具

准备了新款SUV的电子版车型手册，以便在电话中提及相关配置时，可以及时发给李先生查看。

整理出了此次试驾活动的详细优惠政策清单，如试驾有礼、现场订车额外优惠等，在邀约时告知李先生，增加吸引力。

三、邀约过程

小张在约定时间拨打了李先生的电话。

"李先生，您好！我是之前在[汽车品牌]4S店接待过您的销售顾问小张，……"(按照设计好的话术进行沟通)。

李先生在电话中表现出了兴趣，询问了一些关于活动细节和新车配置的问题，小张都一一详细解答，并适时将电子版车型手册和优惠政策清单通过微信发给了李先生。

四、邀约结果

李先生在了解清楚后，同意参加周六上午的试驾活动。

案例二:微信邀约成功案例

一、背景

销售顾问小赵想邀请潜在客户王女士参加店内的购车促销活动,王女士曾在展厅咨询过一款紧凑型轿车,小赵对王女士的一些基本情况有所了解。

二、邀约前准备

1. 了解客户信息

小赵知道王女士是一位28岁的年轻上班族,喜欢时尚的设计风格,之前咨询过的紧凑型轿车符合她的审美,预算为15万~20万元。

小赵查阅了与王女士的部分沟通记录,知道她对车辆的油耗比较关注,平时经常使用微信且回复及时。

2. 确定邀约目的

告知王女士店内正在进行的购车促销活动,吸引她到店参与并促成购车交易。

3. 制定邀约策略

邀约方式:考虑到王女士年轻且经常使用微信,小赵选择了微信邀约方式。

话术设计:"王女士,您好呀! 我是[汽车品牌]销售顾问小赵,您之前不是喜欢我们那款紧凑型轿车嘛,现在我们店正在搞一场超划算的购车促销活动,各种优惠多多,比如购车折扣、赠品等。而且这次活动还有针对油耗方面的优惠,能让您在以后的用车过程中节省不少开支。您要是感兴趣的话,可以来店看看。"

跟进频率:如果王女士回复说有兴趣但没时间,小赵计划在活动期间每隔两天发一次微信来提醒她。

4. 准备邀约工具

小赵准备了那款紧凑型轿车的电子版宣传单页,在微信中发给王女士查看。

小赵还整理了一份促销活动的优惠清单,在微信邀约时告知王女士。

三、邀约过程

小赵通过微信给王女士发去了邀约消息。

王女士很快回复了,询问了一些关于活动优惠的具体情况,小赵及时将电子版宣传单页和优惠清单再次发给王女士,并详细解答了她的疑问。

四、邀约结果

王女士在了解详细情况后,回复说会在周末到店看看。

案例三:邀约失败案例

一、背景

销售顾问小陈想邀请一位在车展上咨询过某款豪华轿车的潜在客户张先生到店看车,小陈对张先生的了解不多,只知道他在车展上问过车的价格和外观。

二、邀约前准备

1. 了解客户信息

小陈没有详细查阅与张先生的沟通记录,不知道张先生的职业、年龄、预算范围、具体购车意向等情况。小陈只大致了解到张先生是男性。

2. 确定邀约目的

小陈单纯地想邀请张先生到店再看看那款豪华轿车,没有特别明确的吸引张先生到店的理由。

3. 制定邀约策略

邀约方式:随意选择了短信邀约方式。小陈发送了一条简短的短信:“张先生,您好!我是[汽车品牌]销售顾问小陈,您之前在车展上看过我们的车,有空来店看看。”

话术设计:短信内容简单、生硬,没有提及任何关于车型的特色、优惠等能吸引张先生的内容。

跟进频率:没有明确的跟进计划,如果张先生不回复,小陈也不知道下一步该怎么做。

4. 准备邀约工具

没有准备任何与邀约相关的宣传资料或优惠清单等工具。

三、邀约过程

小陈发送了短信后,张先生一直没有回复。后来小陈又尝试电话邀约,张先生接电话后表示很忙,没有兴趣到店看车。

任务实施

一、实施准备

1. 学生准备

(1) 学生学习完知识导航部分,便可进行学习考评。

(2) 由学生自由组合成研究性学习项目小组,4~6人为一组。

2. 教师准备

(1) 教师和各小组的组长担任考评人员。对协助教师进行考评的学生进行课前考评和监督方法的培训,确保考评结果准确和公平。

(2) 做好考评记录准备。

二、实施内容

学生按组选出代表,对所学知识进行复述。考评人员根据学生复述的内容,结合考评标准进行考评。

三、考评标准

客户邀约复述测评表见表 3-2。

表 3-2 客户邀约复述测评表

班级		姓名			小组		
任务名称	客户邀约						
考核内容	测评标准	配分	考核分值	学生自评	小组互评	教师评价	考核得分
知识掌握	说出客户邀约的步骤	50	10				
	说出客户邀约的具体实施方法		40				
职业素养	表达清楚	50	20				
	普通话标准		20				
	形象得体		10				
总分		100	100				

注:考核得分=学生自评×20%+小组互评×40%+教师评价×40%。

任务拓展

学生课后通过讨论和查阅相关资料完成学习通上的研讨任务“如何完成客户邀约”。

课后习题

一、选择题

1. 汽车销售顾问在电话邀约客户到店试驾时,最有效的开场话术是(　　)。

A.“您好，我们店新到了几款车型，价格很优惠，要不要来看看？”

B.“先生/女士，根据您之前关注的××车型，我们为您申请了专属试驾礼包，方便本周安排时间体验吗？”

C.“现在购车能享受零首付，您什么时候有时间来店里详谈？”

D.“我们店正在搞活动，人很多，建议您尽快过来！”

2. 针对已留联系方式但未到店的潜在客户，销售顾问发送微信邀约时，下列哪项内容最恰当？（　　）

A.“亲，周末店里搞促销，错过再等一年。”

B.“××先生，您之前咨询的××车型现车已到，本周试驾可额外获赠原厂脚垫，方便确认到店时间吗？”

C.“我们店位置很好找，导航搜××就行，随时欢迎您！”

D.“这款车马上要涨价了，建议您赶紧下单！”

3. 对于习惯电话沟通且工作时间较为固定的中年客户，邀约方式选择上较为合适的是（　　）。

A. 微信邀约　　B. 电话邀约　　C. 短信邀约　　D. 邮件邀约

二、填空题

1. 在汽车营销客户邀约过程中，邀约话术应遵循________、自然、简洁、有针对性的原则进行设计。

2. 为了能更好地跟进邀约情况并及时调整策略，销售顾问需要准确记录客户的________，包括感兴趣、不感兴趣或者有新的疑问等。

三、简答题

1. 请设计一个以邀请客户参加店内购车促销活动为目的的邀约话术模板，要求包含开场白、活动介绍、邀约行动等环节。

2. 当客户在邀约过程中表示没时间参加活动时，销售顾问应该采取哪些应对措施？

任务3　客户接待

任务导入

假设你现在置身于一家繁忙的汽车4S店展厅当中。今天是周末，店里迎来了形形色色的顾客，他们怀揣着不同的购车需求和期望走进店门。有的顾客可能是第一次购车，对汽车的各种配置、性能一知半解，满心好奇又带着些许迷茫；有的顾客则是想换车，对自己想要的车型已经有了一定的想法，但还在不同品牌和配置间犹豫不决；还有的顾客可能是帮亲戚朋友来了解情况的。作为4S店的销售顾问，任务就是要热情、专业地接待这些客户，了解他们的需求，为他们提供最合适的购车建议，最终促成交易。那么，接待这些客户的第一步，也就是初次和客户见面时，应该怎么做才能给客户留下好印象，并且顺利开启后续的沟通？

当客户刚走进店门时，应该关注什么？是立刻上去介绍车型，还是先观察一下客户的状态？怎样的开场白能既热情又不会让客户感到过于突兀或有压力？客户的穿着打扮、肢体语言等能透露出哪些潜在的购车信息？该如何解读并利用这些信息更好地接待他们？

任务要求

一、知识与技能目标

（1）熟悉汽车营销客户接待的基本流程，包括客户进店迎接、需求探寻、产品介绍、试驾安排、异议处理、报价协商、成交促成及客户送别等环节的具体操作要点。

（2）掌握不同类型客户（如首次购车客户、换车客户、冲动型客户、理性型客户等）的特点及相应的接待技巧，能准确判断客户类型并灵活运用合适的接待方式。

（3）学会运用有效的沟通技巧，如积极倾听、恰当提问、清晰表达等，准确获取客户需求信息并清晰地传达产品的优势。

（4）能够熟练介绍汽车的各项基本参数（如车型、配置、性能、动力、安全等方面），并根据客户需求突出重点进行讲解。

二、过程与方法目标

（1）通过模拟接待场景、角色扮演等实践活动，培养学生实际接待客户的能力，提高其应对突发情况和解决实际问题的能力。

（2）让学生在分析案例（成功与失败案例）的过程中，学会总结经验教训，不断优化自己的接待策略和方法。

（3）引导学生自主学习、合作学习，在团队协作完成接待任务的过程中，提升其沟通协作能力以及自我反思和改进的能力。

三、情感态度与价值观目标

（1）培养学生热情、主动、耐心、细致的服务态度，树立以客户为中心的服务理念，认识到良好的客户接待对汽车营销成功的重要性。

（2）增强学生的自信心，使其在面对客户时能保持积极乐观的心态，勇于尝试和不断提升自己的接待水平。

（3）培养学生的职业责任感，让他们意识到自己的接待工作不仅关乎个人业绩，更影响着企业形象和客户满意度。

知识导航

一、接待前准备

1. 展厅环境

(1) 确保展厅整洁、明亮、通风良好。清洁地面、擦拭展车、整理展示区域,营造舒适的购车环境。检查灯光照明,确保展厅光线充足,突出展车的特点和优势。

(2) 在洽谈区摆放舒适的座椅。设置足够的休息区域,提供舒适的座椅和茶几,方便客户休息和交流。洽谈区要布置得温馨、专业,配备必要的办公设备和资料,如电脑、打印机、车型手册等。

2. 销售团队准备

(1) 销售人员形象得体。穿着统一的职业装,保持整洁、干净,展现专业形象。佩戴工作牌,方便客户识别和沟通。

(2) 掌握产品知识和销售技巧。熟悉所售车型的特点、性能、配置等信息,能够准确回答客户的问题。掌握有效的销售技巧,如倾听技巧、提问技巧、谈判技巧等,提高销售成功率。

二、客户接待流程

1. 迎接客户

(1) 主动迎接客户,微笑服务。当客户进入展厅时,销售人员应立即上前迎接,微笑着向客户问好,并进行自我介绍。引导客户到休息区或展车旁,根据客户的需求提供相应的服务。

(2) 了解客户需求。与客户进行简短的交流,了解客户的购车目的、预算、喜好等信息。根据客户的需求,推荐合适的车型,并介绍车辆的特点和优势。

2. 产品介绍

(1) 引导客户参观展车。带领客户绕车一周,介绍车辆的外观设计、车身尺寸、颜色等特点。打开车门和后备厢,展示车辆的内饰布局、空间大小、配置等信息。

(2) 详细介绍车辆性能和配置。结合客户的需求,重点介绍车辆的动力性能、安全配置、舒适配置等方面的优势。使用通俗易懂的语言,避免使用过于专业的术语,让客户能够轻松理解。

(3) 提供试驾服务。如果客户有试驾需求,及时安排试驾车辆和试驾路线。在试驾过程中,向客户介绍车辆的操控性能、舒适性等特点,解答客户的疑问。

3. 洽谈协商

(1) 引导客户到洽谈区。当客户对车辆有一定了解后,邀请客户到洽谈区坐下,进一步沟通购车事宜。为客户提供饮品和小吃,营造轻松愉快的洽谈氛围。

(2) 确定购车方案。根据客户的需求和预算,为客户制定个性化的购车方案,包括车型选择、配置搭配、价格优惠等。向客户详细介绍购车方案的内容和优势，解答客户的疑问。

（3）价格谈判。如果客户对价格有异议，则应耐心倾听客户的意见，了解客户的心理价位。运用谈判技巧，在合理范围内为客户争取最大的优惠，同时确保公司的利益。

4. 成交与送别

（1）促成交易。当客户对购车方案满意后，及时促成交易，签订购车合同。协助客户办理购车手续，如付款、购买机动车辆保险、上牌等。

（2）送别客户。交易完成后，向客户表示感谢，并送别客户。提醒客户注意车辆的保养和使用方法，如有问题可以随时联系销售顾问。

三、客户接待注意事项

1. 关注客户需求

（1）始终以客户为中心，关注客户的需求和感受。认真倾听客户的意见和建议，及时调整服务方式和内容。根据客户的反馈，不断改进产品和服务，提高客户满意度。

（2）避免强行推销。不要一味地向客户推销产品，而是要根据客户的需求和实际情况，提供合理的建议和解决方案。尊重客户的选择，不要给客户造成压力。

2. 保持专业形象

（1）销售人员要保持专业形象，言行举止应得体。说话要有礼貌，文明用语，避免使用粗俗、不恰当的语言。举止要大方、得体，不要有过于夸张的动作和表情。

（2）提供专业的服务。销售人员要具备专业的知识和技能，能够为客户提供准确、详细的信息和建议。在服务过程中，要保持耐心、细心，为客户解决各种问题。

3. 建立良好的沟通关系

（1）与客户建立良好的沟通关系，增强客户的信任感。用真诚的态度和客户交流，让客户感受到你的诚意和关心。及时回复客户的信息和电话，保持沟通的畅通。

（2）注意沟通技巧。说话要简洁明了，突出重点，避免冗长、复杂的表达。善于倾听客户的意见和需求，给予积极的回应和反馈。运用适当的肢体语言，增强沟通的效果。

四、接待后的跟进

1. 信息记录与整理

在客户接待过程中，认真记录客户的相关信息，包括客户的基本资料（姓名、联系方式、职业等）、需求信息（购车用途、预算、偏好车型等）、沟通内容和反馈意见等。确保记录的信息准确、完整，为后续的跟进和客户关系管理提供有力的依据。

接待结束后，及时对客户信息进行整理和分析。按照需求和意向程度对客户进行分类，例如，分为潜在购买客户、意向较强客户、需要进一步沟通客户等。为不同类型的客户制订相应的跟进计划和策略，提高跟进工作的针对性和效率。

2. 跟进沟通与服务

根据客户的分类和跟进计划，在合适的时间通过电话、短信、邮件或微信等方式与客户进行沟通。对于潜在购买客户，可以定期向客户发送一些汽车相关的资讯、优惠活动信息等，保持与客户的联系，提高客户对品牌和车型的关注度。

对于意向较强的客户，要重点跟进，深入了解客户的决策进展和需求变化。可以邀请客户再次到店进行进一步的洽谈和试驾，或者根据客户的需求为客户提供更详细的购车方案和报价。在沟通中，要注意倾听客户的意见和想法，及时解决客户提出的问题，争取促成客户的购买决策。

在跟进过程中，要始终保持热情、专业的服务态度，让客户感受到公司对他们的重视和关注。及时回复客户的咨询和信息，为客户提供优质的服务。如果客户暂时没有购买意向，也要保持良好的沟通，尊重客户的选择，继续与客户保持联系，等待合适的时机。

五、话术示范

1. 客户进店时

1）热情迎接

“您好！欢迎光临[汽车品牌]4S店，我是销售顾问[你的名字]，很高兴为您服务！今天天气[具体天气情况]，您路上还顺利吧？”

2）初步观察与询问

若客户是单独前来：“您今天是特意来看车的，还是先随便了解一下呢？”

若客户是一家人同行：“欢迎各位光临，看您这阵仗，今天是全家出动来选车，真热闹。”

2. 需求探寻阶段

1）开放式问题引导

“您之前对我们[汽车品牌]了解过吗？”

“您这次购车主要是用于日常通勤、家庭出行，还是有其他特殊用途？”

“您在选车的时候，比较看重哪些方面，比如车辆的性能、配置、外观，还是其他方面？”

2）倾听与回应

在客户讲述时，认真倾听，适当点头、眼神交流，并用“嗯”“是的”“明白”等回应。

客户说完后，总结一下：“好的，听您这么说，我大致了解了，您主要是希望车能[总结客户需求]，对吧？”

3. 产品介绍阶段

1）结合需求介绍

“根据您刚刚提到的看重[具体需求点]，那我觉得我们这款[车型名称]就特别适合您。比如说，您关注的性能方面，这款车搭载了[具体性能参数]的发动机，动力强劲，起步加速[具体表现]，能让您充分体验到驾驶的乐趣。”

“再看配置，它配备了[列举重要配置]，像[详细说明某配置的优势]，这对您日常[对应需求场景]可太方便了。”

2）引导体验

“光听我说您可能感受还不深，要不我带您去车上坐一坐，实际感受一下车内的空间和舒适性?”

4. 试驾安排阶段

1)主动提议

“我觉得您对这款车已经挺感兴趣的了,为了让您更真切地感受它的驾驶体验,我们可以安排一次试驾,您看您现在方便吗?”

2)介绍试驾流程

“试驾前,需要您提供一下驾驶证,我们会为您办理简单的试驾手续,然后会有试驾专员陪您一起试驾,全程大概[时长],会带您体验不同的路况,这样您能更全面地了解这款车的性能。”

5. 异议处理阶段

1)积极态度面对

“您提出的这个问题很关键,很多客户也有类似的疑问。其实,[针对异议点详细解释,给出合理理由],所以您不用担心这个问题。”

2)提供解决方案

“如果您还是不太放心,我们可以[提出具体解决办法,如进一步测试、提供保障等],让您没有后顾之忧。”

6. 报价协商阶段

1)清晰透明报价

“您对这款车这么感兴趣,那我给您报一下这款车的价格。这款车的官方指导价是[具体金额],目前我们店里有[优惠活动或政策],算下来实际的落地价大概是[落地金额],这个价格包括了[列举包含的费用项目]。”

2)解释价格构成

“您看,这个落地价里面,车价是[车价金额],购置税是[购置税金额],保险费是[保险费金额],上牌费是[上牌费金额],这样您能更清楚地了解价格的构成。”

7. 成交促成阶段

1)营造紧迫感

“您看,这款车现在库存有限,而且目前的优惠活动也快截止了,如果您今天能下定金的话,就能锁定这个优惠价格,还能尽快提车,您觉得呢?”

2)确认购买意向

“那您是准备今天就下定金把这款车定下来吗?”

8. 客户送别阶段

在这一阶段,要对客户表示感谢并告知后续,具体话术如下。

“非常感谢您今天的光临,不管您最后是否选择我们这款车,都希望您能选到心仪的车子。接下来我会把今天我们聊的内容整理一下,发到您的微信上,您要是还有什么疑问,可以随时问我。”

“您慢走,祝您生活愉快,期待您下次光临!”

六、客户异议类型及处理方法

1. 价格异议

1）表现形式

客户觉得汽车价格太高，超出了自己的预算。比如“这辆车太贵了，我没打算花这么多钱买车”。

质疑价格与车辆配置、性能不匹配，认为性价比低，像“这配置也就那样，价格却这么高”。

2）处理方法

价值呈现：详细介绍车辆的独特卖点、先进技术、高品质材料等，让客户明白贵有贵的道理。例如，强调安全配置是同级别领先，能为家人出行提供更可靠的保障。

价格分解：把总价按使用年限、每月还款（若有贷款方案）等方式分解，让客户感觉花费没那么高。例如，“您看，这辆车您开个十年八年的，平均到每个月也就没多少钱啦”。

对比优势：与同级别竞品对比，突出自身在价格相近情况下的优势，或者在优势明显时说明价格稍高的合理性。比如，“和那辆车相比，我们这款车虽然贵一点，但油耗更低，长期算下来能省不少钱”。

2. 产品异议

1）表现形式

对车辆的外观、颜色不满意，如“这颜色太普通了，我不太喜欢”。

质疑车辆性能，如“我听说这发动机动力不太够啊”或者“这刹车性能可靠吗”。

对车内空间、舒适度有意见，例如“后排空间太小了，坐起来不舒服”。

2）处理方法

针对外观、颜色：展示不同角度的车辆外观，介绍设计亮点，提及可选颜色方案，如有特殊颜色需定制，则可说明定制流程及时间。比如，“您看这车身线条多流畅，而且我们还有几款很特别的颜色，要是您喜欢，可以预订，大概一个月能到货”。

针对性能质疑：提供专业数据、测试报告，安排试驾让客户亲身体验，邀请技术人员讲解（若有条件）。例如，“您看这是发动机的功率、扭矩数据，而且我们可以马上安排您试驾，感受它的动力”。

针对车内空间、舒适度：邀请客户到车内感受，调节座椅等设备展示其可调节性，介绍车内的舒适性配置，如座椅加热、通风等。比如，“您坐到后排试试，这座椅可以前后调节，而且我们还有座椅加热功能，冬天可舒服了”。

3. 服务异议

1）表现形式

抱怨售前服务不周到，比如“我来了这么久，都没人好好给我介绍一下车”。

对售后服务保障存在疑虑，比如“你们售后维修方便吗？会不会修个车要等很久”。

2）处理方法

针对售前服务：诚恳道歉并立即改善服务，安排专业、热情的销售人员为客户服务，承诺后续服务会更加周到。例如，“真的很抱歉给您带来不好的体验，我马上安排我们最专业的销售顾问来给您详细介绍,以后肯定不会再出现这样的情况了”。

针对售后服务:详细介绍售后服务体系,包括维修网点分布、维修技术人员资质、快速维修承诺、24 小时救援服务等。比如,“我们在全市有多个维修网点,维修师傅都是经过专业培训的,而且我们有快速维修承诺,小问题当天就能修好,要是在路上遇到问题,还有24 小时救援服务”。

4. 竞品异议

1) 表现形式

将竞品和自家车对比,认为竞品在某些方面更具优势,如“我看那××品牌的车,配置比你们的高多了”。

2) 处理方法

客观对比:不贬低竞品,而是客观地将自家车与竞品在关键性能、配置、价格、服务等方面进行全面对比,突出自身优势。例如,“××品牌那辆车确实在某些配置上有优势,但我们这款车在动力性能上更出色,而且我们的售后服务更贴心,能给您提供更持久的保障”。

转移焦点:引导客户关注自家车独有的特色卖点,避开与竞品直接对比的劣势部分。比如,“我们这款车配备了同级别车少有的自动泊车功能,当您遇到停车场景时,这个功能会非常方便”。

案例分析

案例一:成功接待首次购车客户

一、案例详情

一位年轻的上班族小李走进了某汽车 4S 店,销售顾问小王热情地迎了上去,微笑着说:“您好! 欢迎光临[汽车品牌]4S 店,我是销售顾问小王,今天天气不错,您路上还顺利吧?”小李回应后表示自己是第一次买车,不太懂,就是想买辆日常上下班通勤用的车,预算有限。

小王接着通过一些开放式问题进一步了解客户的需求,比如“您对车的空间大小有什么要求?”“您更看重车辆的哪些配置?”等。通过询问,小王了解到小李希望车小巧好停,油耗要低,最好有一些基础的安全配置。

小王根据这些需求,向小李介绍了一款该品牌的小型轿车,详细说明了它的车身尺寸方便停车,油耗数据在同级别中较优,并且配置了如防抱死制动系统、电子制动分配系统(EBD)等基础安全配置。还邀请小李到车内感受空间,并讲解了车内的一些人性化设计。

小王随后安排了试驾,在试驾过程中,小王坐在副驾驶座进一步介绍车辆的驾驶感受和操作要点。试驾完后,小李提出了对车辆动力的疑虑,觉得这款车的动力不是特别强劲。小王耐心解释说这款车主要针对城市通勤,动力虽然不是超强,但完全能满足日常起步、超车等需求，而且低动力换来的是更低的油耗，更符合他的预算和使用场景。

最后在报价协商阶段，小王清晰地列出了各项费用，告知小李目前店里有针对首次购车客户的优惠活动，价格算下来很划算。小李最终决定下单购买。

二、成功点分析

热情主动的迎接：一开始就给客户营造了热情友好的氛围，让客户感受到重视。

精准的需求探寻：通过一系列恰当的问题，快速、准确地抓住了客户首次购车、通勤使用且预算有限的关键点。

针对性的产品介绍：结合客户需求详细介绍了合适的车型，突出了车辆在停车、油耗、安全配置等方面的优势，让客户能直观感受到产品与自己需求的匹配度。

有效的异议处理：面对客户对动力的异议，能从客户实际使用场景和预算角度出发，合理地解释清楚，消除客户的疑虑。

清晰的报价说明：在报价时清楚列出各项费用，并告知优惠活动，让客户明白价格构成。

案例二：接待换车客户失误案例

一、案例详情

赵先生开着自己的旧车来到一家汽车4S店，想换一辆更高端的SUV车型。销售顾问小张接待了他，小张一开始看到赵先生开着旧车来，就直接问："您这旧车打算卖多少钱呀？"赵先生皱了皱眉头，说自己还没考虑卖车的事，主要是先来看看有没有合适的新车。

小张接着就开始介绍店里的几款SUV车型，但都是泛泛而谈，没有深入了解赵先生具体想要的配置、性能等方面的需求。赵先生提出想了解一下车辆的四驱系统性能，小张对这方面的知识储备不足，回答得含糊不清。

在试驾安排上，小张也没有主动提出，还是赵先生自己提出想试驾一款车，小张才匆忙去安排，而且在试驾过程中，小张没有很好地引导赵先生体验车辆的重点性能。

到了报价协商阶段，小张报出的价格让赵先生觉得比他的预算要高很多，而且小张也没有详细解释价格构成和店里可能有的优惠政策。最终赵先生没有在这家店购车，而是去了另一家店。

二、失误点分析

错误的开场提问：一开始就问客户旧车卖价，显得过于功利，没有先关注客户换车的真正需求和期望，导致客户产生反感。

需求探寻不深入：没有通过有效的问题深入了解客户在配置、性能等方面对车辆的具体要求，无法针对性介绍产品。

专业知识不足：对车辆四驱系统性能等关键知识回答不清，影响客户对其专业度的信任。

试驾安排及引导不力：没有主动安排试驾且在试驾过程中不能有效引导客户体验重

点性能，降低了客户对车辆的好感度。

报价不清晰且无优惠说明：报出的价格让客户觉得高且未详细解释价格构成和优惠政策，使客户难以做出合理判断。

任务实施

一、实施准备

1. 学生准备

（1）学生学习完知识导航部分，便可进行学习考评。

（2）由学生自由组合成研究性学习项目小组，4～6 人为一组。

2. 教师准备

（1）教师和各小组的组长担任考评人员。对协助教师进行考评的学生进行课前考评和监督方法的培训，确保考评结果准确和公平。

（2）做好考评记录准备。

二、实施内容

学生按组进行角色扮演，对所学知识进行实操训练。考评人员根据学生实操的内容，结合考评标准进行考评。

三、考评标准

客户接待测评表见表 3-3。

表 3-3 客户接待测评表

班级		姓名			小组		
任务名称	客户接待						
考核内容	测评标准	配分	考核分值	学生自评	小组互评	教师评价	考核得分
实训步骤	着装规范	10					
	仪态举止得体	10					
	礼貌用语	10					
	客户引导精准	25					
	客户信息准确	25					
	客户信息完整	10					
	登记效率高	10					
总分		100					

注：考核得分＝学生自评×20％＋小组互评×40％＋教师评价×40％。

任务拓展

学生课后通过讨论和查阅相关资料完成学习通上的研讨任务“如果客户说价格太贵该如何处理”。

课后习题

一、选择题

1. 在汽车营销客户接待过程中，以下哪项是最先应该做的？（　　）

A. 介绍汽车产品特点

B. 热情打招呼并自我介绍

C. 询问客户预算

D. 邀请客户试驾

2. 当客户进入展厅后，目光长时间停留在某一款汽车上时，销售顾问最合适的做法是（　　）。

A. 立刻上前详细介绍该款汽车的所有配置

B. 在远处观察，等客户主动询问再上前介绍

C. 先轻轻走近客户，微笑询问客户是否对这款车感兴趣，得到肯定答复后再进一步介绍

D. 拿一份该款车的宣传资料悄悄放在客户旁边，然后离开

3. 客户在接待过程中提出了一个关于汽车技术方面的专业问题，销售顾问不太确定答案，此时应该（　　）。

A. 凭自己的理解模糊回答，尽量不让客户看出自己不懂

B. 立刻转移话题，聊一些其他轻松的话题

C. 诚恳地告诉客户自己不太确定，会请教专业人士并尽快给客户答复

D. 说这个问题不重要，不用太在意，继续介绍汽车的其他方面

二、填空题

1. 在汽车营销客户接待中，销售顾问要注重自身的形象和礼仪，其中包括保持整洁的________、规范的________以及亲切的________。

2. 了解客户需求是成功接待客户的关键，销售顾问可以通过________、________以及观察客户的行为举止等方式来收集相关信息。

三、简答题

1. 请简述汽车营销客户接待的基本流程，并简要说明每个环节的主要内容。

2. 在接待客户时，如何有效地询问客户需求？请列出至少三种询问方式及相应的示例话术。

3. 当客户对某款汽车提出异议时，如觉得价格太高，销售顾问应该采取哪些策略来应对？

模块3综合测试题

一、选择题(每题2分,共20分)

1.在电话邀约客户时,以下哪种开场白最合适?(　　)

A.“喂,你好啊,有空来看看车呗。”

B.“您好!请问是[客户姓名]吗?我是[汽车品牌]4S店的销售顾问[你的名字],您之前对我们店的一款车挺感兴趣的,想问问您这周末有没有时间来店里详细了解一下?”

C.“你好,我是卖车的,现在店里有活动,赶紧来看看吧。”

2.客户进店后,销售顾问首先应该做的是(　　)。

A.立刻开始介绍热门车型

B.热情迎接,询问客户是否是第一次来店以及来意

C.递上一杯水,然后默默观察客户动向

3.当客户表示自己对汽车的性能比较关注时,销售顾问应该(　　)。

A.简单说几句性能方面的大概情况,然后转移话题介绍外观

B.详细介绍车辆的发动机参数、变速器类型、操控性能等与性能相关的内容

C.告诉客户性能都差不多,不用太在意,重点看看其他方面就行

4.以下哪种方式不利于了解客户需求?(　　)

A.问客户:“您这次购车主要是用于日常上下班、家庭出行还是有其他用途呀?”

B.观察客户的穿着打扮、所开车辆(如果有)等

C.不停地向客户介绍各种车型的优势,不给客户说话的机会

5.在接待客户的过程中,销售顾问的以下哪种肢体语言是合适的?(　　)

A.双手抱胸,站得笔直

B.身体微微前倾,保持眼神交流,面带微笑

C.不停地看手表,表现出很着急的样子

6.客户提出要试驾,销售顾问应该(　　)。

A.以各种理由推脱,说现在不方便试驾

B.马上安排试驾,办理相关手续,并详细介绍试驾流程

C.只让客户自己去试驾,不做任何指导和介绍

7.对于客户提出的异议,销售顾问应该(　　)。

A.直接反驳客户,说客户的看法是错误的

B.认真倾听,理解客户的担忧,然后耐心解释并提供解决方案

C.假装没听见,继续介绍车辆的其他方面

8.在报价协商阶段,销售顾问应该(　　)。

A.报出一个很高的价格,等着客户砍价

B.清晰透明地报出车辆的价格,包括各项费用构成,并说明优惠政策

C.只报车价,其他费用等客户问了再回答

9. 客户准备离开时，销售顾问应该(　　)。

A. 赶紧收拾东西，不再理会客户

B. 热情送别，感谢客户光临，告知客户后续有问题可以随时联系

C. 强行挽留客户，不让客户走

10. 以下关于汽车营销客户邀约与接待的说法，正确的是(　　)。

A. 邀约客户只要多发几条短信就行，不用打电话

B. 接待客户时，不用太在意客户的情绪变化，只要把车介绍好就行

C. 邀约与接待都要以客户为中心，关注客户需求和感受

二、填空题(每题3分，共15分)

1. 在电话邀约客户时，要明确告知客户________以及来店的好处等信息。

2. 客户进店后，销售顾问要通过________和________两种方式相结合来了解客户需求。

3. 介绍车辆性能时，常见的性能参数有发动机功率、扭矩、________、油耗等。

4. 在接待客户过程中，销售顾问要保持良好的________，比如面带微笑、眼神交流等。

5. 客户提出异议后，销售顾问首先要做的是________。

三、判断题(每题2分，共20分)

1. 电话邀约客户时，不用提前了解客户的相关信息，直接打电话就行。(　　)

2. 客户进店后，销售顾问先介绍最贵的车型，这样能显示出店里的实力。(　　)

3. 了解客户需求时，只需要问客户几个问题就够了，不用观察客户的外在表现。(　　)

4. 在介绍车辆时，只要把所有配置都介绍一遍就可以了，不用考虑客户的关注点。(　　)

5. 销售顾问在接待客户时，肢体语言不重要，只要说话好听就行。(　　)

6. 客户提出试驾要求后，只要办理试驾手续就行，不用介绍试驾流程。(　　)

7. 对于客户提出的异议，销售顾问不能反驳，但也不用提供解决方案，只要听着就行。(　　)

8. 在报价协商阶段，只报车价就可以了，其他费用等客户问了再回答，这样可以增加谈判的余地。(　　)

9. 客户准备离开时，销售顾问不用太热情送别，毕竟客户可能不会再来了。(　　)

10. 汽车营销客户邀约与接待都要体现出以客户为中心的理念。(　　)

四、简答题(每题15分，共45分)

1. 请简述电话邀约客户的基本步骤及注意事项。

2. 在接待客户的过程中，如何有效了解客户的需求？

3. 在汽车营销客户接待中，遇到客户提出异议时，应该怎样处理？

模块4 汽车介绍

模块引言

在汽车营销的广阔领域中，汽车介绍环节无疑是“一座至关重要的桥梁”，它连接着客户的需求与汽车产品本身的诸多优势。当客户怀揣着购车的期待踏入展厅，或是在网络的另一端发出咨询的信号时，便表示他们渴望深入了解心仪车辆的方方面面。而作为汽车营销人员，能否在这个关键阶段精准且精彩地介绍汽车，将直接影响客户对产品的认知、对购买决策的权衡，乃至最终的成交与否。

汽车，早已不仅仅是简单的交通工具，已成为融合先进科技、精湛工艺、舒适体验与独特设计理念的移动生活空间。每一款车型都有其独特的魅力，无论是动力强劲的发动机带来的风驰电掣之感，还是精心打造的内饰营造的舒适与豪华的氛围，抑或是智能科技赋予的便捷、创新体验，都亟待营销人员为翘首以盼的客户一一揭晓。

然而，汽车介绍绝非营销人员简单地罗列参数、平铺直叙地描述外观，它需要营销人员深入了解车辆的每一个细节，精准把握客户的需求与关注点，运用恰到好处的沟通技巧，使汽车的优势与客户的期望完美契合，从而在客户心中勾勒出一幅清晰且诱人的购车蓝图。接下来，就让我们一同踏入汽车介绍这一重要模块，去探索如何将汽车的魅力全方位、深层次地展现给客户吧。

模块简介

一、重要作用

建立客户认知：帮助客户全面且深入地了解汽车产品，包括外观、内饰、性能、配置等诸多方面，让客户从陌生到熟悉，形成对车辆清晰且准确的认知。

激发购买兴趣：突出汽车的独特优势、亮点功能等，有效激发客户的购买兴趣，使其从单纯的了解过渡到产生拥有该车的欲望。

匹配客户需求：营销人员可依据对客户需求的把握，在介绍过程中有针对性地呈现车辆相关特性，让客户切实感受到该车能很好地满足自身需求。

奠定成交基础:优质的汽车介绍能提升客户对产品的信任度和好感度,为后续的价格协商、成交促成等环节奠定坚实基础。

二、主要内容

车辆基本信息:涵盖车型、车身尺寸、颜色可选范围等,让客户对车辆的整体形态和外观选择有初步认识。

外观设计特点:介绍车辆独特的外观造型元素,如犀利的大灯设计、流畅的车身线条、别具一格的前脸或车尾造型等,强调其美观性与辨识度。

内饰舒适豪华:描述车内的座椅材质、舒适度,驾驶舱的布局合理性,以及内饰采用的高档材料、精致工艺等带来的舒适豪华驾乘体验。

性能参数展示:包括发动机动力(功率、扭矩等)、变速器类型、加速性能、最高车速、油耗情况、操控稳定性等关键性能指标,让客户了解车辆的驾驶表现。

配置亮点介绍:着重介绍车辆的先进智能配置(如自动驾驶辅助系统、车联网功能等)、安全配置(如多个安全气囊、车身稳定系统等)以及舒适性配置(如自动空调、座椅加热通风等),展示车辆的功能性优势。

车辆卖点提炼:挖掘并突出车辆在同级别车型中的独特卖点,比如性价比更高、环保节能突出、品牌历史悠久且口碑好等,增强产品竞争力。

在汽车营销活动中,汽车介绍模块要求营销人员具备扎实的产品专业知识、拥有精准的客户需求洞察力、掌握出色的沟通表达技巧,从而为客户提供专业、生动且极具说服力的汽车产品介绍。

学习目标

一、知识目标

深入了解各类汽车的基本结构与原理,包括发动机、变速器、底盘、车身等主要部件的功能及相互关系。

熟悉不同品牌、不同车型的常见外观设计风格、内饰布局特点以及材质选用情况。

掌握汽车关键性能参数的含义及计算方法,如功率、扭矩、加速性能、油耗、最高车速、操控稳定性等。

熟知汽车各类配置的功能与作用,涵盖智能配置(如自动驾驶辅助系统、车联网功能等)、安全配置(如安全气囊、车身稳定系统等)、舒适性配置(如座椅加热通风、自动空调等)等方面。

了解汽车行业的发展趋势,包括新能源汽车的普及、智能驾驶技术的演进等,以便能在介绍中提及相关背景知识。

二、技能目标

能够根据不同客户的需求、兴趣和关注点,有针对性地选择并组织汽车介绍内容,突出车辆与客户需求相匹配的特性。

熟练运用专业术语和通俗易懂的语言相结合的方式，准确清晰地向客户介绍汽车的各项特点，避免过于晦涩或过于通俗的表述。

学会运用多种展示手段辅助介绍汽车，如利用宣传册、配置单、视频资料、实物模型等，增强介绍的直观性和说服力。

掌握引导客户参与体验的技巧，如邀请客户进入车内感受空间、操作车辆配置等，通过客户亲身体验加深其对汽车的认知和好感。

具备在介绍过程中及时捕捉客户反馈信息的能力，根据客户的表情、提问、肢体语言等调整介绍的节奏、重点和方式。

三、素质目标

培养热情、主动、耐心的服务态度，始终以客户为中心，积极回应客户的需求和疑问，营造良好的沟通氛围。

养成严谨、细致的工作作风，做到准确无误地掌握汽车的各项信息，避免在介绍过程中出现错误信息或含糊不清的情况。

提升沟通协作能力，不仅能与客户有效沟通，还能在团队内部与同事协作，如共同准备介绍资料、分享客户信息等。

增强自信心，相信自己对汽车的了解和介绍能力，在客户面前能保持专业、自信的形象，从而更好地介绍汽车的优势。

培养持续学习的意识，鉴于汽车行业发展迅速，不断更新自己的知识体系，以便能跟上时代步伐，为客户提供最新、最准确的汽车介绍内容。

任务1　汽车介绍前准备工作

任务导入

4S店里刚到了一款全新的热门车型，这款车拥有许多先进的配置和独特的卖点，吸引了不少潜在客户的关注。作为负责接待这些客户并为他们介绍这款新车的销售顾问，在给客户介绍汽车之前，需要做哪些准备工作？这就是要重点探讨和学习的任务。

当知道要介绍一款特定的汽车给客户时，首先得对这款车有足够的了解。那需要了解这款车的哪些方面？是仅仅知道它的外观和颜色，还是有更多更重要的内容？除了对车本身的了解外，了解客户的情况也很重要。对于年轻上班族和携全家看车的中年客户群体，产品介绍的重点应有所差异。怎么才能提前了解客户的情况？在介绍车的时候，总不能干巴巴地只说车的参数，得让客户更直观地感受车的优势，那有什么办法可以提前准备一些辅助资料或者展示工具来更好地介绍这款车？

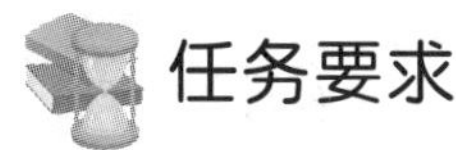

任务要求

一、知识与技能目标

(1) 学生能够明确介绍汽车前需要了解的车辆自身关键信息,包括车型、配置、性能参数(如动力、油耗、操控等)、外观和内饰特点、安全配置以及独特卖点等方面的内容。

(2) 掌握收集客户相关信息的方法,如通过电话预约、客户资料查阅、线上沟通记录等途径了解客户的基本情况(年龄、职业、购车用途、预算等)、购车需求及偏好。

(3) 学会准备各类辅助介绍的资料与展示工具,如车辆宣传册、配置单、试驾报告、视频资料、实物模型等,并能熟练运用这些资料与工具,在介绍过程中增强说服力与直观性。

(4) 了解如何根据车辆信息和客户情况制定初步的介绍方案,明确介绍的重点、顺序以及采用的沟通技巧等。

二、过程与方法目标

(1) 通过实际案例分析,培养学生观察、总结汽车介绍前有效准备工作的能力,使其能从成功与失败案例中汲取经验教训。

(2) 让学生在模拟销售场景中进行实际操作,亲身体验收集信息、准备资料等各项准备工作的流程,提高实际动手能力与解决问题的能力。

(3) 引导学生开展小组合作学习,在团队协作完成准备工作任务的过程中,提升其沟通协作能力以及自我反思和改进的能力。

三、情感态度与价值观目标

(1) 培养学生认真负责、严谨细致的工作态度,认识到充分的准备工作是汽车营销成功的重要基础,杜绝盲目介绍车辆的情况。

(2) 增强学生的自信心,使其在面对客户介绍汽车时做好准备,从而能以更专业、自信的姿态与客户沟通交流。

(3) 培养学生的服务意识,让学生明白做好准备工作的最终目的是更好地满足客户需求、提供优质的购车服务。

知识导航

一、了解汽车产品

1. 车型特点

外观设计:熟悉车辆的整体造型、线条、颜色搭配等,了解其独特的设计元素和风格。

前脸设计:如大灯造型、进气格栅样式等,是否具有品牌特色和辨识度。

车身线条:流畅的线条可以增加车辆的动感和时尚感,了解线条设计对车辆外观的影响。

车尾设计：尾灯造型、后备厢开启方式等，是否与整车风格协调一致。

内饰设计：掌握车内的布局、材质、颜色搭配等，感受内饰的舒适和豪华程度。

座椅材质：真皮、织物或其他材质，了解其舒适度、透气性和耐用性。

中控台设计：布局是否合理，操作是否方便，显示屏的大小和功能等。

车内空间：包括头部空间、腿部空间、后备厢空间等，满足不同客户的需求。

动力性能：了解车辆的发动机参数、变速器类型、驱动方式等，评估动力性能的优劣。

发动机功率和扭矩：决定车辆的加速性能和爬坡能力。

变速器类型：手动、自动或双离合等，不同类型的变速器有不同的特点和适用场景。

驱动方式：前驱、后驱或四驱，影响车辆的操控性和通过性。

安全配置：熟悉车辆的安全系统，如气囊数量、制动系统、车身稳定系统等，确保客户的安全。

主动安全配置：如防抱死制动系统、电子稳定控制系统、自动紧急制动系统等，预防事故的发生。

被动安全配置：如安全气囊、安全带、高强度车身结构等，在事故发生时保护乘客的安全。

科技配置：掌握车辆的智能科技装备，如导航系统、倒车影像、蓝牙连接等，提升车辆的便利性和娱乐性。

多媒体系统：功能是否丰富、操作是否便捷、音质如何等。

驾驶辅助系统：如巡航控制、车道偏离预警、自动泊车等，减轻驾驶负担。

智能手机互联：支持哪些手机系统、连接是否方便、功能是否实用等。

2. 竞品对比

确定主要竞品车型：了解同级别、同价位的其他品牌车型，分析它们的优势和劣势。

品牌知名度：比较不同品牌在市场上的影响力和美誉度。

车型特点：对比外观、内饰、动力、安全等方面的差异。

价格策略：了解竞品的价格区间和优惠政策，制定合理的价格策略。

分析竞争优势：找出本车型的独特卖点和竞争优势，在介绍时突出强调。

性价比：综合考虑价格、配置、性能等因素，展示本车型的高性价比。

售后服务：介绍品牌的售后服务网络、保修政策、保养费用等，让客户无后顾之忧。

品牌形象：强调品牌的历史、文化、价值观等，提升品牌的吸引力。

二、了解客户需求

1. 购车目的

(1) 日常通勤：关注车辆的油耗、舒适性、可靠性等方面。

油耗：了解车辆的百公里油耗，是否符合客户的经济预算。

舒适性：座椅的舒适度、车内噪声控制、空调效果等，影响日常驾驶的体验。

可靠性：车辆的质量稳定性、维修保养成本等，让客户放心使用。

(2) 家庭出行：考虑车辆的空间、安全性能、实用性等因素。

空间：包括乘坐空间和后备厢空间，能否满足家庭出行的需求。

安全性能：儿童安全座椅接口、车身结构强度等，保障家人的安全。

实用性：如后排座椅放倒、储物空间设计等，方便携带行李和物品。

(3) 商务用途：注重车辆的外观形象、内饰豪华程度、动力性能等方面。

外观形象：车辆的造型是否大气、稳重，符合商务场合的要求。

内饰豪华程度：材质、工艺、配置等，体现商务人士的品位和身份。

动力性能：满足高速行驶和超车的需求，展现商务人士的高效和自信。

2. 客户偏好

(1) 品牌偏好：了解客户对不同品牌的认知和喜好，有针对性地介绍品牌优势。

品牌历史：悠久的品牌历史可以增加客户的信任感和认同感。

品牌形象：时尚、豪华、运动等不同的品牌形象，满足客户的个性化需求。

品牌口碑：通过客户评价、媒体评测等渠道，了解品牌的口碑和声誉。

(2) 车型偏好：根据客户的需求和喜好，推荐合适的车型和配置。

轿车、SUV 或 MPV：不同车型有不同的特点和适用场景，了解客户的需求后进行推荐。

配置要求：如天窗、自动大灯、自动雨刷等，根据客户的喜好进行配置选择。

(3) 颜色偏好：了解客户对车辆颜色的喜好，提供多种颜色选择。

常见颜色：黑、白、银等经典颜色，适合不同年龄段和性别的客户。

个性颜色：如红色、蓝色、绿色等，满足客户的个性化需求。

三、准备介绍资料

1. 宣传资料

车型手册：详细介绍车辆的外观、内饰、配置、性能等方面，图文并茂，方便客户了解。

宣传单页：突出车辆的核心卖点和优势，简洁明了，吸引客户的注意力。

海报：展示车辆的外观造型和品牌形象，放置在展厅显眼位置，增加品牌曝光度。

2. 演示工具

平板电脑：预装车辆的图片、视频、配置表等资料，方便在介绍时展示给客户。

虚拟现实设备：如 VR 眼镜，让客户身临其境地感受车辆的内饰和空间，增强客户的体验感。

试驾车辆：准备好试驾车辆，确保车辆状态良好，让客户亲自体验车辆的性能和操控。

3. 礼品和优惠

礼品：如钥匙扣、保温杯、雨伞等，作为客户到访的礼品，增加客户的好感度。

优惠政策：如现金优惠、置换补贴、金融贴息等，吸引客户购买。

四、个人准备

1. 形象与礼仪

穿着整洁、得体的职业装，保持良好的个人卫生，头发整齐，面容整洁。

保持微笑，展现热情、友好的态度，注意站姿、坐姿和走姿，给客户留下专业的印象。

2. 沟通准备

提前规划好介绍的流程和重点内容，根据客户可能的需求和关注点准备不同的介绍话术。

调整好自己的心态，保持积极、自信的状态，以便能够与客户进行良好的互动和沟通。

五、熟悉介绍流程

1. 开场白

热情欢迎客户的到来，进行自我介绍，了解客户的需求和兴趣。

例如："您好，欢迎光临！我是这里的销售顾问[你的名字]，很高兴为您服务。请问您今天是来看车还是有其他需求？"

2. 车型介绍

按照外观、内饰、动力、安全、科技等方面的顺序，详细介绍车辆的特点和优势。

在介绍过程中，结合客户的需求和偏好，突出重点，解答客户的疑问。

例如："这款车的外观非常时尚大气，线条流畅，很符合您的品位。内饰采用了高品质的材料，座椅非常舒适，而且有很多人性化的设计。动力方面，这款车配备了[具体动力配置]，动力强劲，同时又很省油。安全配置也非常丰富，像[列举一些安全配置]，能为您的出行提供全方位的保障。"

3. 竞品对比

客观地分析竞品车型的优势和劣势，突出本车型的竞争优势。

引导客户进行比较，让客户认识到本车型的价值和性价比。

例如："同级别车型中，我们这款车的性价比非常高。相比竞品车型，我们的优势在于[列举本车型的优势]。而且，我们的售后服务也非常好，让您无后顾之忧。"

4. 试驾邀请

介绍试驾的流程和注意事项，邀请客户进行试驾体验。

强调试驾的重要性，让客户亲自感受车辆的性能和操控。

例如："光听我介绍可能还不够直观，要不我给您安排一次试驾吧？这样您可以亲自感受一下这款车的性能和舒适性。试驾过程中，我会为您介绍车辆的各种功能和操作方法，让您更好地了解这款车。"

5. 洽谈协商

了解客户的购车意向和预算，为客户制定个性化的购车方案。

运用谈判技巧，在合理范围内为客户争取最大的优惠，同时确保公司的利益。

例如："如果您对这款车感兴趣，我们可以根据您的需求和预算，为您制定一个个性化的购车方案。现在我们还可以为您提供一些优惠政策，并且有礼包送给您，让您以最优惠的价格买到最满意的车。"

6. 结束语

总结车辆的特点和优势，再次感谢客户的到来，表达希望客户购买的意愿。

留下联系方式，方便客户随时咨询。

例如:“非常感谢您今天来我们这里看车,希望我的介绍能让您对这款车有更深入的了解。如果您还有其他问题或者需要进一步了解,可以随时联系我。我的电话号码是[电话号码],微信是[微信号]。期待您的再次光临!”

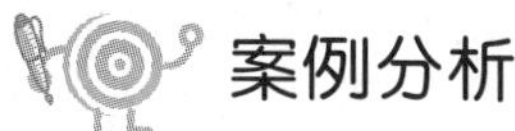

案例分析

案例一:充分准备促成交易

一、案例详情

销售顾问小李得知有一位中年企业家陈先生预约要来展厅了解一款豪华SUV车型。在陈先生到来之前,小李做了大量细致的准备工作。

首先,小李深入研究了这款车的各项参数和配置,不仅熟知发动机的功率、扭矩等性能指标,还详细了解了车内的高端内饰材质、先进的智能驾驶辅助系统以及独特的四驱系统运作原理等。

其次,小李查阅了陈先生的客户资料,发现陈先生经常参加商务活动,且有自驾游的爱好。结合这些信息,他准备了针对性的介绍方案,重点突出该车的豪华舒适内饰适合商务接待,强大的动力和优秀的越野性能可满足自驾游需求。

最后,小李还准备了该车型的宣传册、配置单,以及该车型在越野路况和商务场景中的实车演示视频资料,以便更直观地向陈先生展示车辆的优势。

当陈先生来到展厅后,小李热情迎接,并按照准备好的方案进行介绍。在介绍过程中,小李适时播放视频资料,让陈先生更真切地感受车辆特点。陈先生对小李的介绍非常满意,最终决定购买这款车。

二、分析成功点

全面了解车辆:小李对汽车的性能、配置等关键信息了如指掌,能够准确、详细地向客户介绍,展现出专业素养,增强了客户对他及产品的信任。

掌握客户信息:小李通过查阅客户资料,精准把握客户的商务及自驾游需求,从而使介绍内容针对性强,让客户切实感受到车辆能满足自身需求。

准备辅助资料:宣传册、配置单和视频资料的运用,使介绍更加生动、直观,弥补了单纯口头介绍的不足,进一步吸引客户。

案例二:准备不足错失良机

一、案例详情

销售顾问小张接到通知要接待一位年轻的上班族小赵,小赵对一款新能源轿车感兴趣。小张在小赵到来之前，只是简单看了一下车型的外观和基本价格，对车辆的其他性能、配置等了解甚少。

小张没有提前去了解小赵的具体情况，比如他的购车预算、日常通勤距离等。

当小赵来到展厅后，小张开始介绍车辆，但只是就车辆的外观设计泛泛而谈，对于小赵关心的续航里程、充电时间等问题回答得含糊不清。而且，小张没有准备任何辅助资料来帮助介绍，整个介绍过程显得枯燥乏味。

最终，小赵对小张的介绍不满意，离开了展厅，之后去了另一家4S店购买了同款车型。

二、分析失误点

车辆了解不深入：仅熟悉外观和基本价格，对关键的性能、配置等缺乏了解，导致无法准确、全面地向客户介绍产品优势，降低了客户对产品的认知度。

忽视客户信息：没有提前获取小赵的相关信息，无法根据其需求特点进行针对性介绍，使介绍内容与客户关注点脱节。

缺乏辅助资料：没有准备宣传册、视频等辅助资料，无法让客户更直观地感受车辆特点，使得介绍过程缺乏吸引力。

案例三：准备方向错误导致误解

一、案例详情

销售顾问小王接待一位老年客户刘先生，刘先生想了解一款家用轿车。小王在介绍前，重点准备了车辆的智能配置，如车联网功能、手机远程控制等，因为他觉得这些是当下热门的配置，应该能吸引客户。

然而，在与刘先生的沟通中，小王发现刘先生对这些智能配置并不感兴趣，他更关注车辆的舒适性，比如座椅的柔软度、车内的噪声控制等。

由于小王之前准备的方向主要是智能配置，对于舒适性方面的介绍就显得比较薄弱，虽然及时调整了介绍重点，但还是给刘先生留下了不太专业、不能很好满足他的需求的印象。

最终，刘先生没有在小王所在的4S店购车，而是选择了另一家更能准确把握他的需求的4S店。

二、分析失误点

需求预判失误：小王没有充分考虑到不同客户群体的需求差异，仅凭自己的主观判断准备介绍内容，导致准备方向与客户实际需求不符。

前期准备不足：虽然在发现问题后及时调整了介绍重点，但前期准备不足已经给客户留下了不好的印象，影响了客户的购车决策。

通过这些案例可以看出，在汽车介绍前准备工作中，全面深入了解车辆、准确掌握客户信息、精心准备辅助资料以及正确预判客户需求等方面都至关重要，任何一个环节出现问题都可能影响客户对产品的认知和客户最终的购车决策。

任务实施

一、实施准备

1. 学生准备

(1) 学生学习完知识导航部分，便可进行学习考评。

(2) 由学生自由组合成研究性学习项目小组，4～6 人为一组。

2. 教师准备

(1) 教师和各小组的组长担任考评人员。对协助教师进行考评的学生进行课前考评和监督方法的培训，确保考评结果准确和公平。

(2) 做好考评记录准备。

二、实施内容

学生按组选出代表，对所学知识进行复述。考评人员根据学生复述的内容，结合考评标准进行考评。

三、考评标准

汽车介绍前准备工作复述测评表见表 4-1。

表 4-1　汽车介绍前准备工作复述测评表

班级		姓名			小组		
任务名称	汽车介绍前准备工作						
考核内容	测评标准	配分	考核分值	学生自评	小组互评	教师评价	考核得分
知识掌握	说出汽车介绍前准备工作的步骤	50	10				
	说出汽车介绍前准备工作的具体实施方法		40				
职业素养	表达清楚	50	20				
	普通话标准		20				
	形象得体		10				
总分		100	100				

注：考核得分＝学生自评×20%＋小组互评×40%＋教师评价×40%。

任务拓展

学生课后通过讨论和查阅相关资料完成学习通上的研讨任务“如何为客户介绍车辆”。

课后习题

一、选择题

1. 在汽车介绍前，了解车辆信息时，以下哪项不属于需要掌握的关键性能参数内容？（　　）

A. 车辆外观颜色

B. 发动机功率

C. 油耗情况

D. 加速性能

2. 为了更好地了解预约来看车的客户的需求，以下哪种方式不可取？（　　）

A. 查看客户之前在店内留下的咨询记录

B. 提前与客户进行电话沟通，询问相关问题

C. 仅凭客户的年龄和性别猜测其需求

D. 询问接待过该客户的其他同事

3. 准备介绍汽车时，以下哪种辅助资料最能直观展示车辆的动态性能？（　　）

A. 车辆宣传册

B. 配置单

C. 试驾报告

D. 车辆行驶视频资料

二、填空题

1. 在准备介绍一款汽车时，若发现客户对车辆的安全配置非常关注，那么在介绍方案中应着重________。

2. 汽车介绍前准备工作的目的是更好地________，满足客户需求，提高客户满意度。

三、判断题

1. 汽车介绍前，销售顾问只需要了解车辆的基本信息，如车型、颜色等，其他复杂的性能和配置不用太深入了解。（　　）

2. 了解客户需求时，观察客户的穿着打扮、所开车辆（如果有）等外在表现是没有必要的。（　　）

四、简答题

1. 在汽车介绍前，应当深入了解车辆哪些方面的信息？

2. 在汽车介绍前，如何通过多种途径有效收集客户信息？

任务2 六方位环车介绍

任务导入

假设你现在在一家汽车4S店工作，今天店里到了一款全新的、非常热门的汽车车型，吸引了好多顾客的目光。作为销售顾问，你肩负着向这些顾客全面、详细介绍这款车的重要任务。

要想介绍一款车，一般会从哪些方面开始说呢？是先讲外观，还是直接说性能？这样随意介绍的话，会不会遗漏很多重要的信息？

当顾客站在一辆车旁边，往往会对车辆的不同部位产生不同的兴趣。例如：有的顾客可能会盯着车头看，想知道这里面都藏着什么"秘密武器"；有的顾客可能会对车尾的设计特别感兴趣，觉得它很独特。那怎么才能按照顾客可能的关注点，有顺序、有条理地把车介绍清楚？汽车是一个很复杂的产品，有很多细节需要介绍给顾客。如果采用一种不够系统的介绍方法，只是想到什么就说什么，那么对于顾客来说，理解起来就会很困难。一种好的汽车介绍方法应该具备哪些特点？

任务要求

一、知识与技能目标

(1) 准确理解六方位环车介绍的概念，明确六个方位(车头、车侧、车尾、车后排、驾驶座、发动机舱)的具体划分及涵盖内容。

(2) 熟练掌握每个方位需要介绍的车辆关键信息，包括但不限于外观设计特点、性能参数、配置亮点、内饰舒适程度、安全保障措施等方面的内容。

(3) 学会根据不同车型及客户需求，灵活调整六方位环车介绍的重点内容及顺序，突出车辆与客户需求相匹配的优势。

(4) 能够运用专业术语与通俗易懂的语言相结合的方式，清晰、准确且有条理地进行六方位环车介绍，使客户易于理解和接受。

二、过程与方法目标

(1) 通过案例分析，培养学生观察、总结六方位环车介绍有效方法及技巧的能力，能从成功与失败案例中汲取经验教训。

(2) 让学生在模拟销售场景中进行实际操作，亲身体验六方位环车介绍的完整流程，提高其实际动手能力、应变能力以及解决问题的能力。

(3) 引导学生开展小组合作学习,在团队协作完成六方位环车介绍的过程中,提升其沟通协作能力以及自我反思和改进的能力。

三、情感态度与价值观目标

(1) 培养学生认真负责、严谨细致的工作态度,认识到六方位环车介绍是汽车营销中展示产品、服务客户的重要环节,需确保介绍内容准确无误。

(2) 增强学生的自信心,使其在面对客户进行六方位环车介绍时,能以专业、自信的形象呈现车辆信息,从而更好地介绍汽车的优势。

(3) 培养学生的服务意识,让学生明白做好六方位环车介绍的最终目的是满足客户需求、提供优质的购车服务,进而提升客户满意度。

知识导航

一、六方位环车介绍概述

1. 介绍目的

全面展示汽车的特点和优势,帮助客户更好地了解车辆。

引导客户从不同角度观察汽车,激发客户的购买欲望。

2. 介绍顺序

按照车头、车侧、车尾、车后排、驾驶座、发动机舱的顺序进行介绍。

二、车头

1. 品牌标识与前脸设计

介绍品牌标识的含义和历史,增强品牌认同感。

描述前脸的设计风格,如大气、时尚、运动等,突出车辆的个性。

提及大灯的造型和功能,如 LED 大灯、自动大灯等。

2. 进气格栅

讲解进气格栅的设计特点,如镀铬装饰、网状设计等。

强调进气格栅对提升发动机散热效率和优化空气动力学性能的作用。

3. 前保险杠

介绍前保险杠的材质和强度,保障行车安全。

提及前保险杠上的雾灯、雷达等配置。

三、车侧

1. 车身线条

描述车身线条的流畅性和动感,增加车辆的美观度。

强调车身线条对降低风阻的作用。

2. 轮毂与轮胎

介绍轮毂的造型和尺寸,体现车辆的运动感。

讲解轮胎的品牌、规格和性能特点,如耐磨性、抓地力等。

3. 车门设计

提及车门的材质和厚重感,提升车辆的品质感。

介绍车门上的把手、车窗等配置,如无钥匙进入门把手、一键升降电动车窗等。

四、车尾

1. 尾灯设计

描述尾灯的造型和灯光效果,增强车辆的辨识度。

强调尾灯的安全性,如刹车灯、转向灯等的亮度和警示效果。

2. 后保险杠

介绍后保险杠的材质和强度,保护车辆后部。

提及后保险杠上的倒车雷达、摄像头等配置。

3. 后备厢空间

展示后备厢的空间和实用性,如可放倒后排座椅来增加空间等。

介绍后备厢的开启方式和便利性。

五、车后排

1. 乘坐空间

强调车后排的腿部空间和头部空间,提供舒适的乘坐体验。

介绍后座的座椅材质和舒适度,如真皮座椅、加热功能等。

2. 后排配置

提及后排的空调出风口、USB 接口等配置,提高乘坐的便利性。

讲解后排座椅配备的中央扶手、杯架等设计,提升乘坐的舒适性。

3. 儿童安全座椅接口

介绍车辆配备的儿童安全座椅接口类型和数量,保障儿童乘车安全。

六、驾驶座

1. 仪表盘与中控台

描述仪表盘的设计和显示信息,如车速、油耗等。

介绍中控台的布局和功能,如多媒体系统、空调控制等。

2. 座椅与方向盘

讲解座椅的调节方式和舒适度,如电动调节、加热通风等。

介绍方向盘的材质和功能，如多功能方向盘、换挡拨片等。

3. 驾驶辅助系统

提及车辆配备的驾驶辅助系统，如定速巡航、倒车影像等。

强调驾驶辅助系统显著提升了行车安全性和驾驶便利性。

七、发动机舱

1. 发动机性能

介绍发动机的类型、排量和功率等参数，体现车辆的动力性能。

讲解发动机的技术特点，如涡轮增压、燃油直喷技术等。

2. 发动机布局与散热

描述发动机舱的布局合理性，方便维修保养。

强调发动机的散热系统，保障发动机的稳定运行。

3. 其他部件介绍

提及发动机舱内的其他重要部件，如电瓶、滤清器等。

介绍车辆的保养周期和注意事项。

八、注意事项

1. 客户需求导向

提前了解客户关注点：在开始介绍之前，要和客户沟通，了解他们的购车用途、偏好等。例如，如果客户注重车辆的动力性能，在介绍发动机舱部分时就要详细讲解发动机的性能优势、技术亮点等内容，而不是简单地提及基本参数。

根据客户反馈调整介绍重点：在介绍过程中，注意观察客户的表情、动作和提问。如果客户对车辆的内饰空间表现出浓厚的兴趣，就要在介绍后座和驾驶室部分时，更加深入地介绍空间布局、舒适性配置等细节，比如座椅的调节幅度、储物空间的巧妙设计等。

2. 专业知识准确性

确保车辆信息无误：对汽车的各项参数、配置、技术等内容要非常熟悉。例如，在介绍发动机的技术时，如涡轮增压的工作原理、燃油直喷技术的优势等，不能出现错误表述，否则会让客户对销售顾问的专业度产生怀疑。

适度使用专业术语：在介绍时要注意专业术语和通俗语言的平衡运用。对于一些基本的汽车知识，如车身结构、动力系统等，可以适当使用专业术语来体现专业性，但同时也要用通俗易懂的方式来解释这些术语，确保客户能够理解。比如，在介绍车辆的悬挂系统时，可以说“这款车采用的是麦弗逊式独立悬挂，简单来说，这种悬挂系统可以让车辆在行驶过程中更好地过滤路面颠簸，让您的驾乘体验更舒适”。

3. 介绍节奏把控

避免过快或过慢：介绍节奏不能太快，以免客户跟不上思路，遗漏重要信息，但也不能过于拖沓，使客户失去耐心。比如，在介绍车尾部分时，对于后备厢空间的介绍，要简洁明了地展示容积、开启方式等重点内容，而不是在一些小细节上花费过多时间。

合理安排时间：根据车辆的重要卖点和客户的兴趣点来分配每个方位的介绍时间。如果车辆的外观设计是一大亮点，那么在车头、车侧和车尾部分可以适当多花一些时间，详细介绍造型、线条、灯光等特色。

4. 互动性和体验感

鼓励客户参与：在介绍过程中，要引导客户参与体验。例如，在介绍驾驶室部分时，可以邀请客户坐在驾驶座上，亲自感受座椅的调节、方向盘的握感等。同时，询问客户的感受，如“您觉得这个座椅的包裹性怎么样？”

增强视觉辅助：可以利用一些工具来增强客户的体验感。比如，在介绍车辆的科技配置时，通过平板电脑展示多媒体系统的操作界面、智能驾驶辅助系统的工作场景等，让客户更直观地了解这些功能。

5. 竞品对比适度性

客观公正对比：销售顾问在介绍过程中可能会涉及与竞品的对比，要注意保持客观公正的态度，不要过度贬低竞品，而是要突出自身车辆的优势。例如，在介绍车辆的安全配置时，可以说“我们这款车和竞品车型都有基本的安全气囊配置，但我们还额外配备了主动刹车系统，在遇到突发情况时能为您提供更及时的安全保障”。

避免主动挑起争议：除非客户主动提及竞品并要求比较，否则不要一开始就将话题聚焦在竞品上，以免给客户留下不好的印象。先重点介绍车辆的优势和特点，让客户对车辆产生好感后，再适时地进行合理对比。

九、话术示范

1. 车头方位

1）开场引导

“先生/女士，现在咱们来到了这款车的车头部分，这可是汽车的‘脸面’，它不仅展现了整个车的风格气质，还有不少关键的技术亮点。”

2）外观设计

“您看这车头的造型，采用了[品牌名称]家族式的设计风格，比如这标志性的[具体设计元素，如进气格栅样式]，看上去特别大气、辨识度极高。而且，这种设计可不光是为了好看，它还能[说明设计带来的实际好处，如提高进气效率等]。”

3）大灯部分

“再瞧瞧这大灯，造型犀利又时尚，它配备的是[大灯类型，如LED大灯]，照明效果那是相当出色。不仅亮度高，而且照射范围广，在夜间行车能让您清晰地看清前方道路，保障行车安全。另外，它还具备一些智能功能，像[列举大灯的智能功能，如自动大灯、自适应远近光切换等]，使用起来特别方便。”

2. 车侧方位

1）整体线条

“接下来，咱们沿着车侧走一走。您看这车身侧面的线条，流畅且具有动感，从车头一直延伸到车尾，就像一条灵动的丝带，赋予了整车一种独特的韵律美。这种线条设计可不仅仅是为了美观，它还能降低风阻系数，让车辆在行驶过程中更加省油、安静。”

2）车身尺寸及轴距

“这款车的车身尺寸方面，长是[具体长度数值]，宽是[具体宽度数值]，高是[具体高度数值]，轴距达到了[具体轴距数值]。这样的尺寸使得车内空间更加宽敞舒适，尤其是后排乘客的腿部空间，能得到很好的保障。而且，较大的轴距也有助于提升车辆的行驶稳定性。”

3）轮胎和轮毂

“轮胎和轮毂的搭配也是经过精心设计的。轮胎选用的是[轮胎品牌名称及型号]，它具有良好的抓地力和耐磨性，能适应各种不同的路况。轮毂的样式则是[描述轮毂样式]，不仅美观大方，而且还具备一定的散热功能，能更好地保护车辆的制动系统。”

3. 车尾方位

1）车尾造型

“现在我们来到了车尾，您看这车尾的设计也别具一格，整体的造型简洁而不失大气，与车头的设计相呼应，形成了一种和谐的美感。”

2）尾灯部分

“这尾灯同样是一大亮点，采用了[尾灯类型，如贯穿式尾灯]的设计，点亮之后非常醒目，在夜间行驶时能大大提高车辆的辨识度，能让后面的车辆清楚地知道您的行车动向。而且，它也具备一些智能特性，比如[列举尾灯的智能特性，如刹车灯亮度自动调节等]。”

3）后备厢空间

“车尾这里还有一个重要的部分就是后备厢。这款车的后备厢空间非常宽敞，容积达到了[具体容积数值]，日常购物、旅行放行李都足够用。而且，后备厢的开口设计得也很合理，方便您取放物品，就算是比较大的物件也能轻松装卸。”

4. 车后排方位

1）进入引导

“下面咱们到车后排去体验一下吧。请您小心上车，我先给您把后排车门打开。”

2）后排空间

“您看这后排的腿部空间，是不是特别宽敞？得益于前面提到的较长轴距，即使是身材较高大的乘客坐在这里，也能伸展自如，不会觉得局促。而且后排的头部空间也很充裕，乘坐起来非常舒适。”

3）后排座椅

“再看看这后排座椅，材质选用的是[座椅材质]，手感柔软，坐上去感觉就像坐在家里的沙发上一样舒服。而且，它还具备一些贴心的功能，比如[列举后排座椅的功能，如座椅加热、座椅靠背调节等]，能让您的后排乘客有更加舒适的乘车体验。”

4）后排配置

“后排还有不少便利的配置，这里有[列举后排配置，如后排空调出风口、后排 USB 接口等]，这样后排乘客在乘车过程中可以自己调节温度、给手机充电等，非常方便。”

5. 驾驶座方位

1）进入引导

“现在请您移步到驾驶座，来感受一下这款车的驾驶体验。”

2）驾驶舱布局

“您看这驾驶舱的布局，设计得非常合理，所有的操作按钮和仪表盘都在您触手可及的地方，方便您在驾驶过程中快速准确地进行操作。而且这种布局还能让您在驾驶时拥有更好的视野，确保行车安全。”

3）仪表盘及中控屏

“这边是仪表盘，它能清晰地显示车辆的各种行驶信息，比如车速、转速、油耗等，让您对车辆的运行状态了如指掌。中控屏的尺寸是[具体尺寸数值]，它集成了很多实用的功能，如[列举中控屏的功能，如导航、多媒体播放、车辆设置等]，操作起来很简单。”

4）座椅及驾驶舒适性

“再看看这驾驶座的座椅，材质是[座椅材质]，它的设计符合人体工程学原理，能够很好地贴合您的身体曲线，提供良好的支撑，让您在长时间驾驶过程中也不会觉得累。而且，座椅还具备一些功能，如[列举座椅的功能，如加热、通风、电动调节等]，进一步提升您的驾驶舒适性。”

6. 发动机舱方位

1）打开引导

“最后，我们来到发动机舱这里。我先把发动机舱盖打开，不过您在靠近的时候可要小心，这里面有些部件的温度可能会比较高。”

2）发动机介绍

“您看这发动机，它是这款车的‘心脏’，这款车采用的是[发动机型号]，具有[列举发动机的性能特点，如动力强劲、燃油经济性好等]特点。比如说，它的最大功率达到了[具体功率数值]，最大扭矩是[具体扭矩数值]，这样的动力输出能让您在驾驶过程中感受到十足的动力，无论是起步加速还是高速超车都不在话下。而且，它的燃油经济性也很不错，能为您节省不少油费。”

3）其他部件介绍

“在发动机舱里，除了发动机，还有一些重要的部件。比如这边是[介绍其他部件，如水箱、电瓶、空气滤清器等]，它们各自发挥着不同的作用，共同保障车辆正常运行。比如说，水箱负责给发动机降温，电瓶为车辆提供电力，空气滤清器则能够过滤进入发动机的空气，确保发动机能正常工作。”

十、客户异议类型及处理方法

1. 外观方面异议

1）异议类型

不喜欢车辆颜色：客户觉得现有的颜色选择太普通、太鲜艳或不符合自己的审美。例如，“这颜色太素了，看着没什么个性”。

对车身造型不满意：认为车身线条、轮廓不够美观或不符合当下流行趋势。比如，“这车身造型怎么感觉有点老气啊”。

质疑外观工艺质量：担心车漆易刮花、车身钣金工艺不精细等。比如，“这车漆看着不怎么厚实，会不会很容易刮花呀”。

2）处理方法

对于颜色异议：介绍可选颜色范围，若有特殊颜色或定制颜色服务，则详细说明流程和时间。比如，“我们这款车其实还有几个很有个性的颜色，像酷炫的金属灰和时尚的烈焰红，如果您喜欢，我们可以为您预订，大概两周能到货”。展示不同颜色车辆的图片或视频，让客户直观感受其他颜色的效果。

针对车身造型异议：从设计理念角度讲解，强调独特的设计元素和功能性。例如，“这款车的车身造型是采用了最新的空气动力学设计，线条流畅，不仅美观，还能有效降低风阻系数，提升燃油经济性”。邀请客户从不同角度观察车辆，感受整体造型的协调性。

处理外观工艺质量异议：提供相关数据或说明，如车漆的硬度指标、防刮涂层等情况。“我们这款车的车漆采用了先进的多层喷涂工艺，硬度很高，而且还有防刮涂层，一般的小刮擦不容易伤到车漆”。展示车辆外观工艺细节，如车身钣金的拼接处、车漆的光泽度等，让客户亲眼看到工艺质量。

2. 内饰方面异议

1）异议类型

不喜欢内饰风格：觉得内饰设计过于简约或繁杂，不符合自己的喜好。例如，“这内饰设计得太简单了，感觉有点单调”。

对内饰材质不满意：认为内饰材料质感不好，比如塑料感太强、皮革质量不佳等。比如，“这内饰的塑料感太强了，摸起来不舒服”。

质疑内饰空间布局：担心车内空间利用不合理，乘坐或操作不方便。比如，“这中控台设计得太占地方了，感觉腿部空间都变小了”。

2）处理方法

针对内饰风格异议：介绍内饰设计风格的特点和优势，如简约风格是为了营造简洁、舒适的驾乘环境，繁杂风格则是为了提供更多功能并营造豪华感。“我们这款车的内饰采用简约风格，就是为了让车内有一个清爽、舒适的环境，不会有过多的视觉干扰”。展示不同内饰风格车辆的图片或视频，供客户对比参考。

对于内饰材质异议：详细介绍内饰材质的种类、质量和特点。例如，“我们这款车的内饰部分采用了高品质的软性塑料，而且还有部分区域是用真皮包裹的，质感非常好”。让客户触摸以感受内饰材质的质感。

处理内饰空间布局异议：通过实际演示，展示车内空间的可调节性和合理利用情况。比如，“您看这中控台虽然看起来占地方，但它的功能很强大，而且座椅是可以前后调节的，您可以根据自己的需求调节座椅位置，这样腿部空间就会变大”。邀请客户亲自坐到车内体验空间布局。

3. 动力方面异议

1）异议类型

质疑动力是否足够：担心车辆动力输出不能满足自己的日常需求，如超车、爬坡等情况。例如，“这发动机动力能行吗？我担心上不了陡坡”。

对动力系统的稳定性有疑虑：担心动力系统出现故障，影响行车安全和正常使用。比如，“这动力系统会不会经常出问题呀？”

2）处理方法

针对动力是否足够异议：提供动力系统的详细参数，如发动机的功率、扭矩等数据，结合日常行车场景进行解释。例如，“您看这发动机的功率达到了××千瓦，扭矩为××牛·米，爬坡完全没有问题，而且在超车时也能提供足够的动力”。安排试驾，让客户亲身体验动力输出情况。

处理动力系统的稳定性异议：介绍动力系统的研发背景、技术工艺、质量保证措施等。比如，“我们这款车的动力系统是由专业团队研发的，采用了先进的技术工艺，而且经过了严格的质量检验，在正常使用情况下是不会出现问题的”。提供相关的测试报告或用户反馈，让客户放心。

4. 操控方面异议

1）异议类型

质疑操控的灵活性：担心车辆在转弯、变道等操作时不够灵活。例如，“这车子在转弯的时候会不会很僵硬？”

对操控的安全性有疑虑：害怕在操控过程中出现意外，如车辆失控等情况。比如，“这操控会不会不安全呀？”

2）处理方法

针对操控的灵活性异议：介绍车辆操控系统的设计特点和优势，如转向系统的精准度、悬挂系统的调校等。例如，“我们这款车的转向系统采用了先进的电子助力转向，转向精准度非常高，而且悬挂系统经过了精心调校，在转弯时能保证车辆的灵活性”。安排试驾，让客户亲身体验操控的灵活性。

处理操控的安全性异议：介绍车辆操控过程中的安全保障措施，如防抱死制动系统、电子稳定控制系统等。比如，“我们这款车配备了先进的防抱死制动系统和电子稳定控制系统，在操控过程中能有效防止车辆失控，保障您的安全”。提供相关的测试报告或用户反馈，让客户放心。

5. 安全方面异议

1）异议类型

质疑安全配置是否齐全：担心车辆没有足够的安全配置来保护自己和乘客。例如，“这车子有没有足够的安全配置呀？”

对安全配置的有效性有疑虑：害怕安全配置在实际使用中不起作用。比如，“这安全配置真的能起作用吗？”

2）处理方法

针对安全配置是否齐全异议：详细介绍车辆的安全配置清单，包括主动安全配置（如防撞预警系统、自动刹车系统等)和被动安全配置(如安全气囊、安全带预紧装置等)。例如,“我们这款车有丰富的安全配置,如防撞预警系统、自动刹车系统、安全气囊、安全带预紧装置等,能全方位保护您和您的乘客”。展示相关的图片或视频,让客户直观感受安全配置的存在。

处理安全配置的有效性异议:介绍安全配置的工作原理、技术参数、实际应用效果等。比如,“我们这款车的防撞预警系统是基于先进的雷达技术,当检测到前方有危险时,会提前发出预警信号,而且自动刹车系统会在必要时自动启动,根据测试,它能有效降低事故发生率”。提供相关的测试报告或用户反馈,让客户放心。

6. 舒适性方面异议

1)异议类型

质疑座椅舒适度:担心座椅的设计、材质等因素影响乘坐的舒适度。例如,“这座椅坐起来不舒服,太硬了”。

对车内噪声控制不满意:认为车内噪声太大,影响驾乘体验。比如,“这车内噪声怎么这么大呀?”

质疑空调系统效果:担心空调系统不能满足自己的需求,如制冷、制热效果不佳等。例如,“这空调系统制冷效果不好,夏天可怎么过呀?”

2)处理方法

针对座椅舒适度异议:介绍座椅的设计理念、材质特点、可调节性等。例如,“我们这款车的座椅采用了人体工程学设计,材质是高品质的记忆海绵,而且可以进行多方位调节,您可以根据自己的需求调整座椅的位置、角度等,这样就能提高乘坐的舒适度”。让客户亲自坐到座椅上感受舒适度。

处理车内噪声控制不满意异议:介绍车内噪声控制的措施,如隔音材料的使用、发动机降噪技术等。比如,“我们这款车采用了大量的隔音材料,而且发动机也有降噪技术,能有效降低车内噪声,您可以在试驾时亲自感受一下”。安排试驾,让客户亲身体验车内噪声控制效果。

处理空调系统效果异议:介绍空调系统的工作原理、技术参数、实际应用效果等。例如,“我们这款车的空调系统采用了先进的制冷技术,制冷量达到了××瓦,制热效果也很好,您可以在试驾时亲自感受一下”。安排试驾,再一次强调要让客户亲身体验空调系统的效果。

案例分析

案例一:成功的六方位环车介绍促成销售

一、案例详情

销售顾问小张接待了一位中年客户李先生,李先生对一款中型 SUV 表现出浓厚兴趣。小张决定采用六方位环车介绍法为李先生详细介绍这款车。

车头方位。小张引导李先生来到车头，微笑着说："李先生，您看这车头，采用了我们[品牌名称]经典的家族式设计风格，这宽大的进气格栅搭配犀利的大灯组，显得特别霸气。大灯可是LED的，不仅亮度高，还带有自动大灯和自适应远近光切换功能，晚上开车特别方便，能根据路况自动调节灯光，保障行车安全。"李先生点头表示认可，还凑近仔细看了看大灯。

车侧方位。沿着车侧走，小张介绍道："您瞧这车身侧面的线条，流畅又动感，从车头贯穿到车尾，这种设计不仅美观，还能有效降低风阻系数，让车在行驶中更省油、更安静。而且这款车的尺寸也很有优势，长[具体长度数值]、宽[具体宽度数值]、高[具体高度数值]，轴距达到了[具体轴距数值]，车内空间尤其是后排特别宽敞，您和您的家人出行会很舒适。"李先生听后，用手比画了下车身长度，似乎在想象车内空间。

车尾方位。在车尾，小张说："李先生，车尾的设计也很有特色，这贯穿式尾灯点亮后非常醒目，辨识度极高，在晚上能让后面的车老远就知道是咱们这款车。后备厢空间也很大，容积有[具体容积数值]，您平时出去自驾游放行李、装备啥的都没问题，而且开口设计合理，取放东西方便。"李先生打开后备厢看了看，对空间比较满意。

车后排方位。小张打开后排车门，邀请李先生进入后排体验："您到后座坐一下感受感受。您看这后座腿部空间，得益于长轴距，特别宽敞，后排乘客能伸展自如。座椅材质是[具体材质]，很柔软舒适，还带有座椅加热功能，冬天坐也不会冷。而且后排还有空调出风口和USB接口，方便后排乘客调节温度、给手机充电。"李先生坐在后座，感受了一下座椅的舒适度，摆弄了一下USB接口，脸上露出满意的表情。

驾驶座方位。接着，小张请李先生移步到驾驶座："李先生，您来驾驶座体验下驾驶感受。您看这驾驶舱布局很合理，所有操作按钮都在您顺手的地方，方便您驾驶。仪表盘能清晰显示车速、转速等信息，中控屏尺寸是[具体尺寸]，集成了导航、多媒体播放等很多实用功能，操作简单。驾驶座座椅设计符合人体工程学，带有加热、通风和电动调节功能，长时间驾驶也不会累。"李先生坐在驾驶座上，试着操作了下中控屏和座椅调节按钮，对驾驶舒适性很满意。

发动机舱方位。最后，小张打开发动机舱盖，提醒李先生注意安全后介绍道："李先生，发动机的型号是[发动机型号]，最大功率达到了[具体功率数值]，最大扭矩是[具体扭矩数值]，动力强劲，起步加速和高速超车都轻松。而且燃油经济性也不错，能帮您省不少油费。这里面还有水箱、电瓶等部件，它们协同工作保障车辆正常运行，比如水箱给发动机降温，电瓶提供电力。"李先生听后，对发动机性能也表示认可。

经过六方位环车介绍，李先生对这款车的各方面都非常满意，最终决定购买。

二、成功点分析

全面且有重点：小张在每个方位都准确介绍了关键信息，如车头的大灯、车侧的空间优势、车尾的后备厢空间、车后排的舒适性配置、驾驶座的操作便利性和发动机舱的动力性能等，全面展示了车辆特点，且根据李先生可能的家庭出行、自驾游等需求突出了重点。

结合客户需求：能根据李先生中年客户的身份以及可能的出行需求，在介绍过程中不断提及家人出行舒适、自驾游方便等内容,让李先生切实感受到这款车能满足他的需求。

引导客户体验:每个方位介绍时都注重引导李先生亲自体验,如让他坐进后排,在驾驶座上操作按钮等,通过亲身体验增强了李先生对车辆的好感和认同感。

案例二:六方位环车介绍失误导致客户流失

一、案例详情

销售顾问小王接待了一位年轻的上班族小赵,小赵对一款新能源轿车感兴趣。小王同样采用六方位环车介绍法,但介绍过程中存在不少问题。

车头方位。小王在车头处介绍道:"赵先生,这车头就这样,没什么特别的,就是普通的进气格栅和大灯,大灯是 LED 的,亮一些而已。"小赵听后,脸上露出些许失望的表情,原本对车头外观设计还有些期待。

车侧方位。走到车侧,小王说:"这车身侧面线条一般般,尺寸就是正常的新能源轿车尺寸,轴距也没啥特别的,反正就是能坐人。"小赵听后,皱了皱眉头,觉得小王介绍得太敷衍。

车尾方位。在车尾,小王介绍:"车尾也普通,尾灯亮起来还行,后备厢空间不大不小,够用吧。"小赵打开后备厢看了看,觉得小王说的和自己看到的不太一样,后备厢空间并没有想象中那么理想。

车后排方位。小王请小赵进入后排,说:"后排就这么大,座椅坐着还行,没什么特别功能,就那样吧。"小赵坐在后排,感觉很局促,而且对没有任何舒适性配置表示不满。

驾驶座方位。到驾驶座后,小王介绍:"驾驶座嘛,能开车就行,仪表盘和中控屏也没啥特别的,座椅也普通。"小赵坐在驾驶座上,操作了下中控屏,发现操作很不流畅,对小王的介绍更加失望。

发动机舱方位。小王最后打开发动机舱盖,说:"这里面就是发动机和一些部件,反正车能跑就行,具体我也不太清楚。"小赵听后,对小王的专业度产生了严重怀疑。

最终,小赵没有在这家店购车,而是去了另一家 4S 店。

二、失误点分析

介绍不详细且缺乏热情:小王在每个方位的介绍都非常敷衍,没有详细介绍车辆的设计亮点、性能特点、配置优势等关键信息,只是简单笼统地描述,且语气平淡,缺乏热情,让小赵对车辆的期待值不断降低。

未结合客户需求:没有考虑小赵作为年轻上班族可能对车辆的科技感、舒适性、操作便利性等方面有较高要求,介绍内容未能与小赵的需求相匹配。

专业知识不足:在发动机舱方位介绍时,对发动机及相关部件的情况不清楚,表现出严重的专业知识不足,影响了小赵对其专业度的信任。

通过这两个案例可以看出,销售顾问要想有效运用六方位环车介绍法,需要做到讲解全面详细、紧密结合客户需求、善于引导客户亲身体验以及必须具备扎实的专业知识等,否则可能导致客户对车辆了解不充分或对销售顾问的专业性产生怀疑，最终影响客户的购车决定。

任务实施

一、实施准备

1. 学生准备

（1）学生学习完知识导航部分，便可进行学习考评。

（2）由学生自由组合成研究性学习项目小组，4～6 人为一组。

2. 教师准备

（1）教师和各小组的组长担任考评人员。对协助教师进行考评的学生进行课前考评和监督方法的培训，确保考评结果准确和公平。

（2）做好考评记录准备。

二、实施内容

学生分组进行角色扮演，对所学知识进行实操训练。考评人员根据学生实操的内容，结合考评标准进行考评。

三、考评标准

六方位环车介绍测评表见表 4-2。

表 4-2 六方位环车介绍测评表

班级		姓名		小组		
任务名称	六方位环车介绍					
考核内容		配分	学生自评	小组互评	教师评价	考核得分
实训步骤	车头	20				
	驾驶座	20				
	车后排	20				
	车尾	20				
	车侧	10				
	发动机舱	10				
总分		100				

注：考核得分＝学生自评×20%＋小组互评×40%＋教师评价×40%。

 任务拓展

学生课后通过讨论和查阅相关资料完成学习通上的研讨任务“为客户介绍时要如何站位”。

 课后习题

一、选择题

1. 六方位环车介绍法中的六个方位不包括以下哪个？（　　）

A. 车顶方位　　B. 车头方位　　C. 车侧方位　　D. 车后排方位

2. 在车头方位介绍时，通常最先介绍的内容是（　　）。

A. 发动机性能　　B. 大灯功能

C. 车头的整体外观设计　　D. 车头的碰撞安全性能

3. 对于车侧方位，以下哪项不是重点介绍内容？（　　）

A. 车身侧面线条对风阻系数的影响

B. 车身尺寸及轴距与车内空间的关系

C. 车顶行李架的安装方法（若有）

D. 轮胎和轮毂的特点及功能

4. 当介绍车尾方位时，关于后备厢空间，以下说法正确的是（　　）。

A. 只需提及后备厢有空间即可，不用详细说明容积等情况

B. 重点介绍后备厢的外观设计，容积等不重要

C. 应详细说明后备厢的容积、开口设计及日常使用便利性等

D. 只介绍后备厢能放多少行李，不用提及开口设计

5. 在车后排方位介绍中，以下哪个配置不属于通常重点介绍的舒适性配置？（　　）

A. 后排座椅加热功能　　B. 后排空调出风口

C. 后排车门的开启方式　　D. 后排座椅靠背调节功能

二、填空题

1. 在车头方位介绍中，除了外观设计和大灯功能，还应介绍________（任填一个与车头相关的内容）。

2. 车侧方位介绍时，车身尺寸一般包括长、宽、高以及________。

3. 车尾方位介绍中，尾灯的一个重要作用是提高车辆在________的辨识度。

三、判断题

1. 六方位环车介绍法必须严格按照车头、车侧、车尾、车后排、驾驶座、发动机舱的顺序进行介绍，不能有任何变动。（　　）

2. 在车头方位介绍时，不需要介绍车头的进气格栅设计，只介绍大灯就行。（　　）

3. 车侧方位介绍中，车身侧面线条只起到美观作用，对车辆行驶性能没有影响。（　　）

4. 车尾方位介绍时，后备厢空间的大小不重要，只要提到有后备厢就行。（　　）
5. 车后排方位介绍中，后排座椅的舒适性配置是重点介绍内容之一。（　　）

四、简答题

1. 请简述六方位环车介绍法中每个方位的主要介绍内容（至少列举三项）。
2. 请结合实例说明在六方位环车介绍过程中如何结合客户需求进行介绍。

模块4综合测试题

一、选择题（每题2分，共20分）

1. 在汽车介绍中，以下哪个方面对于吸引年轻科技爱好者客户最为关键？（　　）

A. 传统机械钥匙启动系统　　B. 高级车载音响系统
C. 自动驾驶辅助系统　　D. 普通手动空调系统

2. 当介绍汽车的发动机性能时，以下哪项参数能直接体现车辆的动力强弱？（　　）

A. 发动机排量　　B. 发动机油耗
C. 发动机最大功率　　D. 发动机质量

3. 汽车介绍时，提到车辆的安全配置，以下哪种不属于常见的主动安全配置？（　　）

A. 车身稳定系统　　B. 安全气囊
C. 主动刹车系统　　D. 车道偏离预警系统

4. 对于一款主打家庭出行的汽车，在介绍内饰时，应着重强调以下哪个点？（　　）

A. 内饰的豪华材质
B. 内饰的运动风格设计
C. 车内空间的舒适性和实用性
D. 科技感十足的操控面板

5. 以下哪种介绍汽车的方式不利于客户理解车辆特点？（　　）

A. 使用专业术语结合通俗易懂的语言
B. 只使用专业术语，不做任何通俗解释
C. 通过与同级别车型对比介绍
D. 结合客户需求有针对性地介绍

6. 在介绍汽车的外观设计时，除了描述整体造型，还应重点提及（　　）。

A. 车漆的颜色种类
B. 车辆的生产批次
C. 外观设计对车辆性能的影响（如降低风阻系数等）
D. 车辆的销售价格区间

7. 汽车介绍过程中，以下哪个配置对于经常长途驾驶的客户尤为重要？（　　）

A. 座椅加热通风功能
B. 炫酷的车内氛围灯
C. 超大尺寸的中控显示屏
D. 车辆的自动泊车功能

8. 当介绍汽车的油耗情况时，以下哪种说法更准确？（　　）

A. 油耗很低，具体多少不用细说

B. 给出综合工况下的油耗数据，并说明影响油耗的因素（如驾驶习惯、路况等）

C. 只说油耗高或低，不提供具体数据

D. 强调油耗与车辆售价的关系

9. 在汽车介绍中，要突出车辆的独特卖点，以下哪种做法合适？（　　）

A. 夸大卖点，让客户觉得这款车无与伦比

B. 与同级别竞争车型进行客观对比，突出本品优势

C. 只说卖点，不解释其对客户的实际好处

D. 把所有卖点罗列出来，不做重点区分

10. 以下关于汽车介绍的说法，正确的是（　　）。

A. 只要把车辆的配置全部介绍一遍就行，不用考虑客户需求

B. 介绍时不用关注客户的反馈，按自己的节奏说就行

C. 要深入了解车辆特点，结合客户需求，采用多种方式有效介绍车辆

D. 汽车介绍只在客户第一次来店时进行，后续不用再介绍

二、填空题（每题3分，共15分）

1. 在介绍汽车的内饰时，除了座椅材质和舒适度，还应关注驾驶舱的________（填写与内饰相关的内容）。

2. 当介绍汽车的性能参数时，常见的反映车辆操控稳定性的参数是________（填写具体参数名称）。

3. 汽车介绍中，对于车辆的智能配置，如车联网功能，应重点介绍其________（填写与智能配置相关的内容）。

4. 为了让客户更直观地感受汽车的空间大小，在介绍时可以邀请客户________（填写具体动作）。

5. 在介绍汽车的动力系统时，除了发动机，还应提及________（填写与动力系统相关的内容）。

三、判断题（每题2分，共20分）

1. 在汽车介绍中，只需要介绍车辆的优点，缺点可以完全忽略不提。（　　）

2. 介绍汽车的外观设计时，只描述外观好看就行，不用提及设计对车辆性能的影响。（　　）

3. 对于汽车的油耗情况，不用给出具体数据，客户自己会去了解。（　　）

4. 当介绍汽车的安全配置时，主动安全配置和被动安全配置都要详细介绍。（　　）

5. 在汽车介绍过程中，使用专业术语能显得更专业，所以全程都应该使用专业术语。（　　）

6. 汽车介绍时，只要把车的配置、性能等介绍完就可以了，不用引导客户去体验车辆。（　　）

7. 为了突出车辆的卖点，与同级别车型对比时可以适当贬低其他车型。（　　）

8. 在介绍汽车的内饰时，不用考虑客户的需求，按固定模式介绍就行。（　　）

9. 当介绍汽车的动力系统时，发动机的最大功率和最大扭矩是两个重要参数，必须介绍。(　　)

10. 汽车介绍不仅仅是为了让客户了解车辆，也是为了建立客户对产品的信任，促进销售。(　　)

四、简答题(每题 15 分，共 45 分)

1. 在汽车营销中，如何根据不同类型客户(如年轻上班族、中年家庭用户、老年退休人员)的需求特点来介绍汽车？

2. 在汽车介绍过程中，如何有效运用辅助资料(如宣传册、配置单、视频资料等)来增强介绍效果？

3. 在介绍汽车时，遇到客户提出关于车辆某方面的疑问或异议，应该如何处理？

模块 5　汽车试乘试驾

模块引言

在汽车营销的广阔领域中，试乘试驾无疑是一座连接消费者与汽车产品的关键桥梁。它宛如一扇开启的大门，潜在客户得以亲身踏入汽车所营造的独特驾乘世界，真切感受其动力的澎湃、操控的灵动以及驾乘的舒适。通过试乘试驾模块，汽车不再仅仅是展台上那冰冷的金属躯壳，而是能与消费者深度互动、情感共鸣的出行伙伴。

模块简介

一、体验核心功能

通过试乘试驾，潜在客户可亲身感受汽车的各项关键性能，比如动力输出是否强劲平稳、操控是否灵活精准、刹车是否灵敏可靠等，还能体验车内空间的宽敞度、座椅的舒适度以及各类先进配置的实际使用效果。

二、建立情感连接

汽车试乘试驾能够打破消费者与汽车产品之间仅停留在外观观赏和参数了解的局限状态，通过真实的驾乘感受，使消费者与车辆建立情感连接，让汽车从一个单纯的商品变成可能陪伴自己出行的伙伴，增强消费者的购买意愿。

三、收集反馈信息

在试乘试驾过程中，销售顾问可以从客户那里直接收集到关于车辆真实感受的反馈，包括优点的认可以及待改进之处，这些反馈有助于车企进一步优化产品，也能让销售团队更好地了解客户需求来调整营销策略。

四、促进销售转化

汽车试乘试驾是推动潜在客户向实际购买者转变的有力手段。当消费者在试驾中获得满意体验后，会更有信心做出购买决策，很大程度上提高了销售的成功率。

通常，该模块会包括试驾前的车辆准备、客户邀约与信息确认、试驾路线规划，试驾中的销售顾问陪同讲解、协助客户操作车辆，试驾后的客户感受询问、意见收集以及进一步的销售跟进等一系列流程。

学习目标

一、知识目标

深入理解汽车试乘试驾在整个汽车营销流程中的重要地位与作用，明确其与销售转化的紧密联系。

全面掌握所营销汽车的详细性能参数，包括但不限于动力系统（发动机功率、扭矩等）、操控性能（转向系统、悬挂系统特点等）、安全配置（各类主动/被动安全装置）、舒适配置（座椅调节功能、车内隔音等）以及智能科技应用（车机系统、自动驾驶辅助等）。

熟悉不同类型客户（如家庭用户、商务用户、追求驾驶乐趣的年轻用户等）对试乘试驾的关注点和需求差异，以便针对性地提供服务。

了解试驾路线规划的原则与方法，知晓如何根据车辆特点、客户需求以及周边路况等因素设计合理的试驾路线。

二、技能目标

能够独立完成汽车试乘试驾前的各项准备工作，如对试驾车辆进行全面检查与清洁、准备好相关宣传资料、合理规划试驾路线并确保熟悉路线等。

熟练掌握在试乘试驾过程中与客户进行有效沟通的技巧，包括清晰准确地讲解车辆特性与优势、根据客户反应及时解答疑问、引导客户正确操作车辆以体验关键性能等。

具备根据客户在试驾中的行为表现、言语反馈等准确判断其购买意向的能力，并能据此灵活调整销售策略，采取合适的跟进措施。

可以熟练操作车辆，在客户试驾时给予正确的操作指导，确保试驾安全且能充分展示车辆性能，如指导客户进行加速、刹车、转弯等操作以体验操控性。

能够在试驾后及时、全面地收集客户的反馈意见，对客户提出的问题能迅速给出专业解答，并有效跟进销售，推动客户做出购买决策。

三、素质目标

培养高度的安全意识，在试乘试驾全过程中将客户与自身的安全放在首位，严格遵守交通规则，确保试驾活动安全无事故。

具备良好的服务意识，始终以客户为中心，关注客户体验，努力满足客户的需求。在客户试乘试驾的过程中，能够清晰、准确地介绍车辆性能等内容，给客户留下专业、可靠的印象。

拥有较强的应变能力，面对客户在试驾过程中出现的各种突发情况（如操作失误、路况变化等)，能迅速、冷静地做出反应并妥善处理。

养成耐心倾听客户意见和需求的习惯，尊重客户的感受和反馈，通过良好的沟通和互动建立起与客户的信任关系。

培养团队协作精神，在涉及车辆准备、客户邀约等需要与其他部门或同事配合的环节，能积极协调、高效合作，确保试乘试驾活动顺利开展。

任务1　汽车试乘试驾前准备工作

任务导入

有一家汽车4S店，来了一位意向很强的客户，销售顾问满心欢喜地邀请他试乘试驾，可没想到，在试驾过程中出现了好多状况。比如试驾车辆没提前检查好，半路上抛锚了；宣传资料也没准备，客户想深入了解一些配置的时候，销售顾问干着急；试驾路线规划得也不合理，导致客户没能充分体验到车辆的关键性能。结果，这位本来很有希望成交的客户，最后失望地走了。该怎么避免这种情况呢？没错，就是要把试乘试驾前的准备工作做扎实。现在就来好好学学这至关重要的试乘试驾前准备工作。

任务要求

一、知识与技能目标

(1) 深入理解汽车试乘试驾前准备工作在汽车营销环节中的关键地位与重要作用，明确其对提升客户体验和促进销售的直接影响。

(2) 全面掌握试乘试驾前需准备的各类物品清单，包括但不限于车辆相关资料(如车辆操作手册、配置单、保修政策说明等)、宣传资料(如产品宣传单页、宣传海报、视频资料等)、办公用品(如试驾协议、笔、纸、计算器等)以及为客户提供便利的其他物品(如饮用水、纸巾等)。

(3) 熟悉应对试驾车辆进行的各项详细检查内容，涵盖外观检查(如车漆状况、车身划痕、轮胎磨损等)、车辆性能检查(如动力系统、制动系统、转向系统、悬挂系统等的正常运行情况)、车内设备及配置检查(如座椅调节功能、空调系统、车载多媒体系统、安全气囊等能否正常工作)。

(4) 了解试驾路线规划的重要原则(如展示车辆特色性能、兼顾不同路况以体现车辆适应性、确保路线安全等)和常用方法(如根据车型特点、客户需求、周边路况等因素综合设计)。

(5) 能够独立、熟练且按照标准流程完成试驾车辆的全面检查工作，准确判断车辆是否具备试驾条件,对于检查中发现的问题能够及时处理或上报相关部门。

(6) 熟练准备各类所需物品,确保物品齐全、摆放有序且便于在试驾过程中快速取用,能够根据客户需求灵活提供相应资料和物品。

(7) 学会根据不同车型、客户需求和周边路况等因素,合理规划试驾路线,能够绘制清晰的试驾路线图,并准确向客户及其他相关人员介绍路线特点、预期体验效果以及行程安排。

(8) 能准确填写试驾协议中的相关内容,向客户清晰解释协议条款,确保客户充分理解并顺利签署协议,同时能够处理协议签署过程中可能出现的任何问题。

二、过程与方法目标

(1) 通过案例分析、小组讨论等活动,让学生深入了解试乘试驾前准备工作在实际销售场景中的具体应用,培养学生分析问题、解决问题的能力。

(2) 安排学生进行实际操作演练,如亲自对试驾车辆进行检查、准备物品、规划路线、填写协议等,让学生在实践中掌握试乘试驾前准备工作的各项技能,提高动手能力和实际操作水平。

(3) 引导学生在准备工作过程中进行自我反思和总结,如回顾自己的操作流程是否规范、物品准备是否齐全、路线规划是否合理等,通过不断反思和总结,提升工作质量和效率。

(4) 鼓励学生在完成准备工作后与其他同学或老师进行交流,分享自己的经验、心得以及遇到的问题和解决办法,通过交流互动,拓宽视野,学习他人长处。

三、情感态度与价值观目标

(1) 培养学生严谨细致的工作态度,让学生认识到试乘试驾前准备工作中的每一个细节都至关重要,任何疏忽都可能影响客户体验和销售结果,从而在工作中注重细节,追求完美。

(2) 强化学生的责任意识,使学生明白自己所做的准备工作直接关系到客户能否顺利进行试乘试驾以及后续的销售转化,进而以高度负责的态度对待每一项准备任务。

(3) 培养学生的服务意识,让学生意识到试乘试驾前的准备工作是为了给客户提供更好的服务,让客户在试乘试驾过程中有良好的体验,从而把服务客户作为自己工作的首要目标。

(4) 培养学生的团队协作精神,让学生明白试乘试驾前准备工作往往需要与销售团队、售后团队、后勤团队等多个部门协同合作才能完成,通过参与准备工作,促进学生与其他部门人员的沟通与合作,提高团队协作能力。

(5) 培养学生对汽车营销工作的热爱,通过了解试乘试驾前准备工作在汽车营销中的重要性,让学生感受到汽车营销工作的魅力和价值,从而激发学生从事汽车营销工作的热情。

知识导航

一、车辆准备

1. 车辆检查

1）外观检查

清洁车身，确保车辆外观无污渍、划痕。对车辆进行全面清洗，包括车身、轮毂、玻璃等部位，将车辆以最佳状态呈现给客户。

检查车漆是否完好，如有轻微划痕或瑕疵，应及时处理。确保车辆外观整洁、光亮，使客户对车辆有良好的第一印象。

2）内饰检查

清洁内饰，包括座椅、地毯、仪表盘等。使用专门的内饰清洁剂对座椅进行清洁和保养，去除污渍和异味。地毯要吸尘清洁，确保无杂物。仪表盘和中控台要用干净的抹布擦拭，保持整洁。

检查内饰部件是否完好，如座椅调节功能、音响系统、空调系统等。确保座椅调节顺畅、音响和空调系统正常工作，为客户提供舒适的驾乘环境。

3）机械检查

检查发动机舱，确保机油、冷却液、制动液等液位正常。检查发动机舱内的各个部件是否安装牢固、有无松动或渗漏现象。

检查轮胎气压和磨损情况，确保轮胎处于良好状态。检查轮胎花纹深度，如有磨损严重的轮胎，应及时更换。同时，调整轮胎气压至标准值，保证车辆行驶的稳定性和安全性。

检查制动系统，确保车辆制动性能良好。检查刹车片和刹车盘的磨损情况，如有必要，及时更换。测试制动踏板的行程和力度，确保制动灵敏可靠。

2. 车辆调试

1）座椅调整

根据客户的身高和体形，调整驾驶座和副驾驶座的位置，确保客户能够舒适地驾驶和乘坐。调整座椅的高度、前后位置、靠背角度等，使客户能够找到最适合自己的驾驶姿势。

2）后视镜调整

调整内后视镜和外后视镜的角度，确保客户能够清晰地看到后方和侧方的情况。内后视镜要调整到能够看到整个后挡风玻璃的位置，外后视镜要调整到能够看到车辆两个侧方。

3）音响和空调系统设置

根据客户的喜好，设置音响系统的音量和音效。调整空调系统的温度、风速和风向，为客户提供舒适的驾乘环境。可以提前询问客户对音乐和温度的喜好，以便在试驾前进行设置。

二、试驾路线规划

1. 路线选择

选择安全、畅通的道路。避免选择交通拥堵、路况复杂的道路，确保试驾过程中车辆能够平稳行驶。可以选择一些车流量较小、道路宽敞、路面平整的路段，如城市快速路、郊区公路等。

涵盖不同路况。试驾路线应包括直线行驶、弯道行驶、加速行驶、减速行驶等不同路况，让客户全面体验车辆的性能。可以选择一些有弯道的路段，让客户感受车辆的操控性；选择一些有坡度的路段，让客户体验车辆的动力性能。

考虑周边环境。选择周边环境优美、风景宜人的道路，让客户在试驾过程中收获愉悦的驾驶体验。可以选择一些有公园、湖泊等的路段，让客户在试驾的同时欣赏美景。

2. 路线熟悉

试驾专员要提前熟悉试驾路线，了解路线上的交通标志、信号灯、路况等情况。试驾专员要对试驾路线进行多次试驾，熟悉路线的长度、行驶时间、路况特点等，以便在试驾过程中为客户提供专业的讲解和指导。

制定应急预案。试驾专员应考虑到试驾过程中可能出现的突发情况，如车辆故障、交通事故等，并制定相应的应急预案。试驾专员要了解附近的维修站点、医院等位置，以便在紧急情况下能够进行及时处理。

三、人员准备

1. 试驾专员

1）专业培训

试驾专员要经过专业的培训，熟悉车辆的性能、操作方法和试驾流程。培训内容包括车辆的技术参数、驾驶技巧、安全注意事项等，确保试驾专员能够为客户提供专业的试驾服务。

2）形象良好

试驾专员要穿着整洁、得体的服装，佩戴工作牌，展现良好的形象和专业素养。试驾专员的形象和态度会直接影响客户对品牌的印象，因此要注重仪表和言行举止。

3）沟通能力

试驾专员要具备良好的沟通能力，能够与客户进行有效的沟通。在试驾前，试驾专员要向客户介绍试驾流程、注意事项和车辆的特点，解答客户的疑问。在试驾过程中，试驾专员要根据客户的需求和反馈，及时调整试驾内容和方式。

2. 销售顾问

1）陪同试驾

销售顾问要陪同客户进行试驾，了解客户的需求和感受。在试驾过程中，销售顾问要与客户进行交流，了解客户对车辆的评价和意见，为后续的销售工作提供参考。

2）产品知识

销售顾问要熟悉车辆的产品知识，能够为客户提供详细的产品介绍和解答客户的疑问。在试驾前，销售顾问可以向客户介绍车辆的亮点和优势，激发客户的兴趣。在试驾过程中，销售顾问可以根据客户的体验，进一步介绍车辆的性能和特点。

四、资料准备

1. 试驾协议

准备试驾协议，明确试驾双方的权利和义务。试驾协议应包括试驾时间、路线、车辆状况、保险责任等内容，确保试驾过程安全和合法。

在客户试驾前，让客户仔细阅读试驾协议，并签字确认。如有必要，可以向客户解释协议中的条款，确保客户理解协议内容。

2. 产品资料

准备车辆的产品资料，如车型手册、宣传单页等，供客户在试驾前后阅读。产品资料应详细介绍车辆的外观、内饰、性能、配置等方面的信息，让客户对车辆有更深入的了解。

在试驾过程中，销售顾问可以根据客户的需求，随时为客户提供产品资料，解答客户的疑问。

五、注意事项

1. 车辆状态方面

1）检查的细致性

在检查车辆外观时，除了留意明显的污渍和划痕，还要注意一些细节，如车标是否端正、镀铬条是否有氧化现象等。对于内饰，要检查座椅的缝线是否完好，车内的各种按键是否有松动或卡滞的情况，因为这些小细节也会影响客户的体验。

机械检查要严格按照车辆的使用手册标准进行。例如，检查机油液位时，要确保车辆处于水平位置，并且也要关注机油的质量（如是否有乳化现象等）。如果存在这些现象，则预示着发动机可能存在潜在问题。

2）调试的合理性

座椅调整要考虑到不同客户的体形差异。不仅要调整驾驶座，也需要调整副驾驶座，方便客户乘坐和观察车内设施。同时，调整后的座椅位置不能影响车内其他功能的正常使用，如座椅太靠后可能会挤压后排乘客的腿部空间。

音响和空调系统的设置不能仅仅依靠个人猜测。如果时间允许，可以在客户到来之前简单询问他们对音乐类型和温度的偏好，避免设置的音乐或温度让客户感到不适。

2. 试驾路线规划方面

1）安全优先原则

选择试驾路线时，要把安全放在首位。即使是车流量小的道路，也要考虑到可能出现的突发情况，如道路施工、突然闯入的行人或动物等。对于路况复杂的路段，如道路狭窄、有较多视线盲区的地方，要坚决避免。

在熟悉路线时，要特别注意一些事故多发点，如路口、弯道等，并且要了解这些地方的交通规则和常见的交通违法行为，以便在试驾过程中提醒客户。

2）体验多样性与实际性结合

试驾路线应能让客户充分体验车辆的性能，但也要结合实际使用场景。例如，虽然试驾路线应包含加速和减速路段，但不能选择一些不符合正常驾驶习惯的赛道式加速区域，而是要模拟城市道路中的加速超车和红灯亮前的减速停车情况。

对于周边环境的考虑，除了风景优美外，还要注意避免选择环境嘈杂或有不良气味的区域，如工厂附近或垃圾处理场周边，这些可能会干扰客户对车辆的体验。

3. 人员准备方面

1）试驾专员素质要求

试驾专员的专业培训不能仅涉及理论知识的学习，还要包括实际驾驶技能的提升。例如，要能够熟练演示车辆的各种驾驶模式，如运动模式下的加速性能和节能模式下的燃油经济性等。

在形象方面，试驾专员的服装要符合品牌形象，不能过于随意或邋遢。同时，言行举止要得体，避免使用一些不专业的口头禅或做出危险的驾驶动作，如单手打方向盘、频繁变道、不打转向灯等。

2）销售顾问配合度

销售顾问和试驾专员之间要密切配合。在试驾前，销售顾问要将客户的基本需求和关注点告知试驾专员，以便试驾专员在试驾过程中有针对性地展示车辆的特点。

销售顾问在陪同试驾过程中，要注意自己的角色，不能过于主导试驾过程，要让客户有足够的时间去体验和感受车辆性能，自己主要起到解答疑问和引导交流的作用。

4. 资料准备方面

1）试驾协议严谨性

试驾协议的内容要严谨、完整。对于试驾过程中的风险责任划分要明确，不能有模糊不清的条款。例如，对于车辆损坏的赔偿责任，要详细说明在不同情况下客户和经销商各自应承担的责任。

在让客户签署试驾协议时，要确保客户是在充分理解协议内容的基础上签字。如果客户对协议条款有疑问，要耐心解释，不能催促客户签字。

2）产品资料实用性

产品资料要突出重点并具有实用性。不能只是简单地罗列车辆的各种参数，而是要结合客户在试驾过程中可能关注的点，如车辆的某项安全配置在实际驾驶中的作用、车内空间的灵活运用等内容进行介绍。

资料的更新要及时，确保客户看到的是最新的产品信息，包括车辆的配置变化、价格调整等情况。

案例分析

案例一：准备不充分导致试驾体验不佳

一、案例情况

某汽车4S店销售顾问小张邀请了一位意向客户李先生来店试乘试驾一款新上市的SUV。在李先生到来之前，小张只是简单地对试驾车辆外观进行了擦拭，未做其他详细检查。也没有准备好完整的宣传资料，仅拿了一份产品宣传单页。试驾路线是临时随意规划的，没有考虑到要展示车辆的特色性能。

当李先生开始试驾时，发现车辆座椅调节不太灵活，影响了舒适度。途中，李先生想深入了解车辆的一些智能配置，但小张无法提供详细资料进行讲解。而且由于试驾路线规划不合理，李先生没能充分体验到车辆良好的操控性能和通过性，原本很感兴趣的李先生在试驾后兴致大减。

二、分析

车辆检查方面：小张仅做了外观擦拭，忽视了对车内设备（如座椅等关键部位）的检查，导致客户在试驾过程中遇到不便，影响了体验感。车辆检查应是全面的，包括动力系统、制动系统、转向系统、车内各种设备等，任何一个小问题都可能影响客户的试驾感受。

宣传资料准备：小张只拿了一份宣传单页，远远不够，应将车辆手册、配置单、详细介绍智能配置等的资料准备齐全，以便客户在试驾过程中有疑问时能及时得到准确解答，加深对车辆的了解。

试驾路线规划：随意规划的路线无法有效展示车辆特色性能，比如这款SUV的操控性和通过性。合理的路线应根据车型特点并兼顾不同路况来设计，让客户能充分体验到车辆的优势。

案例二：充分准备促成销售转化

一、案例情况

同样是一家4S店，销售顾问小王接待了一位对某款轿车有购买意向的刘女士。在刘女士来试乘试驾之前，小王做了充分的准备工作。

他首先对试驾车辆进行了全面检查，包括将外观清洁得一尘不染且仔细检查了有无划痕，对车辆动力、制动、转向等系统进行了测试，确保一切正常，还特地检查了车内的空调、多媒体等设备，保证都能正常使用。

接着，小王准备了丰富的宣传资料，有车辆手册、配置单、关于车辆舒适性和安全性的专题介绍资料等。此外，小王还根据这款轿车的特点，如舒适性和静谧性，精心规划了一条试驾路线，包含城市道路的平稳路段和相对安静的郊区路段，以充分展示车辆在不同环境下的优势。

刘女士在试驾过程中，因为车辆状态良好，小王又能借助宣传资料详细讲解车辆的各项性能，再加上试驾路线让她充分体验到了车辆的舒适性和静谧性，她对这款车的好感度大增。试驾后，小王及时收集了刘女士的反馈意见，进一步跟进销售，最终刘女士决定购买这款车。

二、分析

车辆检查方面：小王的全面检查确保了车辆在试驾过程中不会出现任何问题，给客户提供了一个完美的试驾环境。从外观到内部，对每一个环节的检查都是为了让客户能感受到车辆的可靠和高品质。

宣传资料准备：丰富且针对性强的宣传资料让客户在试驾过程中有更深入的了解且需求能及时得到满足，有助于客户更好地认识车辆的价值，提升购买意愿。

试驾路线规划：精心规划的路线与车辆特点紧密结合，有效展示了车辆的优势，让客户在实际驾驶中切实感受到车辆的舒适性和静谧性等特点，这对促进客户做出购买决定起到了重要作用。

案例三：忽视协议签署环节引发纠纷

一、案例情况

某汽车销售公司销售顾问小赵邀请一位客户陈先生来试乘试驾一款跑车。小赵在车辆检查和宣传资料准备方面做了一些工作，但在试驾协议签署环节上处理不当。

小赵只是简单地把试驾协议递给陈先生，让他签字，没有详细解释协议中的条款，尤其是关于试驾过程中如果车辆出现损坏责任划分的条款。陈先生也没仔细看就签了字。

在试驾过程中，陈先生因操作失误，不小心剐蹭了车辆。事后，当销售公司要求陈先生按照协议承担部分维修费用时，陈先生认为自己当时并不清楚协议条款，拒绝承担，从而引发了纠纷。

二、分析

试驾协议签署：小赵忽视了向客户详细解释试驾协议条款的重要性，这是试驾前准备工作中非常重要的一环。客户有权知道自己在试驾过程中的权利和义务，尤其是涉及可能出现的风险和责任划分。销售顾问应清晰、详细地向客户解释协议条款，确保客户充分理解后再签署协议，以避免后续可能出现的纠纷。

这些案例充分说明汽车营销中试乘试驾前准备工作的每一个环节都至关重要，只有做好充分准备，才能为客户提供良好的试驾体验，进而促进销售转化。

任务实施

一、实施准备

1. 学生准备

(1) 学生学习完知识导航部分,便可进行学习考评。

(2) 由学生自由组合成研究性学习项目小组,4～6 人为一组。

2. 教师准备

(1) 教师和各小组的组长担任考评人员。对协助教师进行考评的学生进行课前考评和监督方法的培训,确保考评结果准确和公平。

(2) 做好考评记录准备。

二、实施内容

学生按组选出代表,对所学知识进行复述。考评人员根据学生复述的内容,结合考评标准进行考评。

三、考评标准

汽车试乘试驾前准备复述测评表见表 5-1。

表 5-1　汽车试乘试驾前准备复述测评表

班级		姓名			小组		
任务名称	汽车试乘试驾前准备工作						
考核内容	测评标准	配分	考核分值	学生自评	小组互评	教师评价	考核得分
知识掌握	说出汽车试乘试驾前准备的步骤	50	10				
	说出汽车试乘试驾前准备的具体实施方法		40				
职业素养	表达清楚	50	20				
	普通话标准		20				
	形象得体		10				
总分		100	100				

注:考核得分=学生自评×20%+小组互评×40%+教师评价×40%。

任务拓展

学生在课后通过讨论和查阅相关资料完成学习通上的研讨任务“如何带客户试车”。

课后习题

一、选择题

1. 汽车试乘试驾前，对试驾车辆进行检查时，以下哪项不属于车辆性能检查的范畴？（　　）

A. 发动机动力输出情况

B. 车漆是否有划痕

C. 制动系统的制动效果

D. 转向系统的灵活性

2. 在准备试乘试驾宣传资料时，下列哪种资料对于客户了解车辆智能配置最有帮助？（　　）

A. 车辆宣传单页

B. 车辆操作手册

C. 关于车辆智能配置的专题介绍资料

D. 车辆保修政策说明

3. 规划试驾路线时，以下哪个原则是最重要的？（　　）

A. 路线最短化，节省试驾时间

B. 展示车辆特色性能

C. 选择车流量最大的路段，体现车辆适应复杂路况的能力

D. 只选择路况极好的路段，确保试驾安全

二、填空题

1. 试乘试驾前准备的办公用品除了笔和纸，还应包括________(写出一种常见的即可)。

2. 对试驾车辆外观进行检查时，除了检查车漆是否有划痕，还应关注________(写出一种与外观相关的即可)。

3. 在向客户解释试驾协议条款时，重点应放在________(如责任划分等方面，写出一种即可)。

三、简答题

1. 请简述汽车试乘试驾前对试驾车辆进行全面检查的重要性，并至少列举三项应检查的具体内容。

2. 试列举三种试乘试驾前应准备的宣传资料，并说明每种资料对客户体验的作用。

3. 请阐述合理规划试驾路线的原则和方法，并举例说明如何根据一款SUV车型的特点规划试驾路线。

任务2　汽车试乘试驾

任务导入

有一位潜在客户走进了汽车4S店，他对某款汽车表现出了浓厚的兴趣，左看看右摸摸，还不停地向销售顾问询问各种问题。这时候，销售顾问觉得时机已经成熟，就热情地邀请这位客户进行试乘试驾。从销售顾问发出邀请的那一刻起，到客户真正坐上车子开始试驾，怎么确保客户在试驾过程中有一个完美的体验，从而更有可能把车买走？一起走进汽车营销里非常重要的一个环节——汽车试乘试驾，好好地去探究探究其中的门道。

任务要求

一、知识与技能目标

(1) 深刻理解汽车试乘试驾在整个汽车营销流程中的关键地位与重要作用，明确其对促进客户购买决策、提升销售业绩的直接影响机制。

(2) 全面掌握汽车试乘试驾前、中、后各阶段涉及的具体工作内容及流程细节。包括试驾前车辆准备工作(如车辆检查要点涵盖外观、动力系统、制动系统、转向系统、车内设备等;资料准备包含车辆手册、配置单、宣传资料等;试驾路线规划原则及方法等)，试驾过程中销售顾问的职责(如陪同讲解车辆性能特点、协助客户操作车辆以体验各项性能等)，试驾后跟进工作(如收集客户反馈意见、进一步销售跟进等)。

(3) 熟知不同类型汽车(如轿车、SUV、MPV等)的典型性能特点(如动力性能、操控性能、舒适性能、安全性能等方面的特色及参数)，以便准确地向客户介绍展示。

(4) 了解各类客户群体(如家庭用户、商务用户、年轻消费者等)对试乘试驾的特定需求和关注焦点(如家庭用户注重空间与舒适性、商务用户看重品牌与配置等)，从而提供针对性服务。

(5) 能够独立且按照标准流程熟练完成试乘试驾前的各项准备工作。准确对试驾车辆进行全面检查，判断车辆是否具备试驾条件，针对检查出的问题能及时处理或上报;熟练准备各类所需资料，确保资料齐全、摆放有序且便于取用;合理规划试驾路线，根据车型特点、客户需求及周边路况等因素设计出能充分展示车辆性能的路线，并能清晰向他人介绍该路线。

(6) 掌握在试乘试驾过程中与客户进行高效、有效沟通的技巧。能清晰、简洁且专业地讲解车辆的性能特点，且能根据客户的操作和反应即时解答疑问、引导客户正确操作车辆以充分体验各项性能，营造轻松、友好且专业的沟通氛围。

(7) 具备精准判断客户购买意向的能力,依据客户在试驾过程中的行为表现(如操作方式、提问内容、情绪反应等)及反馈意见,准确评估其购买可能性,并能据此灵活调整销售策略,采取恰当的跟进措施以推动销售转化。

(8) 熟练操作各类常见汽车,在客户试驾时给予正确且安全的操作指导,确保客户能顺利体验车辆的各项性能,如准确指导客户进行加速、刹车、转弯等操作以体验操控性、安全性等。

(9) 能够在试驾后及时、全面地收集客户的反馈意见,对客户提出的问题迅速给出专业解答,并有效跟进销售,通过持续沟通巩固客户关系,提高销售成功率。

二、过程与方法目标

(1) 通过案例分析、小组讨论、角色扮演等多种教学方法,引导学生深入了解试乘试驾各环节在实际销售场景中的具体应用及可能出现的问题,培养学生分析问题、解决问题的能力。

(2) 安排学生进行实际操作演练,如亲自完成试驾车辆的准备工作、模拟与客户的试乘试驾互动过程、进行试驾后跟进等,让学生在实践中掌握试乘试驾的各项技能,提高动手能力和实际操作水平。

(3) 鼓励学生在试乘试驾相关活动过程中进行自我反思和总结,例如回顾自己在车辆准备、与客户沟通、销售跟进等环节的表现,总结经验教训,不断完善自己的工作方法和流程,提升工作质量和效率。

(4) 组织学生开展项目式学习,以模拟汽车营销团队完成试乘试驾任务为项目目标,让学生在团队协作完成项目的过程中,学会与他人合作、协调资源、分配任务等,培养团队协作精神和项目管理能力。

三、情感态度与价值观目标

(1) 培养学生严谨细致的工作态度,让学生充分认识到试乘试驾每一个环节的细节都至关重要,任何疏忽都可能影响客户体验和销售结果,从而在工作中注重细节、追求完美。

(2) 强化学生的责任意识,使学生明白自己在试乘试驾环节所做的工作直接关系到客户的购买决策以及公司的销售业绩,进而以高度负责的态度投入工作中,认真对待每一项任务。

(3) 培养学生的服务意识,引导学生始终将客户的需求和体验放在首位,努力为客户提供优质、满意的试驾体验,通过良好的服务促进销售转化。

(4) 增强学生的团队协作精神,让学生明白试乘试驾工作涉及多个部门或人员的协作,如车辆准备需要与售后部门合作,客户邀约可能涉及市场部门等。通过参与试乘试驾相关活动,促进学生与其他部门人员的沟通与合作,提高团队协作能力。

(5) 激发学生对汽车营销工作的热爱,通过深入学习试乘试驾环节,让学生感受到汽车营销工作的魅力和价值,从而更加积极主动地投入汽车营销领域的学习和工作中。

知识导航

一、开场介绍

（1）欢迎客户参加试乘试驾活动，简要介绍活动流程和目的。

（2）介绍教练团队和工作人员，强调他们的专业资质和服务态度，让客户放心参与。

（3）了解客户的驾驶经验和对本次试乘试驾的期望，以便后续有针对性地进行教学和指导。

二、车辆知识讲解

1. 整体介绍

介绍品牌历史和文化，突出品牌的优势和特点，提升学员对品牌的认同感。

介绍车型定位和目标客户群体，让学员了解该车型是否符合自己的需求和喜好。

展示车辆外观，讲解设计理念和独特之处，如线条流畅、造型时尚等，吸引学员的注意力。

2. 性能参数

动力系统：详细介绍发动机的类型（如汽油发动机、柴油发动机、电动机等）、排量、功率、扭矩等参数，以及与之匹配的变速器类型（手动变速器、自动变速器、无级变速器等），讲解这些参数对车辆动力性能的影响，如加速能力、爬坡能力等。

底盘悬挂：介绍底盘的结构和悬挂类型（独立悬挂、非独立悬挂等），讲解它们对车辆操控性和舒适性的作用，如过弯稳定性、减震效果等。

制动系统：说明制动方式（盘式制动、鼓式制动等）和制动性能参数，强调制动系统的重要性和安全性。

安全配置：列举车辆配备的主动安全配置（如 ABS、ESP（车身电子稳定系统）、EBD 等）和被动安全配置（如安全气囊、安全带等），讲解这些配置在行车过程中的作用和保障。

3. 车内配置

驾驶舱布局：引导学员进入车内，熟悉驾驶舱的各个部件布局，如仪表盘、方向盘、中控台、座椅等，讲解它们的操作方法和功能。

舒适性配置：介绍座椅的调节方式（电动、手动）、材质（真皮、织物等）、加热通风功能，以及车内空调、音响等舒适性配置的使用方法和效果。

科技配置：展示车辆的多媒体系统、导航系统、智能互联功能（如蓝牙连接、手机映射等），讲解其操作步骤和便利性。

三、试乘体验

（1）安排客户坐在副驾驶座，系好安全带，调整座椅至舒适位置。

（2）销售顾问驾驶车辆，按照规划好的试乘路线行驶，在行驶过程中，结合实际路况，向客户演示和讲解车辆的以下性能特点。

起步加速:平稳起步后,逐渐加速,让客户感受车辆的加速性能和动力输出的平顺性,同时讲解如何根据路况合理选择加速时机。

行驶稳定性:在高速公路或城市快速路上,保持一定车速行驶,让客户感受车辆的行驶稳定性,如车身是否抖动、方向盘是否稳定等,讲解底盘悬挂和轮胎对行驶稳定性的影响。

制动性能:在适当的路段进行制动操作,让客户感受车辆制动的灵敏性和制动效果,讲解制动系统的工作原理和正确的制动方法。

舒适性:通过颠簸路面或减速带时,让客户感受车辆的减震效果和舒适性,讲解悬挂系统对舒适性的调节作用。

噪声控制:在不同车速下,让客户注意车内的噪声水平,讲解车辆在隔音方面所采取的措施和效果。

科技配置体验:在行驶过程中,适时使用车辆的科技配置,如多媒体系统、导航系统等,让客户体验其便利性和实用性,讲解操作方法和注意事项。

四、试驾指导

(1) 试乘结束后,将车辆停靠在安全地点,与客户交换位置,客户调整座椅、后视镜,系好安全带,做好试驾准备。

(2) 销售顾问在副驾驶位置,再次向客户强调试驾过程中的安全注意事项,如遵守交通规则、注意观察路况、保持适当车速等。

(3) 指导客户启动车辆,逐步熟悉车辆的操作,如油门、刹车、离合器(手动挡车型)、换挡杆(自动挡车型)等的操作力度和感觉。

(4) 带领客户进行试驾,在试驾过程中,根据客户的驾驶情况,适时给予以下指导。

驾驶技巧:指导客户掌握正确换挡、合理控制车速、保持车距等基本驾驶技巧,提高驾驶安全性和舒适性。

性能体验:引导客户在不同路况下体验车辆的性能,如加速、刹车、过弯等,让客户感受车辆的操控性和动力性能,同时讲解如何根据车辆的性能特点进行驾驶操作。

功能使用:提醒客户在试驾过程中尝试使用车辆的各种功能,如转向灯、刮水器、大灯等,确保客户熟悉车辆的操作界面和功能按钮。

问题解答:鼓励客户在试驾过程中提出疑问,及时给予解答和反馈,帮助客户更好地了解车辆。

五、话术示范

1. 试驾前话术

1) 邀请试驾

“先生/女士,我看您对我们这款[车型名称]挺感兴趣的,其实,光听我介绍可能还不够直观,只有亲自开一开、坐一坐,才能真正感受到它的魅力呢。您看现在方便给您安排个试乘试驾吗?”

2）介绍试驾流程

“在试驾之前，我先给您简单介绍下流程。首先，我们会对试驾车辆做一个全面的检查，确保您的试驾安全又顺畅。然后，我会陪着您一起，先带您试乘一圈，在这个过程中，我会给您详细讲解车辆的各项性能和特色功能。之后您就可以亲自驾驶啦，您可以按照您的习惯和想法去体验车辆的操控性、动力性等。试驾结束后，我也很想听听您的真实感受和意见。”

3）强调安全事项

“安全是最重要的，在试驾过程中，请您一定要遵守交通规则。另外，我们这辆车有一些安全配置，比如[列举主要安全配置，如防抱死制动系统、电子稳定控制系统等]，它们会在关键时刻保障您的安全。还有，要是您在驾驶过程中有任何疑问或者不舒服的地方，可以随时跟我说。”

4）确认试驾路线

“我们为您精心规划了一条试驾路线，这条路线能让您充分体验到我们这款车的不同性能特点。它涵盖了[简单描述路线特点，如城市道路、弯道、直道等]，您看这样的路线安排可以吗？”

5）准备相关资料和物品

“我这边已经为您准备好了试驾协议、车辆的宣传资料以及一些必备的办公用品，一会儿试驾的时候您要是有什么疑问，都可以随时查看资料或者问我。”

2. 试驾中话术（试乘阶段）

1）车辆启动时

“先生/女士，现在我先启动车辆啦，您可以先感受一下车辆启动时的平稳性，我们这款车的发动机启动非常迅速，而且噪声控制得很好，几乎听不到什么杂音。”

2）行驶过程中讲解车辆性能

“您看，现在我们行驶在这条路上，我先给您讲讲这款车的动力系统。它搭载的是[发动机型号]发动机，最大功率能达到[具体功率数值]千瓦，扭矩为[具体扭矩数值]牛·米，所以在加速的时候，动力输出非常强劲而且成线性，您等会儿亲自驾驶的时候就能深切感受到啦。”

“再看看我们这款车的操控性，它采用的是[转向系统类型]转向系统，转向精准度非常高，而且悬挂系统经过了精心调校，在过弯道的时候，车辆能保持很好的稳定性，不会有那种甩尾或者失控的感觉。”

“还有，车内的舒适性也是一大亮点。座椅是采用[座椅材质]材质制作的，设计符合人体工程学，坐起来非常舒服，而且车内的噪声控制也做得很好，即使在高速行驶时，您也能享受到安静的驾乘环境。”

3）展示特色功能

“这里要给您展示一个很有意思的特色功能，就是我们这款车的[特色功能名称，如自动泊车功能]。您看，来到停车场后，只要按下这个按钮，车辆就会自动寻找合适的停车位并自动泊入，是不是很方便？”

3. 试驾中话术(试驾阶段)

1）客户开始驾驶时

“先生/女士，现在轮到您亲自驾驶啦，您先别紧张，慢慢熟悉一下车辆的操作。这是方向盘，它的转向手感很不错，这是刹车踏板，踩下去的感觉很线性，这是油门踏板，您轻踩一下就能感受到动力的输出啦。”

2）引导体验动力和操控

“您可以试着踩一下油门，感受一下发动机的动力输出，看它是不是如我刚才所说的那样强劲且线性。在过弯道的时候，您可以适当控制一下车速，体验一下车辆的操控性，看看它是不是能很稳地通过弯道。”

3）解答客户疑问

“您在驾驶过程中有任何疑问，都可以随时问我。”

4. 试驾后话术

1）询问感受

“先生/女士，试驾结束啦，您这一圈下来感觉怎么样？您可以把您的真实感受和意见都告诉我，无论是好的方面还是需要改进的方面，我都很想听听。”

2）总结车辆优势

“其实从您刚才的驾驶体验来看，我觉得您已经很好地体验到了我们这款车的一些优势，比如它强劲的动力、出色的操控性以及舒适的驾乘环境等。这些优势也正是很多客户选择我们这款车的原因。”

3）处理异议

“如果您在试驾过程中遇到了什么问题或者有什么异议，也可以跟我说说，我会尽力为您解答和处理的。”

4）跟进销售

“您看，通过这次试驾，您对我们这款车应该有了更深入的了解。如果您还有其他的疑问或者考虑购买的话，我可以为您提供更多的信息和帮助，您现在有什么想法呢？”

六、客户异议类型及处理方法

1. 车辆性能异议

1）异议类型

动力不足：客户觉得车辆在加速、爬坡等情况下动力输出不够强劲，例如“这车上坡感觉有点吃力，动力是不是不太够？”

操控不灵活：认为车辆在转弯、变道时不够灵敏，比如“这车子转弯的时候有点生硬，操控不太灵活”。

刹车偏软：感觉刹车的制动效果不理想，像“这刹车踩下去软绵绵的，能刹得住吗？”

2）处理方法

动力方面：提供车辆动力系统的详细参数，如发动机功率、扭矩等数据，结合实际驾驶场景解释其动力表现。比如：“您看，这款车的发动机功率达到了[×]千瓦，扭矩是[×]

牛·米，在正常的上坡路况下是完全没问题的。可能您刚才还没适应它的油门踏板力度，您可以再试试，轻踩油门慢慢感受一下它的动力输出是很线性的。”也可再次安排试驾，重点体验动力部分。

操控方面：介绍车辆操控系统的设计特点，如转向系统的精准度、悬挂系统的调校等。例如：“我们这款车采用的是[具体转向系统名称]转向系统，它的转向精准度非常高，而且悬挂系统经过了精心调校，在转弯时能保证车辆的灵活性。您刚才可能是因为对路况不太熟悉，没敢放开去体验，您可以再开一圈，在转弯的时候稍微加快点速度试试，就能感受到它的操控灵敏性啦。”

刹车方面：讲解刹车系统的工作原理、技术优势以及安全保障措施。比如：“我们这款车的刹车系统是经过严格测试的，采用了[具体刹车技术名称]技术，它的制动效果是非常可靠的。您刚才觉得刹车偏软，可能是因为新车的刹车还需要磨合一下，您多踩几次就会发现它的制动效果会越来越好。”

2. 车辆舒适度异议

1）异议类型

座椅不舒适：抱怨座椅太硬、太软、角度不合适等，例如“这座椅坐起来不舒服，太硬了，坐久了肯定累”。

车内噪声大：觉得车内噪声影响驾乘体验，像“这车内噪声怎么这么大？开起来太吵了”。

空间局促：认为车内空间尤其是后排空间不够宽敞，比如“后排空间太小了，腿都伸不开”。

2）处理方法

座椅方面：介绍座椅的设计理念、材质特点以及可调节功能。例如：“我们这款车的座椅设计符合人体工程学，材质是[具体座椅材质名称]，这种材质既有一定的支撑性又能保证舒适度。而且座椅是可以多方位调节的，您可以根据自己的需求调整座椅的角度、高度等，来找到最舒适的坐姿。您可以再坐上去试试，调整一下看看能不能改善您的感受。”

车内噪声方面：说明车内噪声控制的措施和技术，如隔音材料的使用、发动机降噪技术等。比如：“我们这款车采用了大量的隔音材料，并且发动机也有降噪技术，能有效降低车内噪声。您刚才可能是因为在某些路段，比如石子路或者车速比较高的时候，感觉噪声大了些。您可以再试驾一圈，在不同路段和车速下感受一下它的噪声控制效果。”

空间方面：通过实际演示展示车内空间的可调节性以及合理利用情况。比如：“您看，虽然后排空间看起来不是特别宽敞，但座椅是可以前后调节的，您可以把前排座椅往前调一点，这样后排的腿部空间就会变大啦。而且我们这款车在设计时也充分考虑了空间的利用，您可以再坐到后排体验一下。”

3. 车辆外观异议

1）异议类型

不喜欢颜色：对车辆现有的颜色不满意，例如“这颜色太普通了，我不喜欢”。

车身造型不好看：认为车身造型不符合自己的审美，像“这车身造型怎么这么奇怪，一点都不好看”。

2）处理方法

颜色方面：介绍可选颜色范围，若有特殊颜色或定制颜色服务，则详细说明定制流程和时间。比如：“我们这款车其实还有其他几种颜色可供选择，像[列举其他颜色名称]，如果您喜欢的话，可以预订，大概[×]天能到货。”展示不同颜色车辆的图片或视频，让客户直观感受其他颜色的效果。

车身造型方面：从设计理念、空气动力学等角度讲解车身造型的优势。例如：“我们这款车的车身造型是基于先进的空气动力学设计的，这样的造型不仅美观，还能有效降低风阻系数，提高燃油经济性。您从不同角度观察一下，会发现它其实很有特色。”

4. 车辆价格异议

1）异议类型

觉得价格高：客户认为车辆价格超出了自己的预算，例如“这车子太贵了，我没打算花这么多钱买车”。

质疑性价比：觉得价格与车辆配置、性能不匹配，像“这配置也就那样，价格却这么高，性价比不高啊”。

2）处理方法

觉得价格高方面：分解价格构成，按使用年限、每月还款（若有贷款方案）等方式让客户感觉花费没那么高。比如：“您看，这辆车您开个[×]年，平均到每月也就没多少钱啦。而且我们还有一些优惠活动，比如[列举优惠活动内容]，这样算下来就更划算了。”或者通过对比同级别竞品，突出自身优势来证明价格合理。比如：“和同级别其他车相比，我们这款车虽然价格略高，但我们有[列举优势项目，如更高的安全配置、更好的售后服务等]，这些都是值得您多花点钱的。”

质疑性价比方面：详细介绍车辆的独特卖点、先进技术、高品质材料等，让客户明白贵有贵的道理。例如：“我们这款车采用了[列举先进技术名称]技术，这种技术在同级别车中是很少见的，而且我们的材料都是高品质的，能保证车辆的使用寿命和性能。所以虽然价格看起来高了些，但其实性价比是很高的。”

5. 试驾体验异议

1）异议类型

试驾路线不满意：觉得试驾路线不能充分展示车辆的性能特点，例如“这试驾路线设计得不好，我都没怎么体验到车子的操控性”。

试驾时间太短：认为试驾时间太短，不足以让自己充分体验车辆性能，像“这试驾时间太短了，我还想多体验一下呢”。

2）处理方法

试驾路线方面：重新介绍试驾路线的设计初衷和预期能展示的车辆性能特点。比如：“我们这条试驾路线是根据这款车的特点精心设计的，它涵盖了[列举路线包含的路况类型，如城市道路、弯道、直道等]，目的是让您在不同路况下体验车子的操控性、动力性等性能特点的。可能刚才您没太注意到某些路况，我可以陪您再走一遍，重点给您讲解一下在不同路况下车子的表现。”或者根据客户需求，临时调整试驾路线。

试驾时间方面：视情况适当延长试驾时间，同时解释通常试驾时间有限的原因以及此次延长试驾时间的特殊情况。比如：“通常我们的试驾时间是有限制的，主要是为了保证每位客户都能有机会试驾。但既然您还想多体验一下，我可以给您延长一点时间，您可以再好好体验一下车子的各项性能。”

任务实施

一、实施准备

1. 学生准备

(1) 学生学习完知识导航部分，便可进行学习考评。

(2) 由学生自由组合成研究性学习项目小组，4～6 人为一组。

2. 教师准备

(1) 教师和各小组的组长担任考评人员。对协助教师进行考评的学生进行课前考评和监督方法的培训，确保考评结果准确和公平。

(2) 做好考评记录准备。

二、实施内容

学生分组进行角色扮演，对所学知识进行实操训练。考评人员根据学生实操的内容，结合考评标准进行考评。

三、考评标准

汽车试乘试驾测试表见表 5-2。

表 5-2　汽车试乘试驾测评表

班级		姓名		小组		
任务名称	汽车试乘试驾					
考核内容		配分	学生自评	小组互评	教师评价	考核得分
实训步骤	车辆知识讲解	30				
	试乘体验	35				
	试驾指导	35				
总分		100				

注：考核得分＝学生自评×20%＋小组互评×40%＋教师评价×40%。

任务拓展

学生课后通过讨论和查阅相关资料完成学习通上的研讨任务“带客户试乘试驾时需要注意哪些问题”。

课后习题

一、选择题

1. 在汽车试乘试驾过程中，客户提出车辆刹车偏软的异议，以下哪种处理方法较为合适？（　　）

A. 告诉客户这是正常现象，不用在意

B. 向客户详细讲解刹车系统的工作原理、技术优势以及安全保障措施，并建议客户多踩几次感受磨合效果

C. 直接安排客户换一辆车试驾

D. 忽视客户的异议，转移话题继续介绍车辆其他性能

2. 客户在试驾后表示试驾路线不能充分展示车辆的操控性，销售顾问应该（　　）。

A. 坚持原路线没问题，向客户强调已展示的其他性能特点

B. 不理会客户的意见，直接询问客户是否有购买意向

C. 重新介绍试驾路线的设计初衷和预期能展示的车辆性能特点，并可考虑陪客户再走一遍并重点讲解

D. 告诉客户下次再来试驾时会换条路线，此次就先这样

3. 客户觉得试乘试驾的时间太短，无法充分体验车辆性能，销售顾问可采取的措施是（　　）。

A. 向客户解释试驾时间有限是规定，不能延长

B. 不理会客户的要求，继续进行后续销售环节

C. 视情况适当延长试驾时间，同时解释通常试驾时间有限的原因以及此次延长的特殊情况

D. 告诉客户已经体验得差不多了，不用再延长时间

二、填空题

1. 当客户在试驾中提出车辆动力不足的异议时，销售顾问可以提供车辆动力系统的详细参数，如发动机的________和________等数据，并结合实际驾驶场景解释其动力表现。

2. 在处理客户对车辆座椅不舒适的异议时，销售顾问应介绍座椅的________、________以及可调节功能。

三、简答题

1. 简述在汽车试乘试驾前，销售顾问需要做的准备工作。

2. 试列举三种客户在试乘试驾过程中可能提出的关于车辆性能的异议，并分别说明对应的处理方法。

3. 当客户对试乘试驾的车辆外观提出异议(比如不喜欢颜色)时,销售顾问应如何处理?

模块5综合测试题

一、选择题(每题3分,共30分)

1. 在汽车试乘试驾前,对试驾车辆进行检查时,最重要的是确保(　　)。

A. 车辆外观干净整洁

B. 车辆内饰无异味

C. 车辆各项性能正常,无安全隐患

D. 车辆配备齐全的宣传资料

2. 客户在试驾过程中提出车辆动力不足的异议,销售顾问首先应该(　　)。

A. 立即反驳客户,强调车辆动力足够

B. 提供车辆动力系统的详细参数,并结合实际驾驶场景解释

C. 安排客户换一辆车试驾

D. 转移话题,介绍车辆其他性能

3. 当客户对试乘试驾的车辆颜色不满意时,销售顾问合适的做法是(　　)。

A. 告诉客户颜色不能更改,只能接受现有的

B. 介绍可选颜色范围,若有定制服务可说明流程和时间

C. 强调这种颜色很流行,让客户改变看法

D. 不理会客户的意见,继续介绍车辆性能

4. 以下哪项不属于汽车试乘试驾中试乘阶段销售顾问的主要工作?(　　)

A. 启动车辆并讲解车辆启动时的平稳性

B. 引导客户亲自驾驶车辆体验操控性

C. 行驶过程中讲解车辆的各项性能和特色功能

D. 展示车辆的特色功能,如自动泊车等

5. 在处理客户关于车辆刹车偏软的异议时,以下做法不正确的是(　　)。

A. 讲解刹车系统的工作原理和技术优势

B. 建议客户多踩几次刹车感受磨合效果

C. 告诉客户这是所有车辆都有的正常现象

D. 强调刹车系统经过严格测试,安全有保障

6. 汽车试乘试驾后,销售顾问询问客户感受的主要目的是(　　)。

A. 单纯表示礼貌,例行公事

B. 判断客户是否满意试驾体验,以便进一步跟进销售

C. 让客户夸赞车辆优点,用于宣传

D. 找出客户的不满之处,为以后改进试驾流程做准备

7. 对于客户提出试驾时间太短,无法充分体验车辆性能的异议,销售顾问可采取的措施是(　　)。

A. 向客户解释试驾时间有限是规定，不能延长

B. 不理会客户的要求，继续进行后续销售环节

C. 视情况适当延长试驾时间，同时解释通常试驾时间有限的原因以及此次延长的特殊情况

D. 告诉客户已经体验得差不多了，不用再延长时间

8. 以下哪个环节不属于汽车试乘试驾前的准备工作？（　　）

A. 对试驾车辆进行全面检查

B. 准备试驾协议、宣传资料等物品

C. 确定客户的购车预算和喜好

D. 规划合理的试驾路线

9. 在汽车试乘试驾过程中，销售顾问引导客户体验车辆操控性时，应重点关注（　　）。

A. 车辆的加速性能

B. 车辆在转弯、变道时的灵活性和稳定性

C. 车辆的刹车性能

D. 车辆的燃油经济性

10. 客户在试驾后表示对车辆的舒适性有异议，销售顾问应该（　　）。

A. 承认车辆舒适性确实不好，建议客户考虑其他车型

B. 详细介绍车辆在舒适性方面的设计理念、配置等，邀请客户再次体验

C. 告诉客户舒适性不是车辆的主要考量因素，性能才重要

D. 不理会客户的意见，继续跟进销售环节

二、填空题（每题 3 分，共 15 分）

1. 在试乘试驾前，销售顾问需要向客户清晰解释________，确保客户理解并同意相关条款。

2. 当客户对车辆座椅舒适度提出异议时，销售顾问应介绍座椅的设计理念、________以及可调节功能。

3. 处理客户关于车辆价格异议时，可通过分解价格构成，按________或每月还款（若有贷款方案）等方式让客户感觉花费没那么大。

4. 汽车试乘试驾中，在试乘阶段，销售顾问要展示车辆的特色功能，如介绍车辆的自动泊车功能，应在________场景下进行展示。

5. 为了让客户在试驾过程中充分体验车辆性能，销售顾问应合理规划试驾路线，使其涵盖不同的________类型，如城市道路、弯道、直道等。

三、判断题（每题 2 分，共 10 分）

1. 客户在试驾过程中提出的任何异议，销售顾问都应立即反驳，以维护车辆的形象。（　　）

2. 汽车试乘试驾后，销售顾问不需要询问客户的感受，直接进行销售跟进即可。（　　）

3. 只要车辆外观干净，就可以用于试乘试驾，无须检查车辆性能。（　　）

4. 在处理客户对车辆操控性异议时，安排客户再次试驾是一种有效的处理方法。(　　)

5. 在汽车试乘试驾过程中，销售顾问不需要向客户介绍车辆的安全配置，因为客户自己能看到。(　　)

四、简答题(**每题** 15 **分，共** 45 **分**)

1. 请简述汽车试乘试驾前销售顾问需要做的主要准备工作，至少列举五项。

2. 试列举三种客户在试乘试驾过程中可能提出的关于车辆性能的异议，并分别详细说明对应的处理方法。

3. 在汽车试乘试驾中，试乘阶段和试驾阶段销售顾问的主要工作分别是什么？请分别阐述。

模块6　汽车报价与交车服务

模块引言

在汽车营销的全流程中，报价与交车服务是至关重要的核心环节。营销报价是开启客户购车兴趣之门的关键钥匙，精准且具有吸引力的报价策略，能迅速吸引潜在客户的目光，激发客户购买心仪车型的欲望。而交车服务，则是为客户购车之旅画上圆满句号的浓墨重彩之笔，优质贴心的交车体验，不仅能提高客户的满意度，更为品牌树立良好口碑奠定了坚实基础。本模块将深入剖析汽车营销报价与交车服务的方方面面，探寻如何在这两个关键环节做到尽善尽美。

模块简介

一、汽车报价模块

1. 核心作用

报价是吸引潜在客户、推动客户做出购车决策的重要环节。制定合理且有竞争力的价格策略，向客户展示车辆的性价比，能够激发客户的购买欲望。

2. 主要内容

车辆基础价格：依据车型配置、成本等因素确定的标准售价。

优惠政策：如现金折扣、置换补贴、金融贷款优惠等，以降低客户购车成本。

套餐搭配：例如装饰套餐、保养套餐等与车辆销售相结合，给出综合报价，增加附加值。

二、交车服务模块

1. 核心作用

优质的交车服务能够为客户购车之旅画上圆满句号，提升客户满意度与品牌忠诚度。此外，优质的交车服务还能让客户在提车时感受到尊重与关怀，留下美好的购车回忆。

2. 主要内容

车辆准备：确保车辆外观、内饰清洁无瑕疵，各项功能正常，完成车辆的 PDI(售前检测)等。

交车仪式：包括为客户献上鲜花、合影留念、讲解车辆基本操作等环节，增强提车的仪式感。

文件交接：将与车辆相关的购车合同、发票、保修手册、车辆合格证等重要文件完整无误地交给客户。

售后介绍：向客户简要介绍售后服务内容，如保养周期、服务网点、24 小时救援电话等，让客户购车后无后顾之忧。

学习目标

一、知识目标

深入理解汽车营销报价的构成要素，包括车辆基础价格、各类税费、保险费用、可选配置价格以及常见的优惠政策(如现金折扣、置换补贴、金融贷款贴息等)的计算方式和作用机制。

掌握不同品牌、不同级别汽车在市场中的价格定位规律，以及影响汽车价格波动的因素(如市场供需关系、竞品价格、新车上市周期等)。

熟悉交车服务的全流程内容，明确车辆准备环节(如汽车售前检测、清洁、燃油添加等)、文件交接清单(购车合同、发票、合格证、保修手册等)以及交车仪式的常见形式和重要意义。

了解与汽车营销报价及交车服务相关的法律法规，如《中华人民共和国消费者权益保护法》中涉及价格透明、合同规范、售后服务保障等方面的规定。

二、技能目标

能够根据客户需求、车辆配置及市场情况，准确、快速地制定出具有吸引力和竞争力的汽车营销报价方案，熟练运用各种报价技巧(如组合优惠、阶梯报价等)实现销售目标。

熟练完成交车服务的各项实操任务，包括但不限于规范地进行汽车售前检测操作、妥善准备交车所需文件、精心组织富有仪式感的交车仪式，并能在交车过程中清晰、专业地向客户讲解车辆操作要点和售后服务内容。

具备良好的沟通与谈判技能，在营销报价环节能与客户进行有效的价格商讨，准确把握客户心理，灵活调整报价策略，在交车服务环节能热情、耐心地解答客户疑问，确保客户满意。

学会运用相关软件工具(如汽车销售管理系统、报价单生成软件等)提高营销报价与交车服务的工作效率和精准度。

三、素质目标

培养以客户为中心的服务意识，始终将客户需求和满意度放在首位，在营销报价和交车服务过程中努力为客户提供优质、贴心的服务。

养成严谨细致的工作作风，无论是制定报价方案还是完成交车服务的每一个细节，都能做到认真负责、不出差错，确保各项工作的准确性和完整性。

提升团队协作能力，认识到汽车营销报价与交车服务工作往往需要与销售团队、售后服务团队、财务部门等多部门协同合作，积极配合他人完成工作任务。

塑造良好的职业形象，在与客户接触的过程中，在言行举止、着装打扮等方面要展现出专业、自信、热情的汽车销售人员形象，增强客户对品牌和个人的信任感。

任务1 汽车报价

任务导入

同学们，想象一下这样的场景：你满心期待地走进一家汽车4S店，看中了一款心仪已久的汽车。此时，销售人员过来热情地和你打招呼，并开始介绍这款汽车的各种优点。但当你问到价格的时候，销售人员给出的报价却让你一头雾水，什么基础价、选配价、优惠政策，你是不是瞬间就有点懵了？其实呀，在汽车营销中，汽车报价可是一门大学问，它不仅关系到我们能不能顺利卖出车，更关系到客户能不能满意地开着新车回家。今天，咱们就一起来深入学习汽车营销中的汽车报价，搞清楚这里面的学问，以后要是你们从事这行，可不能因为报价不明不白而让客户流失啦！

任务要求

一、知识与技能目标

(1) 学生能够深入理解汽车报价的构成要素，包括车辆的基础价格、各种税费（购置税、车船税等）、保险费用（机动车交通事故责任强制保险（简称交强险）、商业险等）、可选配置价格以及不同地区可能存在的上牌费用等。

(2) 掌握常见的汽车优惠政策类型，如现金折扣、置换补贴、金融贷款贴息、赠送保养套餐、装饰礼包等，并清楚其计算方式和对最终报价的影响。

(3) 了解影响汽车价格波动的因素，如市场供需关系、汽车品牌及车型的市场定位、竞品价格、新车上市周期、宏观经济环境等。

(4) 熟悉不同品牌、不同级别汽车在市场中的价格区间,以及各类车型价格存在差异的主要原因。

(5) 能够准确、快速地根据车辆实际情况(车型、配置、年份等)以及客户需求(是否需要选配、贷款需求等)计算出汽车的基础报价,包括各项费用的累加。

(6) 熟练运用各种优惠政策,针对不同客户群体(如首次购车者、换车客户等)制定出具有吸引力和竞争力的个性化报价方案,以提高销售成功率。

(7) 学会使用汽车销售管理软件或相关工具来生成规范、清晰的汽车报价单,确保报价信息准确无误且易于客户理解。

(8) 具备根据市场变化(如竞争对手推出新优惠、宏观经济形势变动等)及时调整汽车报价策略的能力。

二、过程与方法目标

(1) 通过案例分析,让学生观察不同汽车销售场景下的报价策略及其效果,引导学生总结出成功报价的经验和失败报价的教训,培养学生的分析归纳能力。

(2) 组织小组讨论活动,针对特定的汽车销售情境(如新车上市、库存积压等),让学生共同探讨并制定合适的报价方案,锻炼学生的团队协作能力和沟通能力,同时促进学生对报价策略的深入理解。

(3) 安排模拟销售场景,让学生扮演销售人员和客户的角色,进行实际的报价谈判演练,使学生在实践中掌握报价技巧,提高应对客户异议和需求的能力,以及灵活调整报价策略的能力。

(4) 指导学生进行市场调研,收集不同品牌、车型的价格信息以及市场动态,帮助学生学会运用调查研究的方法获取所需信息,同时培养学生对市场变化的敏感度。

三、情感态度与价值观目标

(1) 培养学生以客户为中心的服务意识,让学生明白合理、准确且有吸引力的报价是为客户提供优质购车体验的重要环节,从而在报价过程中充分考虑客户的需求和利益。

(2) 树立学生的诚信经营理念,强调报价过程中必须遵循法律法规,如实告知客户各项费用和优惠政策,杜绝虚假报价、隐藏费用等不诚信行为,维护汽车销售行业的良好名声。

(3) 通过了解汽车报价在销售过程中的重要性以及掌握报价技巧所带来的成就感,激发学生对汽车营销行业的热爱之情,让学生认识到汽车营销是一个充满挑战与机遇的领域,从而愿意投身其中并不断提升自己的业务能力。

(4) 培养学生的竞争意识和创新精神,让学生意识到在激烈的汽车市场竞争中,只有不断创新报价策略、提高报价技巧,才能脱颖而出,从而促使学生积极探索新的报价方式和方法,以适应市场的不断变化。

知识导航

一、车辆价格制定

1. 成本因素

1）生产成本

生产成本包括原材料采购、零部件加工与组装、生产设备折旧、人工成本等。这些是构成车辆价格的基础部分，不同车型、配置的生产投入有差异，会影响价格。

2）研发成本

汽车研发涉及新技术、新设计的投入，如开发新的发动机技术、安全系统、智能互联功能等。高端或新上市车型的研发成本往往较高，需分摊到车辆售价中。

2. 市场因素

1）供需关系

当市场对某款车需求旺盛而供应相对不足时，价格可适当提高；反之，若供大于求，如存在库存积压情况，可能就需要降低价格促销。

2）竞争产品价格

密切关注同级别、同类型竞争对手车型的定价。若自身定价过高，则可能导致客户流失；定价过低，虽可能吸引部分客户，但也可能影响利润空间，所以要找到合理的价格区间与竞品竞争。

3）市场定位

车辆针对不同消费群体有不同定位，如豪华品牌主打高端消费人群，价格通常较高；而经济实用型车辆面向普通大众，价格相对亲民。因此，应根据定位来制定符合目标群体消费能力和心理预期的价格。

3. 消费者因素

1）消费者心理价位

通过市场调研等了解消费者对某款车愿意支付的价格范围。若定价远远超出其心理价位，则销售难度会增大。

2）消费需求特点

比如消费者对车辆配置、颜色、功能等方面的特殊需求，满足这些需求可能涉及额外成本，进而影响定价，或者可基于这些需求推出不同价格档次的车型。

4. 定价策略

1）成本加成定价

在成本基础上加上一定比例的利润来确定价格。但这种方法较单一，未充分考虑市场等因素。

2）竞争导向定价

参照竞品的定价来确定自身车辆价格，可与竞品价格保持同等水平、略高或略低，具体视情况而定。

3）需求导向定价

根据消费者对车辆的需求强度、心理价位等来制定价格，如针对热门配置车型可适当提高价格。

二、优惠政策制定

1. 了解目标客户群体

分析目标客户群体的消费能力、购车需求、心理价位等。例如，首次购车的年轻客户可能更看重价格优惠和金融贷款方面的便利，换车客户则可能对置换补贴较为关注。

2. 结合市场情况

1）竞争态势

密切关注竞争对手的优惠政策，若竞品推出较大力度的现金折扣或丰富的赠品，则需制定相应有竞争力的政策以吸引客户。

2）市场需求

某款车需求疲软时，应加大优惠力度；需求旺盛时，可适度控制优惠幅度以保障利润。

3. 常见优惠政策类型及制定要点

1）现金折扣

确定折扣金额或比例时，要考虑车辆成本、利润空间以及市场竞争程度。例如，在新车上市初期，为打开市场知名度，可给予一定比例（如 5%～10%）的现金折扣；在库存积压时，折扣力度可适当加大。

2）置换补贴

设定合理的补贴金额，一般根据车型、车龄、车况等因素综合判断。如针对 5 年以内车况较好的车辆置换特定车型，可给予 5000～10000 元不等的补贴。同时，要明确置换流程，确保简便易行，让客户清楚如何参与置换并领取补贴。

3）金融贷款优惠

与金融机构合作，推出低息或免息贷款方案。例如，提供 1～3 年的免息贷款，或降低贷款利率至 3%～5%。同时，要设计好贷款条件，如首付比例、还款期限、信用要求等，既要吸引客户使用贷款购车，又要保障自身和金融机构的利益。

4）赠送保养套餐或装饰礼包

对于保养套餐，明确保养次数、包含的项目（如机油更换、机油滤清器更换等）。比如赠送 3 次常规保养，每次保养包含机油、机油滤清器、工时费等。

装饰礼包方面，列出包含的物品，如脚垫、贴膜、车载香水等，并确保其品质符合车辆档次。可根据车辆售价或车型配置来确定赠送套餐或礼包的价值。

4. 组合优惠政策

设计多种优惠政策的组合，以满足不同客户的需求。例如，推出“现金折扣＋置换补贴＋赠送保养套餐”的组合优惠，让客户得到更多实惠，同时也能提高销售成功率。

5. 优惠政策的宣传与沟通

在制定好优惠政策后，要通过多种渠道（如4S店展厅、官方网站、社交媒体、销售顾问介绍等）进行广泛宣传，确保客户清楚了解各项优惠内容。在与客户沟通时，要详细解释优惠政策的细节、条件和参与方式，避免产生误解。

三、报价单制作

1. 确定报价单的基本结构

1）表头信息

包含公司名称（如汽车4S店名称）、报价单编号（方便查询与管理）、报价日期等，让客户一眼能明确报价来源与时效性。

2）客户信息

预留填写客户姓名、联系方式（电话、邮箱等）的位置，便于后续跟进及沟通。

2. 车辆基本信息

1）车型及配置

明确写出汽车的具体型号，如大众帕萨特2024款330TSI精英版，并详细罗列该车型的标准配置以及客户额外的选配（如有）。

2）车辆颜色

注明客户所选车辆的外观颜色及内饰颜色，颜色不同可能不会影响价格，但明确标注可使报价更精准。

3）车架号（VIN）

若已有车架号，则可填写在此处，进一步明确所报价车辆的唯一性。

3. 价格明细

1）车辆价格

基础价格：按照汽车厂家给定的该车型标准配置的指导价填写，这是报价的基础部分。

选配价格：如果客户有选配项目，如高级音响系统、全景天窗等，则应分别列出每项选配的价格，并计算出选配项目的总价，与基础价格相加得到车辆的总价格。

2）税费及其他费用

购置税：根据国家相关规定计算，一般为车辆不含税价格的一定比例（如10%左右，具体按现行规定计算），列出计算公式及具体金额。

车船税：按车辆排量及当地规定的标准计算，注明相应金额。

保险费用：包括交强险（固定金额，按国家规定）和商业险（根据所选险种及保额估算，如车辆损失险、机动车第三者责任保险等），分别列出各项保险费用及总保险费。

上牌费用：不同地区上牌费用不同，根据当地实际情况填写预估金额。

3）优惠政策及折扣

现金折扣：若有现金折扣优惠，应注明折扣金额或比例，以及折扣后的车辆价格。

置换补贴：如果客户符合置换条件，则列出置换补贴的金额，说明如何领取及相关条件。

金融贷款优惠：若涉及金融贷款购车，则应写明贷款利率、贷款期限、首付比例等贷款条件，以及是否有免息、贴息等优惠情况，计算出贷款购车的实际支付总价。

赠送项目：如赠送保养套餐、装饰礼包等，详细列出赠送项目的内容及价值评估，在总价计算时可考虑扣除这部分赠送价值以体现实际优惠。

4. 总价计算

将车辆价格、税费及其他费用等各项相加，再减去优惠措施所减免的金额，得出客户最终需要支付的总价，清晰醒目地标注在报价单末尾。

5. 其他说明及条款

1）交货日期

预估并写明车辆预计交货的日期，让客户对提车时间有预期。

2）车辆来源

说明车辆是来自厂家新车、库存车还是其他渠道，若为库存车，可适当说明库存时间及车况。

3）合同条款补充

可简要提及与报价相关的部分合同条款，如定金支付方式、违约责任等，引导客户进一步了解购车合同内容。

4）有效期

注明报价单的有效期，一般为7天至30天不等，过了有效期，报价可能会因市场变化等因素而调整。

6. 排版与设计

报价单应布局合理，文字清晰，各项内容之间有适当的间隔，便于客户阅读。可使用表格形式来呈现价格明细等内容，增强可视性。选择简洁、专业的字体和颜色搭配，避免过于花哨或难以辨认的样式。

四、价格沟通与谈判

1. 沟通前准备

1）深入了解产品

熟知车辆的各项性能、配置、优势以及与竞品相比的独特之处，这样在谈判中能有理有据地说明价格的合理性。

2）掌握报价策略

明确公司制定的各种报价方案，包括基础报价、优惠政策及其组合运用方式，清楚不同情况下可调整的幅度。

3）了解客户需求

通过前期交流、市场调研等途径，把握客户的购车用途、预算范围、对配置的偏好等，以便针对性地开展价格沟通。

2. 开场沟通

1）热情友好开场

以热情、友好且专业的态度迎接客户，营造轻松的沟通氛围，比如“您好，欢迎光临我们的展厅，今天我来帮您详细了解下这款心仪的车”。

2）重述客户需求

简要重述之前了解到的客户需求，表明自己很关注对方想法，如“我记得您说过想要一辆空间大些、配置丰富的车，我们这款车在这方面表现很不错”。

3. 价格呈现与解释

1）清晰呈现报价

将精心制作的报价单递给客户，有条理地介绍各项费用构成，如车辆价格、税费、保险费用、上牌费等，让客户对购车成本有全面认识。

2）解释价格依据

针对客户可能的疑问，解释价格的形成原因，比如车辆的高品质工艺、先进配置、品牌价值等因素决定了其价格定位。比如：“这款车采用了最新的安全技术和智能互联系统，这些都增加了它的成本，但也为您带来了更好的驾驶体验和安全保障，所以价格相对会高一些。”

3）强调优惠政策

详细介绍优惠政策，如现金折扣、置换补贴、金融贷款优惠、赠送保养套餐等，让客户明白能享受到的实际实惠。比如：“您看，现在我们有个很给力的现金折扣活动，能直接给您省不少钱，而且如果您用旧车置换，还有额外的置换补贴。”

4. 客户异议处理

1）积极倾听

当客户提出价格异议时，停下手中的动作，认真倾听对方的观点，不要急于反驳，通过眼神交流、点头等方式表示自己在认真听。

2）确认异议核心

听完后，用自己的话重述客户异议，确认是否理解准确，比如“您的意思是觉得我们这款车的价格比您的预期要高一些，对吗？”

3）针对性回应

成本与价值角度：再次强调车辆的成本投入和为客户带来的价值，如“虽然价格看起来高一点，但这款车的发动机性能、车内空间以及售后服务都是同级别里顶尖的，长期来看您能获得更多的收益”。

对比分析角度：将车辆与竞品进行对比，突出优势，比如“和其他品牌同类型车相比，我们这款车虽然价格差不多，但我们有独家的智能驾驶辅助系统，这可是其他车没有的，性价比更高”。

优惠政策调整角度：根据情况，适当调整优惠政策组合，如增加现金折扣幅度、延长贷款免息期等，比如“那这样吧，我们可以再给您增加一点现金折扣，或者把贷款免息期延长到两年，您看这样能让您满意一些吗？”

5. 谈判技巧运用

1）灵活应变

根据客户的反应和谈判进展，灵活调整报价策略和沟通方式，不要僵化地坚持最初的报价。

2）制造紧迫感

适时地制造一些紧迫感，告知客户活动即将截止、库存有限等，促使客户尽快做出决策，如“这次的现金折扣活动到月底就截止了，而且这款车的库存不多了，您要是喜欢的话，可得抓紧时间。”

3）寻找共同点

努力寻找与客户的共同点，比如都关注车辆的安全性能、都喜欢某种颜色等，以此拉近与客户的距离，增强客户对自己的信任。

6. 达成协议与后续跟进

1）确认达成协议

当客户对价格和其他条件满意后，及时确认达成协议，如“那太好了，我们就这么定了，我马上给您准备相关的购车手续。”

2）后续跟进

在达成协议后，持续跟进购车手续办理、车辆交付等环节，保持与客户的良好沟通，确保客户的购车体验完整且使客户满意。

五、汽车报价单示范

1. 报价单基本信息

公司名称：[汽车销售公司名称]

报价单编号：[具体编号，如 20241030001]

报价日期：[年/月/日，如 2024/10/30]

2. 客户信息

客户姓名：[全名]

联系方式：[手机号码]

邮箱：[具体邮箱地址]

3. 车辆基本信息

车型：[汽车品牌及具体型号，如丰田卡罗拉 2024 款 1.5L 先锋版]

配置级别：[如先锋版对应的配置描述，可详细列举主要配置亮点]

车辆颜色：

外观颜色：[具体颜色名称，如珍珠白]

内饰颜色：[如黑色]

车架号（VIN）：[若已确定车辆，则填写完整车架号；若未确定，则可暂不填]

4. 价格明细

1）车辆价格

基础价格：[厂家指导价或协商确定的基础售价，金额]

选配价格：

[选配项目 1 的名称，如全景天窗]：[选配项目 1 的价格，金额]

[选配项目2的名称,如高级音响系统]:[选配项目2的价格,金额]

……

车辆总价(含选配):[基础价格+选配项目总价,金额]

2) 税费及其他费用

购置税:[根据车辆不含税价格按国家规定税率计算得出,金额及计算公式,如车辆总价(不含税)×10%]

车船税:[按车辆排量及当地规定标准计算,金额]

保险费用:

交强险:[固定金额,按国家规定,金额]

商业险:

车辆损失险:[根据车辆价值、使用年限等因素估算,金额]

机动车第三者责任保险:[保额具体数值,如100万元]

[其他商业险险种及对应金额,可依次列出]

保险费用总计:[交强险和商业险的费用总和,金额]

上牌费用:[根据当地实际情况预估,金额]

3) 优惠政策及折扣

现金折扣:[若有现金折扣优惠,则注明折扣金额或比例,如现金折扣金额为[×]元或折扣比例为[×]%,折扣后车辆价格为[具体金额]]

置换补贴:[如果客户符合置换条件,则列出置换补贴的金额,如置换补贴金额为[×]元,说明如何领取及相关条件]

金融贷款优惠:

贷款利率:[如年利率为[×]%]

贷款期限:[如[×]年]

首付比例:[如[×]%]

是否免息:[是/否,若为是,则注明免息期限,如免息期限为[×]年]

贴息金额:[若有贴息优惠,则注明金额,如贴息金额为[×]元]

赠送项目:

保养套餐:[赠送保养的次数,如赠送3次常规保养,说明每次保养包含的项目,如机油更换、滤清器更换等]

装饰礼包:[列出赠送装饰礼包包含的物品,如脚垫、贴膜、车载香水等,并说明其价值评估,如装饰礼包价值为[×]元]

4) 总价计算

客户最终需支付总价:[车辆总价(含选配)+税费及其他费用-现金折扣-置换补贴-贴息金额,金额]

5. 其他说明及条款

交货日期:[预估车辆交付日期,年/月/日]

车辆来源:[说明车辆是来自厂家新车、库存车还是其他渠道,若为库存车,可适当说明库存时间及车况]

合同条款补充：

定金支付方式：[说明定金的支付方式（如银行转账、微信支付等）及金额要求]

违约责任：[简要提及双方在购车合同中可能承担的违约责任，如客户违约定金不予退还，公司违约双倍返还定金等]

有效期：[注明报价单的有效期限，如本报价单自发布之日起30天内有效]

六、注意事项

1. 充分了解产品与市场

1）熟悉车辆详情

要深入知晓所销售汽车的各项配置、性能、优势以及与竞品相比的独特卖点。只有这样，才能在报价时有理有据地说明价格的合理性，让客户理解为何这款车值这个价。

2）掌握市场动态

密切关注市场供需关系、竞品价格及优惠政策、行业趋势等。比如，若竞争对手推出了力度更大的优惠活动，就需考虑如何调整自家报价以保持竞争力。

2. 确保报价准确

1）精确计算各项费用

报价单中的车辆价格、税费（购置税、车船税等）、保险费用、上牌费用等都要准确计算。任何一项费用的差错都可能导致客户对整个报价产生怀疑，影响销售进程。

2）清晰列出优惠政策

对于现金折扣、置换补贴、金融贷款优惠、赠送项目等优惠政策，要明确注明金额、条件、有效期等细节。避免模糊不清让客户产生误解，例如，说明现金折扣是在原价基础上直接扣除，还是达到某种条件后才可享受。

3. 考虑客户需求与心理

1）了解客户预算

通过前期沟通、市场调研等方式尽可能了解客户的购车预算范围。这样在报价时可以有的放矢，既不过高超出客户承受能力，也不过低让客户觉得车辆品质有问题。

2）把握客户心理价位

除了预算，还要洞察客户对车辆价格的心理预期。有些客户可能对价格较为敏感，希望获得更多优惠；而有些客户更看重车辆品质和服务，对价格波动相对不那么在意。据此来调整报价策略。

4. 报价沟通技巧

1）专业且清晰表达

在向客户介绍报价时，要用专业、简洁、清晰的语言。避免使用过于复杂的行业术语，确保客户能轻松理解各项费用构成和优惠政策内容。

2）积极回应客户疑问

当客户对报价提出疑问或异议时，要积极倾听并及时、准确地给予回应。不要回避问题，而是通过合理的解释和说明来消除客户的疑虑。

5. 报价单设计与呈现

1）布局合理

报价单的排版要清晰，各项内容应按照逻辑顺序排列，如先列车辆基本信息，再依次展示价格明细、优惠政策、总价计算等，便于客户快速浏览和理解。

2）美观易读

选择简洁、专业的字体和颜色搭配，避免过于花哨或难以辨认的样式。可以使用表格形式呈现价格明细等内容，增强可读性。

6. 遵守法律法规

1）价格透明合法

确保报价过程中所有价格信息都是真实、透明、合法的。不得进行虚假报价、隐藏费用等违规操作，否则可能面临法律责任，同时也会严重损害品牌声誉。

2）合规宣传优惠政策

在宣传优惠政策时，要遵守相关广告法等法律法规，不能夸大其词或虚假宣传，保证客户能依据宣传内容准确享受到相应优惠政策。

案例分析

案例一：以价换量的低价策略

一、案例背景

某国产汽车品牌推出一款新的紧凑型轿车，目标市场主要是年轻的上班族和小家庭，这部分群体对价格较为敏感，且市场上同级别竞品众多。

二、报价策略

车辆基础价格设定明显低于同级别竞品，比竞品平均价格低 10%～15%。例如，竞品指导价为 8 万～10 万元，该款车指导价设定为 6.8 万～9 万元。

该品牌同时推出一系列优惠政策，如现金折扣 3000 元起（根据车型配置不同折扣金额），置换补贴最高可达 5000 元（针对车龄 5 年以内的旧车置换），以及赠送价值 2000 元的保养套餐（包含 3 次常规保养）。

三、销售效果及分析

销售初期，低价策略吸引了大量消费者的关注，到店咨询和试驾人数大幅增加。在上市后的第一个月，该款车的销量就突破了 1000 辆，远超预期。

分析来看，对于价格敏感型的目标客户群体，较低的基础价格直接降低了购车门槛，让他们觉得性价比很高。而丰富的优惠政策进一步增强了购车的实惠感，如现金折扣实实在在地减少了购车支出,置换补贴对有换车需求的客户很有吸引力,赠送保养套餐也降低了后期的使用成本,从而促使更多客户做出购车决策。

案例二:差异化定价与高端配置高价策略

一、案例背景

某豪华汽车品牌推出一款全新 SUV 车型,定位为高端豪华市场,目标客户是高收入人群,他们注重车辆品质、性能和独特配置,对价格敏感度相对较低。

二、报价策略

车辆基础价格根据不同配置分为多个档次,基础配置车型指导价为 80 万～100 万元,而顶配车型配备了自适应巡航、高级音响系统、定制内饰等高端豪华配置,指导价高达 150 万～200 万元。

针对高收入客户群体,优惠政策相对较少且较为含蓄。主要提供金融贷款优惠,如低息贷款(年利率 3%左右,远低于市场平均水平),但没有现金折扣、置换补贴等常见优惠。

三、销售效果及分析

尽管价格高昂,但凭借品牌的高端形象、车辆卓越的性能和独特的高端配置,以及针对高收入人群的精准营销,该款车在上市后的销售情况良好。在销售旺季,每月销量能达到 200～300 辆。

从分析角度看,对于高收入且追求品质和独特体验的客户,他们更看重车辆本身的价值而非单纯的价格优惠。较高的基础价格配合高端配置,体现了车辆的稀缺性和尊贵感,符合他们的消费心理。而金融贷款优惠则在一定程度上方便了他们安排购车资金,使得他们顺利做出购买决策。

案例三:灵活调整报价以应对市场变化

一、案例背景

某合资汽车品牌旗下一款中型轿车,一直以来市场表现较为稳定,但近期由于竞争对手推出类似车型且价格更具竞争力,该款车的销量出现下滑趋势。

二、报价策略

初始阶段,车辆基础价格按照厂家指导价执行,同时提供一些常规优惠政策,如现金折扣 2000 元、赠送 1 次保养等。

当发现销量下滑后,该品牌及时调整报价策略:一方面加大现金折扣力度,现金折扣金额高达 5000 元;另一方面推出新的优惠政策,如置换补贴 3000 元(不限车龄),并与金融机构合作推出免息贷款(期限为 1 年)。

三、销售效果及分析

经过报价策略的调整,该款车的销量逐渐回升。在调整后的第二个月,销量相比下滑前的月均销量增长了约 30%。

此案例表明,汽车营销过程中,市场情况是不断变化的,需要密切关注竞争对手动态和市场需求变化。当销量受到影响时,要灵活调整报价(如加大现金折扣、增加新的优惠政策等),从而重新吸引客户,以提高销售业绩。

任务实施

一、实施准备

1. 学生准备

(1) 学生学习完知识导航部分,便可进行学习考评。

(2) 由学生自由组合成研究性学习项目小组,4~6 人为一组。

2. 教师准备

(1) 教师和各小组的组长担任考评人员。对协助教师进行考评的学生进行课前考评和监督方法的培训,确保考评结果准确和公平。

(2) 做好考评记录准备。

二、实施内容

学生按组选出代表,对所学知识进行复述。考评人员根据学生复述的内容,结合考评标准进行考评。

三、考评标准

汽车报价复述测评表见表 6-1。

表 6-1　汽车报价复述测评表

<table>
<tr><td>班级</td><td></td><td>姓名</td><td colspan="2"></td><td>小组</td><td colspan="2"></td></tr>
<tr><td>任务名称</td><td colspan="7">汽车报价</td></tr>
<tr><td>考核内容</td><td>测评标准</td><td>配分</td><td>考核分值</td><td>学生自评</td><td>小组互评</td><td>教师评价</td><td>考核得分</td></tr>
<tr><td rowspan="2">知识掌握</td><td>说出汽车报价有哪些因素</td><td rowspan="2">50</td><td>10</td><td></td><td></td><td></td><td></td></tr>
<tr><td>说出汽车报价的具体实施方法和技巧</td><td>40</td><td></td><td></td><td></td><td></td></tr>
</table>

续表

班级		姓名		小组			
任务名称	汽车报价						
考核内容	测评标准	配分	考核分值	学生自评	小组互评	教师评价	考核得分
职业素养	表达清楚	50	20				
	普通话标准		20				
	形象得体		10				
总分		100	100				

注：考核得分=学生自评×20%+小组互评×40%+教师评价×40%。

任务拓展

学生课后通过讨论和查阅相关资料完成学习通上的研讨任务“如何填写汽车报价单”。

课后习题

一、选择题

1. 汽车报价构成要素中不包括以下哪一项？（　　）

A. 车辆基础价格　　B. 销售人员提成

C. 保险费用　　D. 购置税

2. 以下哪种优惠政策主要针对有旧车置换需求的客户？（　　）

A. 现金折扣　　B. 置换补贴

C. 金融贷款优惠　　D. 赠送保养套餐

3. 当市场上某款汽车供大于求时，通常会采取以下哪种价格策略？（　　）

A. 提高价格　　B. 维持原价

C. 降低价格　　D. 先提高价格再降低价格

二、填空题

1. 汽车报价单中，车辆总价通常由车辆________价格和选配价格（如有）相加得出。

2. 影响汽车价格波动的因素除了市场供需关系，还包括________、竞品价格、新车上市周期等。

3. 在制定汽车报价优惠政策时，若要吸引客户使用金融贷款购车，可以推出________贷款方案。

三、简答题

1. 请简述汽车营销中车辆价格制定需要考虑的主要因素。

2. 请说明现金折扣、置换补贴、金融贷款优惠这三种常见优惠政策的特点及对客户购车决策的影响。

3. 假设你是一名汽车销售人员，面对一位对价格较为敏感的客户，你会如何进行报价沟通与谈判？

任务2 交车服务

任务导入

同学们，想象一下这个场景：你满心欢喜地买了一辆新车，盼星星盼月亮，终于等到了提车的那一天。你兴高采烈地来到4S店，心里想着马上就能开着爱车驰骋在路上啦。可是，到了店里，工作人员只是简单地把车钥匙递给你，说了句“车在那边，你可以开走了”，然后就忙别的去了。这时候，你心里会是什么感受？是不是感觉这提车的喜悦一下子就被冲淡了不少？其实，在汽车营销中，交车服务可是非常重要的一环，它关乎客户能不能有一个完美的购车体验，对品牌的口碑也有着很大的影响。今天，我们就一起来学习汽车营销里的交车服务，看看怎样才能让客户在提车的时候高兴而来，满意而归。

任务要求

一、知识与技能目标

(1) 全面了解汽车交车服务的完整流程，包括车辆准备环节(如售前检测的具体内容、车辆清洁标准等)、文件交接明细(购车合同、购车发票、车辆合格证、保修手册等重要文件的作用及交接要求)以及交车仪式的常见形式和重要元素。

(2) 熟悉与交车服务相关的车辆知识，如车辆基本操作(启动、驾驶模式切换、灯光使用、空调调节等)、日常维护要点(机油检查、轮胎气压查看等)，以便准确地向客户进行讲解。

(3) 掌握不同品牌、不同车型在交车服务方面可能存在的特殊要求或差异，确保服务的针对性和专业性。

(4) 能够熟练、规范地完成车辆准备工作，独立进行车辆的售前检测操作，确保车辆各项性能指标正常，外观、内饰清洁、无瑕疵，并按照标准为车辆添加适量燃油等。

(5) 准确无误地完成文件交接任务，将购车合同、发票、车辆合格证、保修手册等重要文件按规定程序和要求递交给客户，并能清晰地向客户解释每份文件的用途。

(6) 可以精心组织并主持一场富有仪式感的交车仪式，包括布置现场，准备鲜花、彩带等装饰物品，安排与客户合影留念，热情洋溢地向客户宣布交车时刻等环节，提升客户提车的喜悦感。

(7) 熟练运用沟通技巧，在交车过程中能够清晰、耐心、专业地向客户讲解车辆基本操作、日常维护知识以及售后服务内容(如保养周期、服务网点、24 小时救援电话等)，解答客户的各类疑问，确保客户对购车后续事宜清晰明了。

二、过程与方法目标

(1) 通过案例分析，展示不同汽车 4S 店交车服务的实际案例，有成功的案例，也有失败的案例，引导学生观察、分析其中的优劣之处，培养学生的观察分析能力和总结归纳能力，使其能够从案例中汲取经验教训，应用到实际交车服务中。

(2) 组织小组讨论活动，针对特定的交车服务情境(如遇到车辆瑕疵、客户对文件内容有疑问等)，让学生们共同探讨解决方案，锻炼学生的团队协作能力、沟通交流能力以及解决实际问题的能力。

(3) 安排模拟交车场景演练，让学生分别扮演销售人员、客户、售后服务人员等角色，进行真实的场景模拟，使学生在实践中亲身体验交车服务的各个环节，掌握交车服务的实际操作流程和技巧，提高应对突发情况的能力。

(4) 指导学生进行实地调研，走访当地汽车 4S 店，观察不同品牌、不同车型的交车服务实际情况，收集相关资料和数据，培养学生的调查研究能力和对实际市场情况的敏感度，促使学生将理论知识与实际情况相结合。

三、情感态度与价值观目标

(1) 培养学生以客户为中心的服务意识，让学生深刻认识到交车服务是客户购车体验的重要组成部分，每一个细节都关乎客户的满意度和品牌的口碑，从而在交车服务过程中始终把客户的需求和感受放在首位，努力为客户提供优质、贴心的服务。

(2) 培养学生的责任心和严谨细致的工作态度，无论是车辆准备、文件交接还是交车仪式等环节，都要求学生认真对待每一个细节，确保不出差错，因为任何一个小失误都可能影响客户的提车体验和对品牌的信任。

(3) 通过了解交车服务在整个汽车销售过程中的重要性以及成功提供交车服务所带来的成就感，激发学生对汽车营销行业的热爱之情，让学生认识到汽车营销是一个充满活力与挑战的行业，从而愿意投身其中并不断提升自己的业务能力。

(4) 培养学生的团队合作精神，交车服务往往涉及销售团队、售后服务团队、财务部门等多部门的协同合作，通过教学活动让学生明白团队合作的重要性，促使学生积极与他人配合，共同完成交车服务任务，提升整体服务质量。

知识导航

一、车辆准备

1. 售前检测

1）外观检查

仔细查看车身是否有划痕、磕碰、掉漆等瑕疵，包括车门、引擎盖、后备厢、车顶、车身两侧等部位。

检查车辆的车漆色泽是否均匀、有无色差等情况。

查看车辆的标识、铭牌等是否齐全且安装牢固。

2）内饰检查

检查座椅表面有无划伤、污渍、破损等，座椅调节功能是否正常。

查看仪表盘、中控台、车门内饰板等部位有无划痕、松动或异响情况。

确认车内各种按键、旋钮（如音响控制旋钮、空调控制旋钮、灯光控制旋钮等）的功能是否正常，手感是否良好。

3）机械部件检查

启动车辆，听发动机运转声音是否正常，有无异常抖动、异响等情况。

检查发动机舱内各部件（如水箱、制动液、冷却液等）的液位是否正常，连接部位是否牢固。

检查车辆的制动系统（包括刹车片厚度、制动液液位、制动踏板行程及踩踏反馈等）是否符合要求。

检查车辆的轮胎，查看轮胎气压是否正常（一般可通过胎压监测系统或胎压表检查），轮胎花纹深度是否符合标准，轮胎有无破损、鼓包等情况。

4）电子系统检查

检查车辆的灯光系统，包括大灯（近光灯、远光灯）、雾灯、转向灯、刹车灯、倒车灯等是否全部正常亮起且亮度合适。

检查车辆的车载电脑系统，查看是否有故障码显示，各项车辆参数（如车速、里程、油耗等）是否能正常显示。

检查车辆的喇叭、刮水器（包括刮水速度、刮水效果等）、后视镜调节器（包括电动调节、加热功能等）等电子设备是否正常工作。

2. 车辆清洁

1）外观清洁

用专业的洗车工具和清洗剂对车身进行全面清洗，去除灰尘、污渍、鸟粪等杂质，确保车身表面光洁如新。

清洗车辆的轮毂、轮胎，去除上面的泥土、刹车粉尘等，使轮毂光亮。

清洁车窗玻璃，包括前后挡风玻璃、侧窗玻璃等，确保玻璃透明度高，无污渍、水渍残留。

2）内饰清洁

用吸尘器对车内进行全面吸尘，吸除座椅缝隙、地毯、脚垫下面等部位的灰尘、杂物。

用专用的内饰清洁剂对仪表盘、中控台、车门内饰板、座椅等部位进行擦拭，去除污渍，使内饰保持整洁干净。

清洁车辆的后备厢，去除里面的杂物，擦拭后备厢内壁，保持整洁。

3. 车辆功能调试

再次启动车辆，检查车辆的各项功能（如自动启停、定速巡航、智能驾驶辅助等，依据车型配备）是否正常，可通过实际操作进行测试。

调整车辆的座椅位置、后视镜角度、方向盘高度等，使其恢复到默认或标准设置，方便客户提车后根据自身需求快速调整。

对车辆的多媒体系统（如音响、蓝牙、车载导航等）进行调试，确保能正常播放音乐、连接手机等。

4. 添加燃油

根据车辆的油箱容量和当地实际情况，为车辆添加适量的燃油，一般至少添加到能让车辆正常行驶至附近加油站的量，比如添加到油箱的四分之一或三分之一左右，以便客户提车后能顺利前往加油站加油。

二、文件资料准备

1. 购车合同

1）内容完整性

确保合同内容完整，包含买卖双方的基本信息（如姓名、联系方式、身份证号等）、所购车辆的详细信息（如车型、配置、车架号、颜色等）、车辆价格及付款方式（包括首付金额、贷款金额及还款方式等，若有贷款情况）、交货日期、违约责任条款等重要内容。

2）条款明确性

合同中的各项条款应清晰明确，不存在模糊不清或易引起歧义的表述。例如，对于车辆质量保证范围、售后服务内容等条款要有准确的界定，以便在后续出现问题时能依据合同进行处理。

2. 购车发票

1）开具规范

按照国家相关税务规定准确开具购车发票，发票上应注明购买方信息、销售方信息、车辆信息（车型、车架号等）、车辆不含税价格、增值税税额、价税合计金额等内容。

2）保存备份

将购车发票交给客户的同时，销售方自身也要做好保存备份工作，以备后续应对可能出现的财务审计、税务检查等情况。

3. 车辆合格证

1）核实有效性

在交付前要仔细核实车辆合格证的有效性，确保车辆是正规生产、检验合格的产品。

合格证上包含车辆的基本信息、生产厂家信息、检验合格标志等内容。合格证是车辆能够合法上路行驶的重要凭证。

2）交付完整

将车辆合格证完整无缺地交给客户，客户在办理车辆上牌等手续时需要出示该合格证。

4. 保修手册

1）介绍保修政策

保修手册中详细介绍了车辆的保修政策，包括保修期限（如整车保修几年或多少公里，不同部件可能有不同的保修期限）、保修范围（哪些部件在保修范围内，哪些属于易损件且不在保修范围内等）、保修条件（如是否需要在指定服务网点进行保养才能享受保修服务等）等内容。

2）指导客户保存

向客户详细解释保修手册的重要性，并指导客户妥善保存，因为在车辆后续使用过程中，若出现需要保修的情况，客户需要凭借保修手册来申请保修服务。

5. 车辆使用说明书

1）内容涵盖

车辆使用说明书包含了车辆的各项操作说明，如车辆的启动、驾驶操作（换挡、加速、减速等）、车辆功能使用（如灯光控制、空调调节、多媒体系统操作等）、日常维护要点（如机油检查、轮胎气压检查等）等内容，是客户了解和正确使用车辆的重要参考资料。

2）提供多语言版本

根据客户需求，如有可能，提供多语言版本的车辆使用说明书，以方便不同语言背景的客户使用。

6. 其他相关文件

1）保险单据

若客户在购车时一并购买了车辆保险，则要将保险单据（如交强险保单、商业险保单等）交给客户，客户在办理车辆上牌等手续时可能需要出示保险单据，且在车辆发生事故等情况下需要依据保险单据进行理赔。

2）临时牌照

在车辆正式上牌之前，若需要为客户提供临时牌照，要确保临时牌照的办理和交付工作。临时牌照是车辆在未上牌期间合法上路行驶的凭证，要告知客户临时牌照的有效期及使用注意事项。

三、交车仪式策划

1. 策划目的

通过精心策划的交车仪式，为客户营造出隆重、喜悦、难忘的提车氛围，提升客户的购车体验和对品牌的满意度，同时也有助于传播品牌形象，促进后续销售。

2. 交车仪式的时间与地点

1）时间

选择客户方便的时间段，一般建议在工作日的下午或周末全天，避开销售高峰时段，确保有足够的时间和精力为客户举办仪式。例如，可选择周六上午 10：00—11：00。

2）地点

在汽车 4S 店的展厅内较为开阔且美观的区域，或者在店外专门设置的交车场地（若天气条件允许）。场地需提前布置好相关装饰物品，确保环境整洁、美观且具有仪式感。

3. 参与人员

1）客户及其家属或朋友

主角当然是购车客户，可邀请其家属或朋友一同见证这一喜悦时刻，增加仪式的温馨感。

2）销售团队成员

包括负责该客户的销售顾问、销售经理等，他们要全程参与仪式，负责接待、讲解、引导等工作。

3）售后服务团队成员

如售后经理、维修技师等，主要职责是在仪式上向客户介绍售后服务相关内容，并随时解答客户关于车辆售后方面的疑问。

4. 仪式流程

1）前期准备（仪式开始前 30 分钟）

车辆准备：确保车辆已完成售前检测、清洁等各项准备工作，停放在指定的交车位置，车身上可系上彩色丝带，车头摆放一束鲜花，营造喜庆氛围。

场地布置：在交车场地周围布置彩色气球、彩带等装饰物品，营造欢快的氛围。设置一个简单的背景板，上面印有品牌标志、“交车仪式”字样以及客户姓名和车型等信息，可作为合影留念的背景。

在场地一侧摆放一张桌子，用于放置文件资料、交车礼品等。

文件资料与交车礼品准备：将购车合同、购车发票、车辆合格证、保修手册等重要文件资料整理好，放入一个精美的文件袋中，并在文件袋上贴上客户姓名标签。同时，准备一份交车礼品（如汽车精品、保养套餐、定制纪念品等），一并放在桌子上。

2）客户接待（仪式开始前 10 分钟）

销售顾问提前在 4S 店门口迎接客户及其家属或朋友，热情地引导他们前往交车场地，并沿途简单介绍交车仪式的流程安排，让客户心里有底。

3）仪式开场（10：00）

由销售经理担任主持人，宣布交车仪式正式开始。主持人首先对客户表示热烈的欢迎和祝贺，感谢客户对品牌的信任和支持，并简要介绍今天出席仪式的各方人员。

4）车辆展示与讲解（10：05—10：20）

销售顾问将客户引领至车辆旁边，围绕车辆进行详细讲解，包括车辆的外观设计亮点、颜色搭配优势、配置特色等方面，让客户再次深入了解自己即将拥有的爱车。同时，打开车门，邀请客户进入车内体验座椅舒适度、内饰质感等，并简单介绍车内的一些主要功能操作，如启动车辆、调节座椅、使用多媒体系统等。

5）文件交接（10:20—10:30）

售后经理拿着装有文件资料的文件袋，走到客户面前，郑重地将文件袋交给客户，并一一介绍每份文件的用途和重要性，如购车合同是双方买卖关系的法律依据，购车发票是购车的重要凭证，车辆合格证是车辆合法上路的必要条件，保修手册是享受售后服务的保障等。

6）售后服务介绍（10:30—10:45）

售后经理继续向客户介绍售后服务相关内容，包括保养周期、服务网点分布、24 小时救援电话等，让客户清晰地了解在车辆使用过程中如何获得优质的售后保障。同时，可现场解答客户关于售后服务的一些疑问。

7）交车礼品赠送（10:45—10:55）

销售经理拿着准备好的交车礼品，走到客户面前，微笑着将礼品递给客户，并表示这是品牌对客户的一份心意，感谢客户的选择。

8）合影留念（10:55—11:00）

主持人邀请客户及其家属或朋友、销售团队成员、售后服务团队成员一起在印有品牌标志和交车仪式相关信息的背景板前合影留念，记录这一难忘的时刻。

9）仪式结束（11:00）

主持人宣布交车仪式圆满结束，销售顾问再次向客户表示祝贺，并引导客户驾驶新车离开交车场地，如有需要可协助客户将车辆开出 4S 店。

5. 人员分工

1）销售顾问

负责接待客户、讲解车辆、协助文件交接等工作。

2）销售经理

担任主持人，负责宣布仪式开始、结束，介绍出席人员，赠送交车礼品等工作。

3）售后经理

负责介绍售后服务内容、进行文件交接等工作。

4）维修技师

在必要时协助销售顾问讲解车辆的机械部分或电子系统等方面的知识。

6. 宣传推广

在 4S 店的官方网站、社交媒体账号（如微信公众号、微博等）上发布交车仪式的照片和相关报道，展示品牌对客户的重视和优质的交车服务，吸引更多潜在客户的关注。

7. 预算安排

装饰物品费用：彩色气球、彩带、背景板制作等费用，预计[×]元。

鲜花费用：车头摆放的鲜花，预计[×]元。

文件袋及标签费用：精美的文件袋及姓名标签制作，预计[×]元。

交车礼品费用：汽车精品、保养套餐、定制纪念品等，预计[×]元。

人员费用：若邀请专业摄影师或摄像师记录仪式过程，则需支付相应的报酬，预计[×]元。

其他费用:如临时场地布置、水电费等杂项费用,预计[×]元。

总预算:预计[×]元。

四、客户培训与指导

1. 车辆基本操作培训

1)启动与熄火

向客户详细演示车辆的启动步骤,包括插入钥匙(或按启动按钮,依车型而定)、踩下刹车(若为自动挡)、启动发动机等操作,同时解释不同启动方式(如冷启动、热启动)的注意事项。

讲解车辆熄火的正确操作,如将车辆停稳、挂入停车挡(自动挡)或空挡(手动挡)、拉起手刹(手动挡),然后关闭发动机等,强调熄火前确保车辆处于安全静止状态的重要性。

2)挡位操作(针对手动挡和自动挡车辆)

对于手动挡车辆,示范如何正确踩下离合踏板,进行换挡操作,从一挡逐步升至更高挡位,以及降挡操作,解释不同挡位的适用场景和换挡时机,如起步用一挡,加速时适当升挡等。

针对自动挡车辆,介绍挡位标识含义,如 P 挡(停车挡)、R 挡(倒车挡)、N 挡(空挡)、D 挡(前进挡)等,演示如何在不同场景下切换挡位,如停车时挂入 P 挡,倒车时挂入 R 挡等。

3)灯光使用

开启车辆的大灯、近光灯、远光灯、雾灯、转向灯、刹车灯、倒车灯等各类灯,向客户展示每种灯的开启方式(如通过灯光控制杆或车内灯光控制按钮)和作用,例如,大灯用于夜间照明,雾灯在能见度低的天气条件下开阔视野等。

强调合理使用灯光的重要性,如夜间会车时要切换近光灯,避免强光影响对向车辆驾驶员等。

4)空调调节

打开车辆的空调系统,演示如何调节温度、风速、风向等参数,让客户了解如何根据不同季节和个人需求设置舒适的车内环境。

介绍空调的一些特殊功能(如自动空调功能、后排出风口控制等,依车型而定),并告知客户如何保养空调系统,如定期更换空调滤芯等。

2. 车辆功能介绍与指导

1)多媒体系统

向客户展示车辆多媒体系统的操作,如播放音乐(通过蓝牙连接手机、插入 U 盘等方式)、收听广播、使用车载导航(输入目的地、查看路线规划等)等功能。

讲解多媒体系统的一些设置选项,如音效调节、音量限制等,帮助客户根据自己的喜好进行个性化设置。

2)智能驾驶辅助系统(若有)

对于配备智能驾驶辅助系统的车辆,详细介绍系统的功能,如自适应巡航控制(设定跟车距离、巡航速度等)、车道保持辅助(保持车辆在车道内行驶)、自动紧急制动(在检测到潜在碰撞危险时自动刹车)等。

告知客户如何启用和停用这些系统,以及在使用过程中需要注意的事项,如自适应巡航控制时仍需保持警觉,不能完全依赖系统等。

3) 车内其他功能

介绍车辆的其他特色功能,如座椅加热、通风功能(演示如何开启和调节),电动后视镜调节(包括折叠、加热、角度调整等操作),天窗开启和关闭(手动或电动,依车型而定)等。

让客户亲自体验这些功能,确保他们能够熟练掌握使用方法。

3. 日常维护指导

1) 外观维护

告知客户定期清洗车辆的重要性,建议使用专业的洗车工具和清洗剂,避免刮伤车漆。

介绍车辆打蜡、镀膜等保养措施的作用和时机,如每隔几个月进行一次打蜡,可保护车漆、增加光泽等。

2) 内饰维护

指导客户如何保持内饰清洁,如定期用吸尘器清理座椅缝隙、地毯等部位的灰尘,用专用清洁剂擦拭仪表盘、中控台等部位。

提醒客户注意避免在车内放置尖锐或高温物品,以免损坏内饰。

3) 机械部件维护

向客户介绍一些基本的机械部件维护知识,如定期检查机油液位(演示如何查看机油尺),确保发动机正常润滑;定期检查轮胎气压(告知客户如何使用胎压表或查看胎压监测系统),保证轮胎安全行驶;定期检查刹车油液位等。

告知客户车辆保养的周期和重要性,建议按照车辆使用说明书的要求定期到正规服务网点进行保养。

4. 售后服务介绍

1) 保养服务

详细介绍车辆的保养周期,如每行驶多少公里或每隔多长时间需要进行一次常规保养,保养项目包括哪些(如更换机油、机油滤清器、空气滤清器等)。

告知客户可以通过电话、微信公众号、官方网站等多种方式预约保养服务,以及在保养时需要注意的事项,如提前准备好车辆使用说明书、保修手册等。

2) 24 小时救援服务

强调品牌提供的 24 小时救援服务,向客户介绍如何拨打救援电话,在什么情况下可以申请救援服务(如车辆故障、抛锚等),以及救援服务的范围和响应时间等。

让客户放心,知道在车辆使用过程中遇到问题时能够及时得到帮助。

3) 售后服务网点介绍

向客户展示售后服务网点的分布情况,通过地图、列表等形式让客户清楚地知道当地以及周边地区有哪些正规服务网点可以提供售后服务。

告知客户如何联系售后服务网点,如通过电话、在线客服等方式。

五、售后跟进

1. 交车后首次跟进(交车后1～3天)

1) 致电问候

在客户提车后的1～3天内,安排销售顾问或客服人员给客户致电。电话内容主要是表达对客户提车的再次祝贺,询问客户新车使用的感受,例如:"您好,××先生/女士,我是之前负责您购车的销售顾问××,再次恭喜您喜提爱车！这几天开着新车感觉怎么样呢?"

2) 解答疑问

客户在新车使用初期可能会遇到各种小问题或有一些疑惑,要耐心倾听并及时解答。比如客户可能对车辆某些功能的操作还不太熟练,或者对一些车内设备的设置有疑问,需详细、清晰地给予指导。

3) 收集反馈

了解客户对交车服务的整体评价,包括车辆准备情况、文件交接是否清晰、交车仪式感受等方面的意见和建议,以便对后续交车服务进行改进。例如可以询问:"您对我们这次的交车服务还满意吗?有没有什么地方您觉得可以做得更好呢?"

2. 定期保养提醒(根据车辆保养周期)

1) 确定提醒时间

依据车辆使用说明书上的保养周期,提前一定时间给客户发送保养提醒通知。一般可提前7～10天,确保客户有足够的时间安排保养事宜。

2) 多种提醒方式

可以通过短信、微信公众号、电话等多种方式进行提醒。通知内容要明确告知客户车辆即将达到保养里程或时间,保养的重要性,以及预约保养的方式。比如短信内容可以是:"尊敬的××先生/女士,您的爱车距离下一次常规保养还剩××公里/××天,定期保养能让您的爱车保持最佳状态。您可以通过拨打我们的服务热线××或者在我们的官方微信公众号上进行预约。"

3) 提供优惠信息(可选)

在提醒保养的同时,如有相关的保养套餐优惠活动,可一并告知客户,增加客户回店保养的吸引力。例如:"现在我们店推出了超值保养套餐,在原价基础上可享受××折优惠,快来预约吧!"

3. 售后服务回访(每次售后服务完成后)

1) 服务质量调查

在客户完成车辆保养、维修等售后服务后,及时进行回访。通过电话或在线问卷等方式,了解客户对本次售后服务的满意度,包括对服务人员态度、维修技术、维修时间、收费合理性等方面的评价。例如询问:"您对这次在我们店进行的保养服务满意吗?对我们的服务人员态度、维修技术、维修时间和收费合理性有什么看法呢?”

2）问题反馈处理

如果客户在回访中提出了问题或有不满意的地方，要立即进行调查核实，并采取有效措施加以解决。如客户反映维修时间过长，则需查明原因，若是由维修人员不足导致的，要及时安排增加人手或优化流程，然后将处理结果反馈给客户，让客户感受到重视并能够帮助他们解决问题。

3）持续改进服务

根据客户反馈的意见和建议，对售后服务流程、人员培训等方面进行持续改进，以提高服务质量和客户满意度。

4. 节日关怀与活动邀请（节假日及特殊活动期间）

1）节日问候

在重要节假日，如春节、中秋节等，给客户发送节日祝福短信或微信消息，表达对客户的关怀之情。例如：“尊敬的××先生/女士，值此春节来临之际，祝您新春快乐，阖家幸福！愿您的爱车在新的一年里伴您平安出行！”

2）活动邀请

当店内举办汽车相关活动，如新车试驾会、车主自驾游、售后优惠活动等，及时向客户发出邀请。邀请内容要详细介绍活动的内容、时间、地点、参与方式以及可能获得的优惠或乐趣，吸引客户参与。比如：“亲爱的车主们，我们将于××月××日举办一场精彩的车主自驾游活动，您将有机会领略美丽的自然风光，同时还能和其他车主们交流用车经验哦。活动地点在××，参与方式是通过我们的官方微信公众号报名，快来报名参加吧！”

5. 客户信息更新与维护

1）信息收集

在与客户的后续沟通中，持续收集客户的相关信息，如车辆使用情况、联系方式更新等，确保客户信息的准确性和完整性。

2）数据库管理

将收集到的客户信息及时录入客户关系管理系统中，进行分类管理和分析，以便更好地了解客户需求，制定有针对性的跟进策略。

案例分析

案例一：注重细节的优质交车服务

一、案例背景

某豪华汽车品牌4S店，一直以来以高品质的服务著称。一位客户订购了一辆该品牌的顶级SUV车型，价值不菲，对交车服务自然抱有很高的期望。

二、交车服务过程

1. 车辆准备

在交车之前，车辆经过了严格的售前检测(PDI)，不仅确保了各项力学性能指标正常，还对外观和内饰进行了精心的清洁和护理。车辆的每一处细节都处理得十分完美，甚至连轮胎的花纹里都没有一点泥土，车内也散发着淡淡的清香。

2. 文件交接

销售顾问将购车合同、发票、车辆合格证、保修手册等重要文件整齐地装在一个定制的高档文件袋中，文件袋上印有客户的姓名和车型。在交接时，销售顾问逐一向客户详细解释了每份文件的用途和重要性，确保客户清楚明白。

3. 交车仪式

4S 店为这位客户精心策划了一场隆重的交车仪式。在展厅的中央，布置了一个华丽的交车场地，周围挂满了彩色气球和彩带，地上铺着红地毯。车辆被擦拭得锃亮，车头摆放着一大束鲜花，旁边还放置了一个写有客户姓名和“喜提爱车”字样的牌子。仪式开始时，销售经理担任主持人，向客户表示热烈的祝贺，并介绍了出席仪式的各方人员。随后，销售顾问带领客户绕车一周，详细介绍了车辆的外观设计亮点、配置特色等。接着，售后经理上台向客户介绍了售后服务相关内容，包括保养周期、服务网点分布、24 小时救援电话等。最后，销售经理将车钥匙和装有文件的文件袋郑重地交给客户，让工作人员为客户及其爱车拍下合影，通过微信发送给客户，并赠送了一份精心准备的交车礼品——一套高级汽车内饰精品。整个仪式过程中，客户的家属也被邀请到场一同见证，大家都沉浸在喜悦的氛围中。

4. 客户培训与指导

在交车仪式结束后，销售顾问用了近一个小时的时间，耐心地向客户讲解了车辆的基本操作，如启动、熄火、挡位操作、灯光使用、空调调节等，还介绍了车辆的一些特色功能，如座椅加热、通风功能、电动后视镜调节等。同时，也向客户提供了日常维护指导，包括如何保持车辆外观和内饰的清洁，如何定期检查机油液位、轮胎气压等。对于客户提出的任何问题，销售顾问都给予了详细的解答。

三、销售效果及分析

这位客户对整个交车服务非常满意，在交车后的回访中，给予了极高的评价。他表示，这次交车服务让他真切地感受到了品牌的高端和对客户的重视，不仅提升了他对所购买车辆的满意度，也让他更愿意向身边的朋友推荐这个品牌。从这个案例可以看出，注重细节的优质交车服务能够极大地提升客户的满意度和品牌忠诚度，对于高端品牌来说，这种高品质的服务更是维护品牌形象的重要手段。

案例二:交车服务缺失导致客户不满

一、案例背景

某合资汽车品牌的一家4S店,近期销售业绩有所下滑,部分原因是交车服务环节出现了问题。一位客户购买了一辆该品牌的紧凑型轿车,在提车时遇到了一系列不愉快的事情。

二、交车服务过程

1. 车辆准备

虽然车辆在交付前已进行了售前检测,但检测过程可能不够严谨。客户在提车时发现车身有一处不太明显的划痕,而销售顾问并没有提前告知。此外,车辆的内饰也没有清理干净,座椅缝隙里还残留着一些杂物。

2. 文件交接

销售顾问只是简单地把购车合同、发票等文件递给了客户,没有详细解释每份文件的用途,导致客户对一些文件的重要性并不清楚。

3. 交车仪式

这家4S店并没有为客户举办任何形式的交车仪式,只是让客户在展厅里签了个字,然后就把车钥匙交给了客户,整个过程显得十分仓促和随意。

4. 客户培训与指导

销售顾问在交车时只是简单地说了几句关于车辆启动和熄火的操作,对于车辆的其他基本操作、特色功能以及日常维护知识等都没有进行详细的讲解。客户在提车后,对车辆的很多操作都不太清楚,甚至不知道如何调节空调温度。

三、销售效果及分析

这位客户对这次交车服务非常不满意,在交车后的回访中,表达了诸多不满。他认为自己花钱买了车,却没有得到应有的服务,感觉自己被忽视了。这种不满情绪不仅影响了他对本次购车的整体满意度,也让他对这个品牌产生了一定的负面印象。从这个案例可以看出,交车服务环节的缺失或不规范会严重影响客户的满意度和品牌形象,进而导致销售业绩下滑。

案例三:个性化交车服务赢得客户青睐

一、案例背景

某国产汽车品牌4S店,想要在竞争激烈的市场中脱颖而出,于是在交车服务方面采取了一些个性化的举措。一位年轻客户购买了一辆该品牌的时尚型轿车,该客户比较注重个性化体验。

二、交车服务过程

1. 车辆准备

车辆在交车之前进行了常规的售前检测和清洁工作,确保车辆状态良好。同时,根据客户的喜好,4S 店在车辆的内饰上添加了一些个性化的装饰,如定制的座椅套、印有客户姓名首字母的脚垫等,让车辆更具个性。

2. 文件交接

销售顾问将购车合同、发票、车辆合格证、保修手册等重要文件装在一个带有客户喜欢的动漫图案的文件袋中,并在交接时,除了解释常规的文件用途外,还根据客户的年龄和喜好,以一种更轻松、有趣的方式向客户介绍了每份文件的重要性。

3. 交车仪式

4S 店为这位客户策划了一场别具一格的交车仪式。在店外的停车场,布置了一个以客户喜欢的动漫主题为背景的交车场地,周围摆放着各种动漫周边产品作为装饰。车辆被装饰得十分漂亮,车头摆放着一束与动漫主题相关的鲜花,旁边还放置了一个写有客户姓名和“开启动漫之旅”字样的牌子。仪式开始时,销售经理以一种幽默、风趣的方式担任主持人,向客户表示热烈的祝贺,并介绍了出席仪式的各方人员。随后,销售顾问带领客户绕车一周,详细介绍了车辆的外观设计亮点、配置特色等,还特意强调了车辆内饰的个性化装饰。接着,售后经理上台向客户介绍了售后服务相关内容,包括保养周期、服务网点分布、24 小时救援电话等。最后,销售经理将车钥匙和装有文件的文件袋郑重地交给客户,并赠送了一份与客户喜欢的动漫主题相关的交车礼品——一套动漫主题的汽车内饰精品。整个仪式过程中,客户的家属也被邀请到场一同见证,大家都沉浸在喜悦的氛围中。

4. 客户培训与指导

在交车仪式结束后,销售顾问根据客户的年龄和喜好,以一种更轻松、有趣的方式向客户讲解了车辆的基本操作、特色功能以及日常维护知识等。例如,用动漫角色来比喻车辆的不同功能,让客户更容易理解。对于客户提出的任何问题,销售顾问都给予了详细的解答。

三、销售效果及分析

这位客户对整个交车服务非常满意,在交车后的回访中,给予了极高的评价。他表示,这次交车服务让他感受到了 4S 店对他的特别关注和尊重,不仅满足了他的个性化需求,也让他更愿意向身边的朋友推荐这个品牌。从这个案例可以看出,个性化交车服务能够满足不同客户的需求,提升客户的满意度和品牌忠诚度,在竞争激烈的市场中具有重要意义。

任务实施

一、实施准备

1. 学生准备

(1) 学生学习完知识导航部分,便可进行学习考评。

(2) 由学生自由组合成研究性学习项目小组,4～6 人为一组。

2. 教师准备

(1) 教师和各小组的组长担任考评人员。对协助教师进行考评的学生进行课前考评和监督方法的培训,确保考评结果准确和公平。

(2) 做好考评记录准备。

二、实施内容

学生按组选出代表,对所学知识进行复述。考评人员根据学生复述的内容,结合考评标准进行考评。

三、考评标准

报价与交车服务复述测评表见表 6-2。

表 6-2　报价与交车服务复述测评表

班级		姓名			小组		
任务名称	报价与交车服务						
考核内容	测评标准	配分	考核分值	学生自评	小组互评	教师评价	考核得分
知识掌握	说出报价与交车服务的步骤	50	10				
	说出报价与交车服务的具体实施方法		40				
职业素养	表达清楚	50	20				
	普通话标准		20				
	形象得体		10				
总分		100	100				

注:考核得分=学生自评×20%+小组互评×40%+教师评价×40%。

任务拓展

学生课后通过讨论和查阅相关资料完成学习通上的研讨任务“如何对客户的报价需求作出分析”。

课后习题

一、选择题

1. 汽车交车服务中的售前检测(PDI)不包括以下哪项内容?(　　)

A. 车辆外观划痕检查

B. 客户驾驶习惯评估

C. 发动机运转声音检查

D. 电子系统功能测试

2. 在交车仪式上,由于是车辆合法上路的必备凭证,以下哪项文件的交接最为重要?(　　)

A. 购车合同　　B. 车辆合格证　　C. 保修手册　　D. 购车发票

3. 汽车交车服务中,对客户进行车辆基本操作培训时,关于自动挡车辆挡位操作,以下说法正确的是(　　)。

A. N 挡可用于长时间停车　　B. D 挡是倒车挡

C. R 挡是前进挡　　D. P 挡是停车挡

二、填空题

1. 汽车交车服务的车辆准备工作中,除了售前检测(PDI)和车辆清洁,还应包括车辆功能调试和________。

2. 在交车服务的文件交接环节,销售顾问应向客户详细解释每份文件的用途,其中购车发票是________的重要凭证。

3. 为提升客户对新车的使用体验,在交车服务中要对客户进行全面培训,包括车辆基本操作、车辆功能介绍、日常维护指导以及________。

三、简答题

1. 简述汽车交车服务中车辆准备环节的主要工作内容。

2. 在交车仪式上,为什么要精心策划并营造出仪式感?

3. 请列举在交车服务中,对客户进行车辆基本操作培训的主要内容。

模块 6 综合测试题

一、选择题(每题 2 分,共 20 分)

1. 汽车报价单中,以下哪项通常不属于车辆价格的构成部分?(　　)

A. 车辆基础价格　　B. 销售人员提成

C. 选配配置价格　　D. 厂家指导价

2. 在制定汽车报价优惠政策时，针对有旧车置换需求的客户，常用的优惠方式是（　　）。

A. 现金折扣　　B. 置换补贴

C. 金融贷款优惠　　D. 赠送保养套餐

3. 汽车交车服务中的售前检测（PDI）的主要目的是（　　）。

A. 检查客户的驾驶资质　　B. 确保车辆交付时处于最佳状态

C. 评估车辆的市场价值　　D. 确定车辆的保险费用

4. 交车仪式上，向客户交接的重要文件中，用于明确车辆保修范围和期限的是（　　）。

A. 购车合同　　B. 车辆合格证

C. 保修手册　　D. 购车发票

5. 以下哪种汽车报价策略更适合在市场竞争激烈且对价格敏感的目标客户群体中使用？（　　）

A. 高价定位，突出品牌高端形象

B. 成本加成定价，保证利润最大化

C. 以价换量，采用低价结合丰富优惠政策

D. 跟随竞争对手定价，不做特殊调整

6. 在汽车交车服务中，对客户进行车辆基本操作培训时，关于手动挡车辆，起步时应挂入（　　）挡位。

A. 一挡　　B. 二挡　　C. 三挡　　D. 空挡

7. 汽车报价中，影响车辆最终价格波动的因素不包括（　　）。

A. 市场供需关系　　B. 销售人员心情

C. 竞争对手价格　　D. 新车上市周期

8. 交车服务的文件交接环节，购车发票上应注明的内容不包括（　　）。

A. 购买方信息　　B. 销售方信息

C. 销售人员提成比例　　D. 车辆信息

9. 汽车营销报价时，若要吸引客户使用金融贷款购车，可推出（　　）。

A. 高息贷款方案　　B. 低息或免息贷款方案

C. 复杂贷款手续方案　　D. 不提供贷款服务

10. 在汽车交车服务中，车辆清洁工作不包括（　　）。

A. 车身表面清洗　　B. 内饰吸尘

C. 发动机内部清洗　　D. 轮毂清洁

二、填空题（每题3分，共15分）

1. 汽车报价单通常要明确列出各项费用构成，包括车辆价格、________、保险费用、上牌费用等。

2. 汽车交车服务的车辆准备环节，除了进行售前检测（PDI）、车辆清洁外，还需对车辆进行________调试，确保各项功能正常。

3. 在制定汽车报价时,要考虑多种定价策略,如成本加成定价、竞争导向定价以及________定价等。

4. 交车仪式上,销售顾问应向客户详细介绍售后服务相关内容,包括保养周期、________、24小时救援电话等。

5. 汽车营销报价优惠政策中,常见的赠送项目有赠送保养套餐、________等。

三、判断题(每题2分,共20分)

1. 汽车报价单中,车辆基础价格就是车辆的出厂价。(　　)

2. 在汽车交车服务中,只要车辆外观无明显瑕疵,售前检测(PDI)就可省略。(　　)

3. 对于追求高品质且对价格不太敏感的客户群体,汽车报价时可适当提高价格并减少优惠政策。(　　)

4. 交车仪式只是一种形式,对客户购车体验影响不大。(　　)

5. 汽车报价中,所有车型的购置税计算方式都是一样的,按固定比例征收。(　　)

6. 在汽车交车服务中,车辆合格证是车辆合法上路的唯一凭证。(　　)

7. 制定汽车报价优惠政策时,现金折扣和置换补贴不能同时使用。(　　)

8. 汽车交车服务的客户培训与指导环节,只需简单介绍车辆启动和熄火操作即可。(　　)

9. 汽车营销报价时,竞争导向定价就是完全按照竞争对手的价格来定价。(　　)

10. 交车服务中,购车合同应明确双方的权利和义务,包括违约责任等条款。(　　)

四、简答题(每题15分,共45分)

1. 简述汽车营销报价时需要考虑的主要因素。

2. 请详细说明汽车交车服务中车辆准备环节的具体工作内容。

3. 在汽车营销报价与交车服务中,如何提升客户的满意度?

模块 7 汽车售后服务

模块引言

在汽车营销的整个链条中，汽车售后服务绝非可有可无的环节，而是影响品牌口碑、客户忠诚度乃至企业长远发展的关键因素。当客户满心欢喜地开着新车驶离销售展厅时，他们与汽车品牌的故事才刚刚开始。汽车售后服务构成一个完整的保障体系，涵盖保养维护、故障维修、零部件更换、客户咨询等诸多方面，持续为客户的用车生活提供有力的支持与保障。优质的汽车售后服务不仅能提升客户的购车体验满意度，还能提升客户对品牌的忠诚度，是汽车营销成功的关键环节。今天，就让我们一同深入探究汽车营销中的售后服务模块，揭开它那对汽车行业至关重要的“神秘面纱”。

模块简介

一、整体概述

汽车售后服务是汽车营销中至关重要的一环，它涵盖了车辆销售完成后为车主提供的一系列服务，旨在保障车辆的正常使用、提升车主的满意度和忠诚度，对汽车品牌形象的塑造也具有关键作用。

二、主要内容

1. 维修保养服务

定期保养：依据车辆使用手册规定的里程或时间间隔，为车辆进行常规保养，如更换机油、机油滤清器、空气滤清器、火花塞等，检查车辆各系统（发动机系统、制动系统、转向系统等）的运行状况，确保车辆性能处于最佳状态。

故障维修：当车辆出现故障，如发动机故障、刹车失灵、电子系统故障等，专业的维修技师会通过专业的设备进行检测、诊断，找到故障原因并及时修复，更换损坏的零部件。

2. 零部件供应

确保有充足且质量可靠的原厂零部件库存，以满足车辆维修和零部件更换的需求。

同时,也可为车主提供优质的非原厂兼容零部件,在保证质量的前提下,给予车主更多的选择和更灵活的成本控制。

3. 售后服务邀约与接待

邀约:通过短信、电话、邮件或汽车品牌官方 App 等多种方式,提前提醒车主车辆需要保养或告知其车辆检测出的潜在问题,邀请车主到店接受服务。邀约内容需明确服务项目、预估时间、费用(如有,则大致估算)等关键信息。

接待:车主到店时,服务人员要热情迎接,快速确认车辆信息,询问车主需求,引导车主将车辆停放至指定位置,并为车主提供舒适的等候环境,如休息区和茶水、咖啡等饮品供应。

4. 车辆检查与诊断

初步检查:服务人员在接待完车辆后,会先对车辆进行初步的外观检查,查看是否有划痕、碰撞痕迹等,同时了解车辆的基本运行状况(如启动是否正常、仪表盘有无警示灯亮起等)。

深度诊断(如有需要):对于存在故障的车辆,维修技师会使用专业的诊断工具(如汽车故障检测仪等)对车辆的电子控制系统、机械系统等进行深入诊断,精准定位故障点,以便制定有效的维修方案。

5. 六方位环车检查

这是一种全面且系统的车辆检查方法。这种检查方法是从车辆的正前方、左前方、左侧、后侧、右侧、右前方侧对车辆进行详细检查,包括车辆外观(车漆、车身部件完整性等)、内饰(座椅、仪表盘、中控台等状况)、机械部件(轮胎、刹车系统、悬挂系统等)以及电子系统(灯光、喇叭、刮水器等)的检查,确保车辆各方面状况都能被准确掌握并记录。

6. 车辆维修与保养作业

维修作业:维修技师根据诊断结果,按照标准的维修流程和工艺,对车辆进行维修操作,更换损坏的零部件,修复故障部位,确保车辆恢复正常运行。维修技师在维修过程中会严格把控质量,确保维修效果符合要求。

保养作业:按照保养规范进行车辆保养作业,如添加机油、更换滤清器等,同时会对车辆各系统进行检查和调试,以确保车辆性能保持最佳状态。

7. 车辆验收

车辆完成维修或保养后,服务人员会邀请车主一同进行验收。服务人员会向车主展示维修或保养工单,详细介绍所做的项目、更换的零部件以及费用情况。车主可亲自检查车辆的各项功能(如启动、换挡、刹车、灯光等)是否恢复正常,同时对车辆外观、内饰等进行检查,确保车辆达到满意的状态。

8. 客户回访与客户关系维护

回访:在完成服务后的一定时间(通常为 1～3 天)内,通过电话、短信等方式对车主进行回访,了解车主对此次服务的满意度,询问关于服务人员态度、维修技师技术水平、服务时间、收费合理性等方面的评价,收集车主的意见和建议。

关系维护:除回访外,还会通过举办车主活动(如自驾游、车主讲堂等)、提供专属优惠(如保养套餐优惠、零部件折扣等)、定期发送车辆使用小贴士等方式,不断加强与车主的联系,提升车主对品牌的忠诚度,促进车主再次消费以及对品牌的宣传推广。

9. 技术支持与咨询

为车主提供关于车辆使用、保养、维修等方面的技术支持和咨询服务。车主可通过电话、在线客服、汽车品牌官方 App 等渠道,随时咨询车辆相关问题,如操作不明白、故障现象解读等,都能得到专业人员的及时解答。

三、重要性

1. 提升车主满意度

优质的售后服务能让车主在用车过程中遇到问题时及时得到帮助,让车主感受到品牌的关怀,从而提高车主对汽车品牌的满意度。

2. 塑造品牌形象

良好的售后服务是汽车品牌的一张名片,它展示了品牌对车主负责的态度,有助于在市场中树立起可靠、优质的品牌形象。

3. 促进再次消费

优质的售后服务更有可能促进车主再次购买同品牌的汽车或选择在该品牌的售后服务网点进行后续的车辆保养和维修,从而有助于企业的发展。

学习目标

一、知识目标

1. 熟悉售后服务流程与内容

全面了解汽车售后服务的各个环节,包括售后服务邀约与接待、六方位环车检查、维修与保养作业、车辆验收、客户回访与客户关系维护等具体流程和工作内容。

熟知不同类型保养(如常规保养、大保养)的项目区别,以及常见故障维修的大致范围和处理方式。

2. 掌握车辆相关知识

深入掌握汽车的基本构造和工作原理,包括发动机、底盘、车身、电气设备等各主要部分的组成和运行机制,以便准确理解车辆故障原因和维修要点。

了解各类汽车零部件的功能、特性以及更换周期,能识别常见零部件并知晓其在车辆整体性能中的作用。

3. 了解售后服务政策与法规

熟悉汽车品牌自身制定的售后服务政策,如保修期限、保修范围、特殊服务承诺等内容,确保在服务过程中准确执行。

掌握与汽车售后服务相关的法律法规,如《中华人民共和国消费者权益保护法》中涉及汽车售后的条款,保证服务操作合法合规。

二、技能目标

1. 服务接待与沟通技能

能够熟练、热情、专业地进行售后服务邀约与接待工作。熟练运用电话、短信等方式准确传达邀约信息,包括服务项目、时间、预估费用等;在接待车主到店时,能迅速确认车辆信息,热情询问需求,引导车辆停放,并提供舒适的等候环境。

具备良好的沟通技巧,能与车主进行有效沟通,耐心倾听车主的诉求,准确理解问题,并能用清晰、易懂的语言向车主解释服务流程、维修方案、费用明细等内容,解答车主的疑问和担忧。

2. 车辆检查与诊断技能

熟练掌握六方位环车检查方法,能从车辆的前、后、左、右、上、下六个方位全面、细致地检查车辆外观、内饰、机械部件和电子系统等方面的状况,准确记录检查结果并及时反馈给车主。

学会使用常见的汽车故障诊断工具(如汽车故障检测仪、万用表等),能够对车辆出现的故障进行初步诊断,确定故障可能所在的系统或部件范围,为后续的维修工作提供准确依据。

3. 维修保养操作技能

掌握基本的汽车维修保养技能,如更换机油、机油滤清器、空气滤清器、火花塞等常规保养项目的操作流程,能够按照标准规范独立完成这些保养作业,确保操作安全、准确、高效。

对于一些常见的车辆故障,能在专业人员的指导下或经过一定实践后进行维修处理(如更换刹车片、修复简单的电路故障等),从而恢复车辆的正常运行状态。

4. 车辆验收与反馈技能

能够组织并引导车主进行车辆验收工作,在车辆完成维修或保养后,向车主详细介绍所做的项目、更换的零部件以及费用情况,协助车主亲自操作车辆并检查各项功能是否恢复正常,如启动、换挡、刹车、灯光等。

能根据车主在验收过程中的反馈意见,及时调整服务或采取相应措施解决问题,确保车主对车辆验收结果满意。

5. 客户回访与关系维护技能

熟练运用电话、短信等方式对车主进行回访,按照预定的回访内容(如服务满意度调查、意见收集等)准确提问,认真记录车主的回答和反馈意见。

能根据车主的反馈情况,制定针对性的客户关系维护策略,如通过举办车主活动、提供专属优惠、发送温馨提示等方式,提高车主对品牌的忠诚度,促进车主再次消费和对品牌的宣传推广。

三、素质目标

1. 服务意识与责任心

培养以车主为中心的服务意识，深刻认识到售后服务对于车主用车体验和汽车品牌形象的重要性，始终将车主的需求和满意度放在首位，在服务过程中积极主动、热情周到。

树立强烈的责任心，对每一项售后服务工作都认真负责，无论是车辆检查、维修保养，还是客户回访等环节，都确保工作的准确性和完整性，避免因疏忽给车主带来不便或损失。

2. 团队协作精神

明白汽车售后服务往往涉及多个部门（如接待部门、维修部门、配件部门等）的协同合作，能够与不同部门的同事有效沟通、密切配合，共同完成售后服务任务，确保服务流程的顺畅进行。

在团队合作中，能积极发挥自己的作用，主动承担工作任务，同时尊重他人的意见和建议，促进团队整体效率和服务质量的提升。

3. 学习与创新能力

具备持续学习的意识和能力，能够主动学习新知识、新技能，及时更新自己的知识体系，以适应新的售后服务需求。

鼓励创新思维，在售后服务工作中，能结合实际情况提出创新性的服务理念、方法或流程改进建议，提高服务的效率和质量，为车主提供更优质的服务体验。

4. 职业操守与道德规范

遵守汽车售后服务行业的职业操守和道德规范，如保护车主的个人信息和车辆维修信息，不利用职务之便谋取私利，诚信经营，公平对待每一位车主，维护汽车品牌的良好声誉。

任务1　售后服务邀约与接待

任务导入

假设同学们现在是一家汽车4S店的售后服务团队成员，刚刚到店一批新购车客户，需要在接下来的一段时间内对这些客户进行售后首次保养的邀约，同时还要做好后续进店客户的接待工作。

面对这样的任务情境，同学们思考一下，首先应该做些什么准备工作？如何制订邀约计划？怎样在电话邀约或以其他方式邀约时让客户欣然接受？而在接待客户进店时，又要注意哪些方面？从客户进门的那一刻起，到客户离开，每一个环节该如何做到让客户满意呢？引导学生分组简单讨论这些问题，每组推选一名代表发言。

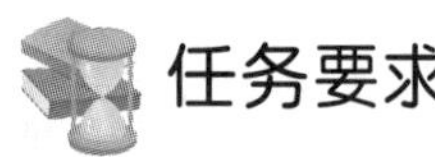

任务要求

一、知识与技能目标

1. 知识目标

学生能够熟悉汽车营销售后服务邀约与接待的完整流程，包括邀约前准备、邀约方式及话术、接待客户进门、车辆交接、客户等待安排、服务项目介绍、送别客户等各环节的具体内容。

了解不同类型客户（如年龄、性别、购车用途、消费层次等方面差异）在售后需求和沟通偏好上的特点。

掌握售后服务相关政策、法规以及本企业的售后保障条款、服务项目收费标准等基础知识。

2. 技能目标

能熟练运用规范、礼貌且有吸引力的话术进行电话邀约、短信邀约或线上邀约等，提高邀约的成功率。

熟练掌握接待客户的各项技能，如得体的仪容仪表、热情的接待态度、有效的沟通技巧（包括倾听、询问、解答疑问等），能够准确判断客户需求并提供相应服务。

学会妥善处理接待过程中可能出现的各类问题，如客户投诉、临时增加服务项目、等待时间过长等情况，提升客户满意度。

能够准确填写各类与售后服务相关的表单，如预约登记表、车辆维修工单、客户反馈表等，确保服务信息记录准确无误。

二、过程与方法目标

1. 自主学习与探究能力

通过学习相关资料、收集汽车售后市场案例等方式，培养学生自主学习和主动探究售后服务邀约与接待相关知识与技能的能力。

2. 合作学习能力

在课堂讨论、小组作业（如模拟邀约与接待场景演练、为不同类型客户制定服务方案等）过程中，提高学生与他人合作交流、共同解决问题的能力，学会倾听他人意见并整合不同观点。

3. 实践操作能力

经过多次模拟邀约与接待场景的实际演练，以及到汽车4S店或售后服务中心进行实地观摩或实习操作，学生在实践中不断总结经验，提升实际操作技能，能够灵活应对各种实际情况。

4. 分析与解决问题能力

在面对邀约失败、客户不满、突发问题等各种复杂情况时，引导学生运用所学知识和技能进行分析，找出问题根源，并提出有效的解决措施，逐步培养其分析和解决问题的能力。

三、情感态度与价值观目标

1. 服务意识

培养学生以客户为中心的强烈服务意识，认识到售后服务邀约与接待工作对于提升客户满意度、忠诚度以及企业形象和口碑的重要性，始终将满足客户需求放在首位。

2. 职业素养

塑造学生良好的职业素养，包括守时、守信、耐心、细心等品质，在邀约与接待工作中展现出专业、可靠的形象，赢得客户信任。

3. 团队合作精神

通过小组活动和实际工作中的协作，学生深刻体会到团队合作的重要性，明白只有团队成员相互配合、协同工作，才能更好地完成售后服务邀约与接待任务，提升整体服务质量。

4. 积极应对挑战

鼓励学生以积极的心态面对邀约与接待工作中的各种挑战，如客户的刁难、突发状况等，将其视为提升自身能力的机遇，勇于尝试用新方法、新技巧来解决问题，不断提升自己在该领域的专业水平。

5. 持续学习意识

使学生意识到汽车行业发展迅速，售后服务的要求和标准也在不断更新，从而树立持续学习的意识，关注行业动态，学习新知识、新技能，以适应未来工作的需要。

知识导航

一、售后服务邀约

1. 邀约目的

提高客户回厂率，确保车辆得到及时的保养和维修，保障车辆的性能和安全。

增强客户与经销商的联系和互动，提升客户的满意度和忠诚度。

发现潜在的维修需求，增加售后服务的收入。

2. 邀约对象

(1) 定期保养客户：根据车辆的行驶里程和保养周期，筛选出需要进行定期保养的客户。

(2) 维修客户:车辆出现故障或需要进行维修的客户,包括事故车维修客户。

(3) 流失客户:一段时间内未回厂的客户,通过邀约尝试挽回客户。

3. 邀约方式

1) 电话邀约

制定规范的电话邀约话术,包括问候语、自我介绍、邀约目的、服务内容介绍、时间安排建议等。

注意语气亲切、热情,语速适中,解答客户的疑问时要专业、耐心。

选择合适的时间打电话,避免在客户工作繁忙或休息时打扰客户。例如,可以在工作日的下午 3 点到 5 点或晚上 7 点到 9 点进行电话邀约。

2) 短信邀约

编写简洁明了的短信内容,告知客户车辆的保养或维修需求、优惠活动信息、服务热线等。

短信内容要礼貌、温馨,突出重点,例如:"尊敬的客户,您的爱车行驶里程已达[×]公里,为了确保车辆的最佳性能,建议您近期回厂进行保养。我们将为您提供专业的服务和优惠的价格,期待您的光临! 服务热线:[电话号码]。"

定期发送短信,提醒客户保养时间临近或有相关售后服务活动。

3) 邮件邀约

设计精美的邮件模板,包含车辆保养知识、维修案例分享、服务优惠套餐、预约链接等内容。

邮件主题要明确、吸引人,例如:"[汽车品牌名称]售后服务专属邀请——为您的爱车保驾护航"。

注意邮件的排版和格式,使内容清晰易读,同时避免邮件内容冗长。

4) 微信邀约

通过微信公众号或个人微信号向客户发送邀约信息,可以是图文消息、视频、小程序等形式。

利用微信的互动功能,如留言、点赞、投票等,与客户进行沟通和交流,了解客户的需求和反馈。

定期在微信朋友圈发布与售后服务相关的信息和活动,吸引客户的关注。

4. 邀约时间

(1) 定期保养邀约:提前 1～2 周向客户发出邀约,提醒客户安排时间回厂保养。

(2) 维修邀约:在客户车辆出现故障或事故后,尽快与客户取得联系,了解情况并安排维修事宜。

(3) 流失客户邀约:根据客户流失的时间长短,制定不同的邀约策略。对于短期(3～6 个月未回厂)流失客户,可以在 1 个月内进行邀约;对于长期(6 个月以上未回厂)流失客户,可以先通过短信或邮件进行问候和关怀,然后在 2～3 个月内进行邀约。

5. 邀约内容

1）服务项目介绍

详细说明车辆需要进行的保养或维修项目，包括项目内容、目的、重要性等。

例如，对于定期保养，可以介绍更换机油、机油滤清器、空气滤清器等项目对发动机性能和寿命的影响；对于维修项目，可以说明故障的原因、维修方法和预计的维修时间。

2）优惠活动信息

告知客户当前的售后服务优惠活动，如折扣、赠品、免费检测等。

强调优惠活动的限时性和吸引力，激发客户的兴趣和参与欲望。

例如："本月回厂保养可享受8折优惠，并赠送价值[×]元的汽车内饰清洁服务。"

3）时间安排建议

根据客户的时间和经销商的工作安排，为客户提供合理的回厂时间建议。

提供多个时间段供客户选择，方便客户安排自己的日程。

例如，"我们为您安排了以下几个回厂时间供您选择：[具体日期和时间1]、[具体日期和时间2]、[具体日期和时间3]，您看哪个时间比较方便呢？"

4）预约方式说明

告知客户预约回厂的方式，如电话预约、微信预约、在线预约等，并提供相应的预约渠道和操作方法。

提醒客户预约成功后会收到确认信息，以便客户做好准备。

例如："您可以通过拨打我们的服务热线[电话号码]进行预约，也可以在我们的微信公众号上点击'预约服务'进行在线预约。预约成功后，我们会及时与您联系确认。"

二、售后服务接待

1. 接待准备

1）人员准备

确保售后服务接待人员具备良好的专业素质和服务意识，熟悉售后服务流程和业务知识。

接待人员要穿着整洁、统一的工作服，佩戴工作牌，保持良好的形象和精神状态。

2）场地准备

售后服务接待区要保持整洁、明亮、舒适，设置合理的功能分区，如客户休息区、接待区、洽谈区等。

在接待区摆放相关的宣传资料、车型手册、售后服务指南等，方便客户查阅。

客户休息区要配备舒适的座椅、饮水机、电视等设施，为客户提供良好的休息环境。

3）设备和工具准备

准备好接待客户所需的设备和工具，如电脑、打印机、复印机、电话、对讲机等，确保设备正常运行。

准备好车辆检测设备和工具，如汽车故障检测仪、胎压表、千斤顶等，以便及时对车辆进行检测和诊断。

2. 接待流程

1）客户迎接

当客户驾车到达售后服务中心时，接待人员要主动热情地迎接客户，引导客户将车辆停放在指定的位置。

帮助客户打开车门，问候客户，询问客户的来意和需求，例如："您好，欢迎光临！请问您是来保养还是维修车辆呢？"

2）车辆信息登记

请客户出示行驶证和车辆钥匙，为客户办理车辆信息登记手续。

详细记录车辆的品牌、型号、车架号、发动机号、行驶里程、上次保养时间等信息，同时询问客户车辆在使用过程中是否有异常情况或需要特别关注的问题。

3）环车检查

与客户一起对车辆进行外观、内饰、轮胎、灯光等方面的环车检查，记录车辆的现有状况，包括是否有划痕、磕碰、损坏等情况。

在检查过程中，向客户解释检查的目的和重要性，提醒客户注意保管好车内的贵重物品。

环车检查完成后，与客户共同确认检查结果，并请客户在环车检查表上签字确认。

4）需求确认与评估

根据客户提供的信息和环车检查的结果，与客户进一步确认车辆的保养或维修需求。

向客户详细介绍需要进行的服务项目、预计的维修时间和费用，解答客户的疑问，确保客户对服务内容和费用了解清晰。

如果客户对服务内容和费用有异议，要耐心倾听客户的意见，与客户进行沟通和协商，寻求合理的解决方案。

5）制定维修方案

根据车辆的故障情况和客户的需求，制定合理的维修方案。

维修方案应包括维修项目、维修方法、所需的零部件、预计的维修时间和费用等内容。

在制定维修方案时，要充分考虑客户的利益和需求，尽量为客户提供经济、高效、可靠的维修方案。

向客户详细说明维修方案，征求客户的意见。

6）安排维修任务

客户同意维修方案后，接待人员将维修任务下达给维修车间，安排维修技师进行维修作业。

向维修技师详细交代车辆的故障情况、维修要求和客户的特殊需求，确保维修技师能够准确理解维修任务。

为客户开具维修工单，注明维修项目、维修时间、费用预算等信息，将维修工单交给客户一份，作为客户取车和结算的凭证。

7）客户引导与休息

安排好维修任务后，引导客户到客户休息区休息，为客户提供茶水、杂志等，让客户感受到舒适和关怀。

告知客户维修进度的查询方式，如通过微信公众号、短信或电话查询，让客户能够随时了解车辆的维修情况。

在客户休息期间,接待人员可以适时与客户进行沟通和交流,了解客户对售后服务的意见和建议,进一步提升客户的满意度。

案例一:成功的邀约与优质接待

一、案例情况

某汽车4S店售后客服小李,在客户购车后的一周内,按照标准流程准备对客户进行首次保养邀约。小李提前查看了客户的购车信息,了解到客户是一位年轻的上班族,购车主要用于日常通勤。

小李在合适的时间(周五下午4点左右)给客户打去电话,话术如下:"您好,请问是张女士吗?我是您购车的[汽车品牌名称]汽车4S店售后客服小李,首先恭喜您喜提爱车。您这会儿方便接听电话吗?是这样的,您的爱车现在已经行驶了一段时间,按照车辆保养手册,我们建议您在购车后的一个月内或者行驶里程达到[×]公里时进行首次保养,这样能让您的爱车始终保持最佳状态。我们店有专业的技师团队,而且首次保养是完全免费的。您看您下周三或者下周四哪天比较方便过来?"

客户张女士表示周四比较方便,小李随即与张女士确认了具体时间,并告知会提前一天再次短信提醒。

到了周四,张女士如约前来,接待专员小王在店门口看到张女士的车后,立即热情迎上前,微笑着为张女士打开车门,说道:"张女士,您好,欢迎您再次光临我们的4S店,您这边请。"然后引导张女士到休息区,递上一杯温热的饮品,询问张女士此次保养是否有其他特殊需求。

在车辆保养过程中,小王每隔一段时间就会到维修车间了解进度,并及时将情况反馈给张女士,让她心里有数。保养完成后,小王带着张女士去验收车辆,详细介绍了保养的项目以及车辆目前的状况。最后送别张女士时,还送上了一份小礼品和下次保养的优惠券。

二、分析

邀约方面:小李的邀约时机选择较好,周五下午临近周末,客户相对有更多时间接听电话。话术也很规范且有针对性,先恭喜客户购车,然后清晰说明保养的必要性、时间节点、免费政策等关键信息,让客户能快速了解情况并做出决定。提前确认并再次短信提醒也体现了小李的细致和负责。

接待方面:从迎接到引导客户到休息区、询问需求、反馈进度、介绍验收以及送别等环节,小王都做得非常到位,充分展现了热情、专业的服务态度,让客户感受到了重视和贴心,极大地提高了客户的满意度。

案例二：失败的邀约与欠佳接待

一、案例情况

同样是一家汽车4S店，售后客服小赵在客户购车后的半个月，随意选了个工作日上午10点给一位中年男性客户刘先生打电话邀约首次保养。小赵的话术是："喂，是刘先生吗？我是[汽车品牌名称]汽车4S店的，你的车该保养了，啥时候有空过来？"刘先生当时正在开会，有些不耐烦地说等会儿再说。

之后小赵没有再次联系刘先生。过了几天，刘先生自己开车来到4S店，门口的接待员小张看到刘先生下车后，没有立刻迎上去，而是在原地整理了一下资料才慢慢走过去，且没有什么热情的表情，只是简单地说："刘先生，来保养啊，车停那边吧。"然后就自顾自地在前面带路，也没有询问刘先生是否有其他需求。

在刘先生等待保养的过程中，没有人来告知他保养的进度，刘先生主动去询问时，维修工人态度也比较冷淡，只是说还没好。保养完成后，也没有人带刘先生去验收车辆，刘先生自己找到车后就开车离开了，刘先生对这次服务很不满意。

二、分析

邀约方面：小赵的邀约时机不当，工作日上午10点客户很可能在忙，而且话术极其简单，没有说明保养的重要性、免费政策等任何能吸引客户的信息，也没有后续的跟进措施，导致邀约失败。

接待方面：小张从迎接开始就表现得很不专业，没有热情主动，也没有询问需求，在客户等待和验收环节也都处理得很差，让客户感觉被忽视，严重影响了客户的满意度。

任务实施

一、实施准备

1. 学生准备

(1) 学生学习完知识导航部分，便可进行学习考评。

(2) 由学生自由组合成研究性学习项目小组，4～6人为一组。

2. 教师准备

(1) 教师和各小组的组长担任考评人员。对协助教师进行考评的学生进行课前考评和监督方法的培训，确保考评结果准确和公平。

(2) 做好考评记录准备。

二、实施内容

学生分组进行角色扮演，对所学知识进行实操训练。考评人员根据学生实操的内容，结合考评标准进行考评。

三、考评标准

售后服务邀约与接待测评见表7-1。

表7-1 售后服务邀约与接待测评表

班级		姓名		小组		
任务名称	售后服务邀约与接待					
考核内容	测评标准	配分	学生自评	小组互评	教师评价	考核得分
实训步骤	售后服务邀约成功	35				
	售后服务接待让客户满意	35				
	售后服务反馈积极	30				
总分		100				

注:考核得分=学生自评×20%+小组互评×40%+教师评价×40%。

任务拓展

学生课后通过讨论和查阅相关资料完成学习通上的研讨任务“接待客户时应注意哪些礼仪细节”。

课后习题

一、选择题

1. 汽车营销售后服务首次保养邀约的最佳时机一般是(　　)。

A. 购车后立即邀约

B. 购车后一周左右

C. 购车后一个月左右

D. 等客户主动联系

2. 在接待客户进店时,接待人员的仪容仪表应该(　　)。

A. 时尚潮流即可

B. 整洁、规范,符合企业形象要求

C. 随意舒适就行

D. 只注重面部清洁,其他无所谓

二、填空题

1. 电话邀约客户进行售后服务时,应先礼貌询问客户是否________,再展开邀约内容。

2. 在接待客户等待车辆保养或维修期间，接待人员应定期到车间了解________，并及时反馈给客户。

三、简答题

1. 汽车营销售后服务邀约时，针对年轻上班族客户和老年客户，在话术上应分别注意哪些要点？

2. 请列举出汽车营销售后服务接待过程中，从客户进门到离开，接待人员应完成的主要环节及相应操作。

任务2　六方位环车检查

任务导入

播放一段汽车销售展厅内销售人员为客户进行车辆介绍的视频片段(可从网络搜集相关素材)，视频中销售人员在车辆周围不同位置进行讲解，时而打开车门展示内饰，时而蹲下查看轮胎等，但整个过程并没有特别清晰的流程和重点展示。播放结束后，提问学生："从刚才的视频中，大家看到销售人员在介绍车辆时有哪些做得好的地方，又有哪些不足呢？如果是你，会怎样更全面、更专业地向客户介绍一辆汽车呢？"引导学生初步思考车辆介绍的要点和规范流程的重要性。

在学生简单讨论并发言后，教师顺势引出今天的课程主题——汽车营销六方位环车检查。告知学生这是汽车销售过程中非常重要的一个环节，系统的六方位环车检查可以让客户更全面、深入地了解车辆的状况。

任务要求

一、知识与技能目标

1. 知识目标

学生能够准确说出汽车营销六方位环车检查所涉及的六个方位，即车辆正前方、车辆左前方、车辆左侧、车辆后侧、车辆右侧、车辆右前方侧。

理解每个方位重点检查和介绍的车辆部件、性能、特点及相关配置等内容，例如车辆前方主要关注前脸设计、大灯造型及功能、发动机舱布局等。

掌握不同车型(如轿车、SUV、MPV 等)在六方位环车检查时的共性与个性特点，以及各车型在不同方位上可能存在的独特卖点。

熟悉与六方位环车检查相关的汽车专业术语，以便在介绍过程中准确传达车辆信息。

2. 技能目标

能熟练运用规范、流畅且富有吸引力的话术，按照六方位环车检查的流程，对不同车型进行全面、系统的车辆介绍，突出车辆优势，从而吸引客户。

学会在环车检查过程中，通过观察、触摸、操作等方式，准确展示车辆部件的实际状况和功能，如打开车门展示内饰工艺、启动发动机展示其运转声音及平稳性等。

能够根据客户的不同反馈(如表情、提问、关注点等)，灵活调整每个方位的介绍重点和节奏，以更好地满足客户需求。

熟练掌握在六方位环车检查结束后，对客户疑问的及时解答技巧，以及巧妙引导客户进入下一销售环节(如试驾、洽谈价格等)的能力。

二、过程与方法目标

1. 自主学习能力

通过提前学习相关资料(如汽车产品手册、网络汽车评测文章等)，培养学生自主学习和主动探究汽车营销六方位环车检查知识与技能的能力，使其能提前了解不同车型特点及相关介绍要点。

2. 合作学习能力

在课堂讨论、小组作业(如模拟六方位环车检查场景演练、针对特定车型制定最佳介绍方案等)过程中，提高学员与他人合作交流、共同解决问题的能力，学会倾听他人意见并整合不同观点。

3. 实践操作能力

经过多次模拟六方位环车检查场景的实际演练，以及到汽车4S店或销售展厅进行实地观摩或实习操作，学生在实践中不断总结经验，提升实际操作技能水平，能够灵活应对各种实际情况，如不同客户类型、不同展厅环境等。

4. 分析与解决问题能力

在面对客户提出复杂问题、对车辆介绍不感兴趣、环节衔接不顺畅等各种情况时，引导学生运用所学知识和技能进行分析，找出问题根源，并提出有效的解决措施，逐步培养其分析和解决问题的能力。

三、情感态度与价值观目标

1. 服务意识

培养学生以客户为中心的强烈服务意识，认识到六方位环车检查是为了让客户更全面、深入地了解车辆，从而满足客户需求，提高客户满意度，始终将客户的体验和需求放在首位。

2. 职业素养

塑造学生良好的职业素养，包括专业、自信、耐心、细心、有责任心等品质，在六方位环车检查过程中展现出专业、可靠的形象，赢得客户信任。

3. 团队合作精神

通过小组活动和实际销售工作中的协作，让学生深刻体会到团队合作的重要性，明白只有团队成员相互配合、协同工作，才能更好地完成六方位环车检查任务，提升整体服务质量。

4. 积极应对挑战

鼓励学生以积极的心态面对六方位环车检查过程中的各种挑战，如客户的挑剔、突发状况等，将其视为提升自身能力的机遇，勇于尝试用新方法、新技巧来解决问题，不断提升自己在该领域的专业水平。

5. 持续学习意识

使学生意识到汽车行业发展迅速，新车型不断推出，车辆的特点和性能也在不断更新，从而树立持续学习的意识，关注行业动态，学习新知识、新技能，以适应未来工作的需要。

知识导航

一、车辆正前方

1. 整体外观

观察车辆前脸造型，查看前保险杠、进气格栅、前机盖的外观是否有划痕、磕碰、掉漆等情况。

检查前大灯、雾灯、日间行车灯的灯罩是否有破损、裂痕，灯光是否能正常点亮。

2. 发动机舱检查

打开发动机舱盖，检查发动机舱布局是否规整。查看冷却液储液罐的液位是否在最高和最低刻度之间，冷却液颜色是否正常，有无渗漏。

检查机油液位是否处于正常范围，机油是否清澈无杂质、有无乳化现象。查看发动机皮带的张紧度是否合适，有无磨损、起皮等情况。

二、车辆左前方

1. 外观

检查胎面磨损是否均匀，有无扎钉、鼓包等异常情况。

查看左前翼子板的漆面是否完好，有无划痕、凹陷，与前大灯和车门的缝隙是否均匀。

2. 内部

查看左前悬挂部分，如减震器是否有渗油现象，弹簧是否有变形或断裂的迹象。

三、车辆左侧

1. 外观

检查车身左侧的漆面，从车头到车尾，查看是否有划痕、流漆、腐蚀等情况。

检查左后视镜外壳是否有破损，镜片是否能正常调节、加热(如果有该功能)。

检查左侧车门，包括前门和后门，查看车门边缘的密封条是否完好，车门开合是否顺畅，关闭后是否紧密，门锁是否能正常锁止和解锁。

2. 内部

打开左前门，检查内饰板是否有损坏、污渍，车窗升降是否正常，控制按钮是否灵敏。查看车内左侧座椅是否有破损、污渍，调节功能是否正常。

四、车辆后侧

1. 外观

检查后保险杠是否有损伤，后尾灯组的灯罩是否完好，刹车灯、倒车灯、转向灯等是否能正常工作。

查看车尾的标识是否齐全、清晰。

2. 后备厢

打开后备厢，检查后备厢盖的开合是否顺畅，关闭后是否严密。检查后备厢内部的空间大小，并检查内部是否干净整洁，查看备胎气压是否正常，工具(如千斤顶、扳手等)是否齐全。

五、车辆右侧

1. 外观

检查车身右侧的漆面，从车头到车尾查看是否有损伤。

检查右后视镜情况，与左后视镜检查类似。

检查右侧车门的开合、密封、门锁等情况。

2. 内部

检查内饰板、车窗升降、座椅等情况。

六、车辆右前方侧

1. 外观

检查胎面磨损是否均匀，有无扎钉、鼓包等异常情况。

查看右前翼子板的漆面是否完好，有无划痕、凹陷，与前大灯和车门的缝隙是否均匀。

2. 内部

查看右前悬挂部分，如减震器是否有渗油现象、弹簧是否有变形或断裂的迹象。

七、注意事项

1. 检查前准备

1) 熟悉车辆信息

了解车辆的基本情况，包括车型、配置、维修保养记录等，以便准确判断车辆状态和可能存在的问题。

2）准备工具和设备

如手电筒、胎压表、漆膜仪（如需精确检测漆面情况）等，确保检查能全面细致进行。

3）确定检查环境

尽量选择光线充足、场地开阔且安全的地方进行检查，便于发现问题和保障操作安全。

2. 外观检查

1）整体观察

从车辆各个角度进行远距离和近距离观察，查看是否有明显划痕、凹陷、掉漆、锈蚀等情况。

2）细节查看

重点关注车身接缝处是否均匀，车门边缘、前后保险杠、后视镜、轮毂等部位的外观是否完好，并用手触摸感受表面是否平整。

3）漆面检测

可借助漆膜仪检测漆面厚度，判断是否有过喷漆修复情况，若发现异常需进一步查明原因。

3. 内饰检查

1）清洁状况

查看内饰是否干净整洁，座椅、脚垫、仪表盘、中控台等部位有无污渍、破损或磨损严重的情况。

2）功能测试

逐一测试车内各项功能，如灯光、喇叭、刮水器、空调、音响、座椅调节、车窗升降等，确保都能正常工作，记录下有故障的地方。

3）内饰部件

检查内饰部件（比如车门内饰板、扶手箱、遮阳板等）是否有松动、异响等情况。

4. 底盘检查

1）安全防护

如需检查底盘，务必确保车辆已停稳且支撑牢固（如使用举升机），检查人员要做好安全防护措施。

2）外观查看

查看底盘是否有明显的磕碰痕迹以及是否有变形、漏油（如发动机、变速箱、减震器等部位）情况，检查排气管是否有锈蚀、破损等。

3）部件检查

对底盘的重要部件（如悬挂系统、制动系统、转向系统等）进行检查，查看是否有松动、磨损过度等问题。

5. 轮胎检查

1）外观与气压

查看轮胎表面是否有划伤、鼓包、磨损不均等情况，同时用胎压表测量轮胎气压，确保气压符合车辆规定标准。

2）花纹深度

检查轮胎花纹深度，一般可通过花纹磨损标记或专用工具来判断，若花纹深度不足，需提醒车主更换轮胎。

6. 与车主沟通

1）主动询问

在检查过程中，要主动询问车主车辆近期的使用情况，如是否有异常响声、行驶是否稳定等，以便更准确地发现问题。

2）反馈情况

及时将检查发现的问题如实反馈给车主，用通俗易懂的语言解释问题的严重性和可能的解决办法，取得车主的理解和同意。

7. 记录与报告

1）详细记录

将环车检查的每一项结果，包括发现的问题、车辆的状态等信息详细记录下来，形成规范的检查报告。

2）留存备份

检查报告要留存备份，以便后续查阅，为车辆的维修保养等后续服务提供依据。

八、话术示范

1. 开场

您好，[车主称呼]，我是咱们汽车售后服务中心的[你的名字]，今天由我来为您的爱车做一次全面的环车检查。环车检查就是仔仔细细地查看一下您的爱车各个方面的情况，这样能及时发现一些潜在的问题，也好给您提供更合适的保养或维修建议。您这会儿方便吗？

2. 外观检查

1）整体观察

咱们先从整体看看您爱车的外观。（围着车走一圈，稍远距离观察）您看，从远处看过去，车子整体的线条还是很流畅的，外观也保持得挺不错。不过咱们还是得走近了再仔细看下。

2）车头部分

现在来到车头部分，（用手指着相应部位）您看这前脸的设计，到现在都还是很时尚大气。大灯也很明亮，我来帮您检查一下灯光功能是不是都正常。（打开大灯、雾灯等，边操作边说），大灯、雾灯都没问题。还有这发动机舱盖，我打开看看里面。（打开发动机舱盖，稍做查看）发动机舱整体看着也挺整洁的，不过咱们还得进一步检查一些细节。

3）车身侧面

接着到车身侧面，您看这车身的漆面，（用手轻轻触摸车身侧面）摸起来挺光滑的，目前也没发现有明显的划痕或者掉漆的情况。(拉开车门,开关几次,检查是否顺畅及关闭是否严实)车门开关都挺顺畅的,而且关门的声音也很扎实,说明车门的密封性挺好的。再看看这轮胎,(蹲下查看轮胎)轮胎表面暂时没有明显的划伤或者鼓包,我再用胎压表量一下气压。(测量气压后)气压也在正常范围内,不过轮胎花纹深度我还得再仔细看看,毕竟花纹深度关系到车子的抓地力和行车安全。(查看花纹深度后)目前花纹深度也还可以,但您后续开车的时候也得注意,要是花纹磨损到标记位置,就得考虑换轮胎了。

4) 车尾部分

现在来到车尾,(指着车尾)您看这尾灯的设计,晚上亮起来的时候特别醒目。我来检查一下尾灯的功能。(打开尾灯、刹车灯、倒车灯等,边操作边说)尾灯、刹车灯、倒车灯都正常亮着。我打开看看后备厢。(打开后备厢,查看内部空间及是否有异物等)后备厢空间挺大的,里面也挺干净的,没什么异物。

5) 车身另一侧

再来到车身的另一侧,这边的车身漆面也挺好的,车门开关也顺畅,轮胎情况也和刚才那边差不多,各项指标都还正常。

3. 内饰检查

外观检查得差不多,现在咱们进到车里看看内饰情况。

1) 清洁与整体状况

(打开车门,进入车内)您这车内保持得挺干净整洁的,座椅也没什么明显的污渍或者磨损。仪表盘、中控台这些地方也都清清爽爽的,很不错。

2) 功能测试

接下来我要测试车内的各项功能。(逐一测试灯光、喇叭、刮水器、空调、音响、座椅调节、车窗升降等功能,边操作边说)先看看这车内的灯光,阅读灯、仪表盘灯都正常亮着。喇叭声音也很响亮。刮水器刮得也很干净顺畅。(打开空调,感受温度及风速)空调的制冷制热效果都不错。音响的音质也挺好的。座椅调节功能也正常,(调节座椅前后、高低、靠背角度等)您看,可以很方便地调整到您想要的位置。车窗升降也没问题,(升降车窗)很顺畅。

3) 内饰部件检查

最后再看看内饰部件有没有松动或者异响的情况。(轻轻摇晃车门内饰板、扶手箱、遮阳板等部件,听是否有异响)目前这些内饰部件也都挺结实的,没有发现松动或者异响的情况。

4. 底盘检查(如需检查底盘)

如果您同意的话,咱们还得检查一下底盘的情况,因为底盘有些问题可能平时不太容易发现。(在车主同意后,将车辆停在合适位置,如举升机上,做好安全防护措施后进行检查)

1) 外观查看

车辆已经升起来了,咱们先看看底盘的外观。(用手电筒照着底盘,查看是否有明显的磕碰痕迹、变形、漏油等情况)您看,目前底盘整体外观上没什么明显的磕碰痕迹,也没发现有变形的情况。不过还得仔细检查一些关键部位是否有漏油的情况。

2）部件检查

现在看看底盘的一些关键部件。（检查悬挂系统、制动系统、转向系统等部件，用手轻轻摇晃相关部件，查看是否有松动、磨损过度等问题）悬挂系统目前看起来还挺结实的，没有明显的松动或者磨损过度的情况。制动系统呢，刹车盘、刹车片看起来也都正常。转向系统也没问题，转向拉杆这些部件也都挺牢固的。

5. 总结与反馈

整个环车检查就做完了，现在我给您总结一下。

1）整体情况

从这次环车检查来看，您爱车的整体情况还是挺不错的，外观保持得很好，内饰各项功能也都正常，轮胎气压和花纹深度也在正常范围内。（如果有底盘检查的话）底盘的关键部件也都没有发现明显的问题。

2）建议事项

不过还是有一些小建议给您。比如说，您后续开车的时候要留意一下轮胎的花纹深度，一旦到了更换标记那里，就得及时换轮胎。此外，如果您发现车内的任何功能出现异常，比如灯光不亮了或者空调不制冷了，一定要及时联系我们，我们会尽快给您解决问题的。

3）询问意见

您对这次环车检查的结果满意吗？您还有什么疑问或者要求吗？

九、客户异议类型及处理方法

1. 对检查必要性的异议

1）异议表现

客户认为车辆目前行驶正常，没有必要进行环车检查，觉得这是浪费时间和金钱（如果涉及收费项目）。

例如："我的车开着好好的，没必要做什么环车检查，这不是多此一举嘛。"

2）处理方法

解释说明：耐心向客户解释环车检查的重要性。比如："您看，虽然您的车现在开着感觉没问题，但有些潜在的小毛病可能还没显现出来。环车检查就像是给车做一次全面的'体检'，能提前发现诸如轮胎气压不足、刹车系统轻微磨损、电气元件潜在故障等问题，及时处理这些小问题可以避免它们以后变成大麻烦，不仅能保障您的行车安全，还能延长车辆的使用寿命。"

举例说明：可以列举一些因未及时检查而导致后续出现严重问题的案例。比如："之前有位车主也是觉得车开着没问题就没做检查，结果没过多久，轮胎因为气压长期不足出现了鼓包，在高速公路上行驶时差点出事故。要是当时做了环车检查，就能早早发现气压问题并解决了。"

2. 对检查费用的异议(如果有收费项目)

1) 异议表现

客户觉得环车检查的收费过高,不合理。例如:“就这么简单检查一下就要收这么多钱? 太贵了吧,我觉得不值。”

2) 处理方法

费用明细解释:向客户详细说明检查费用的构成,包括使用的专业工具、耗费的人工时间、检查涉及的具体项目等。比如:“您看,这次环车检查我们会用到专业的设备,像胎压表、漆膜仪等,来精确检测车辆状况,而且我们的技师要花费不少时间对车辆的外观、内饰、底盘等各个方面进行细致检查,这其中包含了很多具体项目,费用就是这样核算出来的,并不是随意定价的。”

价值强调:强调环车检查能为客户带来的价值。比如:“虽然有这笔费用,但通过这次检查,我们能准确找出车辆可能存在的问题,为您提供专业的维修保养建议,避免您以后因为车辆故障而花费更多的钱去维修,从长远来看,其实是帮您省钱了。”

3. 对检查结果的异议

1) 异议表现

客户不相信检查结果,认为检查出来的问题不存在或者问题被夸大了。例如:“你们说刹车盘有磨损,我开着没感觉啊,肯定是你们弄错了。”

2) 处理方法

展示证据:如果可能,向客户展示检查的结果,比如用照片、数据等来证明问题的存在。如:“您看,这是我们在检查刹车盘时拍的照片,您可以清楚地看到刹车盘表面已经有了一定程度的磨损痕迹(拿出照片给客户看),而且我们通过专业的测量工具也得到了具体的数据,表明刹车盘的厚度已经低于正常标准。”

再次检查确认:如果客户仍然存疑,可以安排再次检查,最好由另一位经验丰富的技师来操作。如:“那这样吧,我们再安排一位资深的技师给您的车重新做一次检查,让您放心。”

4. 对检查时间的异议

1) 异议表现

客户觉得环车检查花费的时间太长,影响他的其他安排。例如:“我还有其他事,这检查要这么久,能不能快点?”

2) 处理方法

时间预估调整:先向客户诚恳道歉,然后重新评估检查时间,看是否可以通过优化流程、增加人手等方式缩短时间。比如:“真的很抱歉给您带来了不便,我们会尽快调整检查流程,看看能不能多安排一位技师来协助,争取缩短检查时间,让您能尽快去做其他事。”

提供替代方案:如果实在无法大幅缩短时间,可以提供一些替代方案,比如先做部分关键项目的检查,后续再约时间完成剩余项目。比如:“要不这样吧,我们先集中精力检查车辆的关键部位,像刹车系统、轮胎等这些关乎行车安全的部分,其他项目可以等您下次有时间的时候再来完成,您看这样行吗?”

5. 对检查过程中发现问题处理方式的异议

1）异议表现

客户对检查中发现的问题及其处理方式不满意，比如认为维修费用太高、不认可更换部件等。例如："要换的这个零件太贵了，能不能不换啊？"

2）处理方法

方案解释：详细向客户解释为什么要采取这种处理方式，包括问题的严重性、不处理可能带来的后果等。比如："您看，这个零件已经出现了明显的磨损，如果不换的话，可能会导致车辆出现更严重的问题，比如影响车辆的操控性，甚至可能会危及行车安全。而且我们建议更换的零件都是经过严格筛选的优质产品，能保证您的车辆性能和安全。"

提供备选方案：如果可行，提供一些备选方案给客户，比如维修而不是更换部件、寻找更经济的替代品等。比如："如果您觉得更换零件费用太高，我们也可以尝试对这个零件进行维修，不过这需要进一步评估它的可维修性，或者我们也可以帮您找找有没有更经济的替代品，但这也需要考虑兼容性等问题，我们会和您一起探讨，找到最适合您的方案。"

案例分析

案例一：细致检查发现潜在问题，赢得客户信任

一、案例情况

一位车主将车开到售后服务中心进行常规保养，并同意了环车检查。售后技师小李在检查车辆外观时，发现车身右侧有一处细微划痕，不仔细看很难察觉。在用手触摸划痕周边时，感觉漆面有些不平整，于是借助漆膜仪检测，发现此处漆面厚度异常，怀疑该车曾有过轻微碰撞，但修复工艺不佳。

进入车内检查内饰时，各项功能测试正常，但在检查座椅调节功能时，听到座椅下方有轻微异响。小李进一步检查发现是座椅调节轨道内有一颗小石子，清理后异响消失。

在检查底盘时，发现发动机油底壳处有轻微油渍，经仔细查看，确定是油底壳放油螺栓处密封不严导致少量渗油。

二、分析

小李在环车检查过程中十分细致，通过观察、触摸、借助工具等多种方式，全面检查车辆状况。小李在发现车身划痕及漆面异常问题时，显示出其专业敏感度，及时察觉可能存在的修复情况，这对于客户了解车辆真实情况很重要。

小李及时解决了座椅异响问题，虽然是个小状况，但提升了客户的车内体验感。而发现发动机油底壳渗油问题更是关键，若不及时处理，可能导致机油大量泄漏，影响发动机正常运转，严重危及行车安全。小李将所有检查结果详细告知车主，并给出了相应的处理建议，车主对小李的服务非常满意，认为这次环车检查很有必要，也对售后服务中心更加信任。

案例二：未充分沟通引发客户误解，及时补救挽回局面

一、案例情况

车主赵先生将车送来进行环车检查，售后人员小张在检查完后，告知赵先生车辆左前轮的轮胎花纹深度已接近磨损极限，需要尽快更换轮胎，否则可能影响行车安全。赵先生一听就有些不高兴，觉得小张是在故意夸大其词，想让他多花钱换轮胎。

原来，赵先生之前也听别人说过轮胎花纹深度的事，但自己开车感觉没什么异常，所以不太相信小张的说法。

二、分析

小张虽然在检查中发现了真实存在的问题，但在告知客户时没有充分沟通。他只是简单陈述了结果和建议，没有详细解释轮胎花纹深度不足为何会影响行车安全，也没有举例说明类似情况可能导致的危险后果。这使得客户产生了误解，认为是售后人员想推销产品。

发现客户的不满后，小张及时采取补救措施。首先，小张向赵先生诚恳道歉，然后拿出专业的轮胎花纹深度测量工具进行检测，向赵先生展示轮胎花纹深度检测结果，并说明标准要求与其车辆轮胎的实际情况。接着，他列举了一些由轮胎花纹深度不足引发的交通事故案例，让赵先生深刻认识到问题的严重性。最后，赵先生理解了小张的建议，同意更换轮胎，并对小张后续的服务表示满意。

案例三：检查流程不规范，导致遗漏重要问题

一、案例情况

某汽车售后服务中心的技师小王在为一辆车进行环车检查时，由于当时店内车辆较多，工作比较忙，在检查车辆外观时只是匆匆看了一圈，没有仔细查看车身细节，也没有用手触摸检查漆面情况。

在检查内饰时，只测试了部分常用功能，如灯光、喇叭、车窗升降等，而忽略了对空调系统的全面检查。结果车主在取车后不久，就发现车辆空调的制冷效果很差，回来找售后服务中心理论。

二、分析

小王在环车检查过程中流程不规范，没有按照全面、细致的要求操作。外观检查过于草率，遗漏了车身表面的细微问题，比如一些小的划痕、漆面瑕疵等，更重要的是可能未发现被外观遮盖的潜在问题，例如过往的轻微碰撞修复痕迹等。

在内饰检查方面，遗漏对空调系统的检查是一个严重的失误。空调作为车辆重要的

舒适性配置,其正常工作与否对车主的驾驶体验影响很大。由于小王的不规范操作,车主取车后出现问题,这不仅给车主带来了不便,也影响了售后服务中心的声誉。事后,售后服务中心对小王进行了批评教育,并完善了工作流程,要求技师在进行环车检查时必须严格按照规范流程操作,确保不再出现类似问题。

任务实施

一、实施准备

1. 学生准备

(1) 学生学习完知识导航部分,便可进行学习考评。

(2) 由学生自由组合成研究性学习项目小组,4～6 人为一组。

2. 教师准备

(1) 教师和各小组的组长担任考评人员。对协助教师进行考评的学生进行课前考评和监督方法的培训,确保考评结果准确和公平。

(2) 做好考评记录准备。

二、实施内容

学生分组进行角色扮演,对所学知识进行实操训练。考评人员根据学生实操的内容,结合考评标准进行考评。

三、考评标准

六方位环车检查测评表见表 7-2。

表 7-2　六方位环车检查测评表

班级		姓名		小组		
任务名称	六方位环车检查					
考核内容		配分	学生自评	小组互评	教师评价	考核得分
实训步骤	车辆正前方检查	30				
	车辆左前方检查	30				
	车辆左侧检查	10				
	车辆后侧检查	10				
	车辆右侧检查	10				
	车辆右前方侧检查	10				
总分		100				

注:考核得分=学生自评×20%+小组互评×40%+教师评价×40%。

任务拓展

学生课后通过讨论和查阅相关资料完成学习通上的研讨任务“六方位环车检查时存在哪些礼仪细节”。

课后习题

一、选择题

1. 在汽车售后服务环车检查中，检查车辆外观时，以下哪种工具可用于精确检测漆面厚度？(　　)

A. 手电筒　　B. 胎压表　　C. 漆膜仪　　D. 万用表

2. 环车检查时，对车辆底盘进行检查，如发现发动机油底壳处有油渍，首先应做的是(　　)。

A. 立即更换油底壳　　B. 确定油渍来源及原因

C. 告知客户需进行大修　　D. 清洗油渍后继续观察

二、填空题

1. 在环车检查的内饰功能测试中，需要检查的车内功能包括但不限于灯光、喇叭、刮水器、________、音响、座椅调节、车窗升降等。

2. 检查车辆轮胎时，除了查看表面是否有划伤、鼓包等情况，还需用________测量轮胎气压，确保其符合车辆规定标准。

三、简答题

1. 简述汽车售后服务环车检查中，外观检查的主要内容及注意事项。

2. 当在环车检查过程中发现车辆某项功能测试不正常时，应如何处理？

任务3　车辆验收

任务导入

学生分别扮演汽车售后工作人员和前来取车的车主这两个角色。售后工作人员刚刚完成了对一辆车的维修、保养或其他相关服务，而车主则满怀期待地前来取车，希望自己的爱车能以完美的状态回到自己的手中。

在这样的情境下，作为售后工作人员，你们觉得应该从哪些方面入手准备车辆验收呢？需要检查哪些具体内容？又该如何与车主进行有效的沟通，确保车主清楚了解车辆的状况呢？而作为车主，你们会关注车辆的哪些方面来确定服务是否达到预期？如果发现了问题，希望售后人员如何处理呢？让学生先站在各自扮演的角色角度思考这些问题，然后分组进行简单讨论，每组推选一名代表准备发言。

任务要求

一、知识与技能目标

1. 知识目标

学生能够熟知汽车售后服务车辆验收的完整流程，包括验收前准备、验收的具体项目及标准（如外观、内饰、力学性能、电子设备等方面）、验收结束后的手续办理等环节内容。

了解不同类型的汽车售后服务（如维修、保养、钣金喷漆等）对应的车辆验收重点及差异之处。

掌握与车辆验收相关的行业标准、企业内部规范以及各类质量检测指标等基础知识。

2. 技能目标

能熟练运用专业工具（如漆膜仪、胎压表、故障诊断仪等）对车辆进行准确的验收检测，判断车辆是否达到验收标准。

学会运用规范、清晰且通俗易懂的话术与车主进行沟通，在验收过程中准确告知车主车辆的状况，包括已完成的服务项目、车辆目前存在的问题（如有）以及后续的注意事项等。

能够独立完成车辆验收报告的填写，确保报告内容完整、准确，如实反映车辆验收的实际情况，为后续服务跟踪及存档提供依据。

熟练掌握在验收过程中遇到车辆未达标准或车主提出异议时的处理技巧，如重新检测、解释说明、提出解决方案等，有效提升客户满意度。

二、过程与方法目标

1. 自主学习能力

通过预习相关资料（如汽车维修保养手册、售后服务标准文档等），培养学生自主学习和主动探究汽车售后服务车辆验收知识与技能的能力，使其能提前了解验收流程及相关要点。

在课后复习及拓展学习中，鼓励学生自主关注汽车行业动态，及时更新验收知识，以适应不断变化的行业要求。

2. 合作学习能力

在课堂讨论、小组作业（如模拟车辆验收场景演练、针对不同服务类型制定验收方案等）过程中，提高学生与他人合作交流、共同解决问题的能力，学会倾听他人意见并整合不同观点。

通过小组合作完成实际案例分析，培养学生的团队协作精神，共同探讨车辆验收过程中出现的问题及解决办法。

3. 实践操作能力

经过多次模拟车辆验收场景的实际演练，以及到汽车售后服务中心进行实地观摩或实习操作，让学生在实践中不断总结经验，提升实际操作技能，能够灵活应对各种实际情况，如不同车型、不同服务项目、不同车主需求等。

在实际操作中，培养学生对验收工具的正确使用和熟练掌握能力，确保检测数据准确可靠。

4. 分析与解决问题能力

在面对车辆验收过程中出现的复杂情况（如车辆故障未彻底排除、验收标准不明确、车主不认可验收结果等）时，引导学生运用所学知识和技能进行分析，找出问题根源，并提出有效的解决措施，逐步培养其分析和解决问题的能力。

三、情感态度与价值观目标

1. 服务意识

培养学生以客户为中心的强烈服务意识，认识到车辆验收是汽车售后服务的重要环节，直接关系到客户满意度和企业口碑，始终将满足客户需求、提供优质服务放在首位。

在验收过程中，注重客户体验，以热情、耐心、细心的态度对待车主，让车主感受到专业、贴心的服务。

2. 职业素养

塑造学生良好的职业素养，包括严谨、负责、守信、专业等品质，在车辆验收工作中展现出可靠的形象，确保验收工作的准确性和完整性，赢得客户信任。

培养学生遵守行业标准和企业规范的意识，严格按照规定流程和标准进行车辆验收，维护行业和企业的声誉。

3. 团队合作精神

通过小组活动和实际工作中的协作，让学生深刻体会到团队合作的重要性，明白只有团队成员相互配合、协同工作，才能更好地完成汽车售后服务车辆验收任务，提升整体服务质量。

在团队合作中，学会承担自己的责任，同时也能给予他人支持和帮助，共同进步。

4. 积极应对挑战

鼓励学生以积极的心态面对车辆验收工作中的各种挑战，如复杂的车辆故障、挑剔的车主、严格的验收标准等，将其视为提升自身能力的机遇，勇于尝试用新方法、新技巧来解决问题，不断提升自己在该领域的专业水平。

在遇到困难时，保持乐观向上的态度，不轻易放弃，努力寻找解决问题的最佳方案。

5. 持续学习意识

使学生意识到汽车行业发展迅速，汽车技术和售后服务要求也在不断更新，从而树立持续学习的意识，关注行业动态，学习新知识、新技能，以适应未来工作的需要。

培养学生对新知识、新技能的好奇心和探索精神，积极主动地学习与车辆验收相关的最新成果，提升自身的专业素养。

知识导航

一、车辆外观检查

1. 检查前准备

确保检查时环境光线充足，以便清晰发现车辆外观的各类问题，最好在室外自然光或明亮的室内灯光下进行。

准备必要的工具，如手电筒（用于查看车身缝隙、角落等暗处）、漆膜仪（精确检测漆面厚度，判断是否有过喷漆修复等情况）。

2. 整体外观观察

远距离查看：站在距离车辆数米远的地方，观察车辆整体外形是否正常，有无明显变形、凹陷等情况。例如，车身线条应流畅自然，若某部位线条不连贯，则表示可能存在碰撞变形问题。

多角度查看：围绕车辆走动，从车头、车身两侧、车尾等不同角度观察，查看车辆外观是否对称，如左右大灯造型是否一致、位置是否正确、前后保险杠与车身衔接是否自然等。

3. 车身漆面检查

漆面状况：用肉眼直接观察车身漆面，查看是否有划痕、掉漆、锈蚀等情况。轻微划痕可能只是影响美观，而较深划痕可能已伤及底漆，需特别留意。对于新车或刚做完喷漆服务的车辆，要检查漆面颜色是否均匀一致，有无色差。

漆面厚度检测：借助漆膜仪在车身不同部位进行检测，一般来说，原厂漆面厚度在一定范围内较为均匀。若检测到某部位漆面厚度明显异常（过厚或过薄），则表示该部位可能有过喷漆修复，需进一步确认修复原因及质量。例如，若发现车门处漆面厚度远超其他部位，则表示车门可能曾遭受碰撞，后来重新喷过漆。

4. 车身细节检查

车身接缝：检查车身各部件之间的接缝，如车门与车身的接缝、前后保险杠与车身的接缝、引擎盖与车身的接缝等应均匀细密，手指触摸时不应有明显宽窄不一或高低不平的感觉。若接缝不平整，则表示存在装配工艺问题或车辆曾遭受过外力撞击。

车门检查：开关车门，感受开关时的顺畅程度，车门应能轻松开启和关闭，且关闭后应严丝合缝，听关门声音是否清脆扎实，若有异响或关门困难，则表示车门铰链、门锁或限位器等部件可能存在问题。同时，查看车门边缘是否有磕碰痕迹、划痕等。

车窗检查：升降车窗，检查车窗玻璃升降是否顺畅，有无卡顿、异响等情况。查看车窗玻璃表面是否有划痕、破损等，以及车窗胶条是否密封良好，有无老化、脱落等现象。

后视镜检查：查看后视镜外观是否完好，镜片是否清晰，后视镜角度能否调节，并检查其调节功能是否正常，以及能否灵活调整到所需位置。

5. 前后保险杠检查

外观查看：观察前后保险杠的外观，查看是否有划痕、掉漆、凹陷、破裂等情况。由于保险杠位于车辆最前端和最后端，在日常行驶中较易受到碰撞、刮擦，所以要重点检查。

安装牢固性：用手轻轻摇晃前后保险杠，检查其是否安装牢固，不应有松动现象，若发现松动，可能是安装卡扣损坏或在维修过程中未安装到位。

6. 轮毂与轮胎检查

轮毂检查：查看轮毂外观是否有划痕、变形、锈蚀等情况。变形的轮毂可能会影响车辆行驶稳定性和轮胎寿命，划痕严重的轮毂可能会影响美观。

轮胎检查：查看轮胎表面是否有划伤、鼓包、磨损不均等情况，轮胎鼓包是比较危险的情况。同时，用胎压表测量轮胎气压，确保气压符合车辆规定标准，还需检查轮胎花纹深度，一般花纹深度低于规定值时应考虑更换轮胎，以保障行车安全。

二、车辆内饰检查

1. 检查前准备

确保车辆处于静止且通电状态（若需测试电子设备功能），以便准确检查内饰各项情况。

准备干净的抹布，用于擦拭可能存在污渍的部位，以便更清晰地查看内饰表面状况。

2. 清洁状况检查

整体观察内饰各个部位，包括座椅、地毯、仪表盘、中控台、车门内饰板等，查看是否干净整洁，有无明显污渍、灰尘、杂物等。对于刚做完保养或维修的车辆，应确保内饰在服务过程中未被污染。

3. 座椅检查

外观状况：查看座椅表面材质（如皮革、织物等）是否有划痕、破损、过度磨损等情况。对于皮革座椅，要留意是否有开裂现象；对于织物座椅，则需关注是否有起毛、抽丝等问题。

调节功能：测试座椅的各项调节功能，如前后调节、高低调节、靠背角度调节等，确保调节过程顺畅，无卡顿、异响等情况，且能准确调节到所需位置。

加热/通风功能（若有）：若车辆配备座椅加热或通风功能，则开启相应功能，感受其加热或通风效果是否正常，比如加热功能开启后，座椅表面应能在合理时间内升温到适宜温度；通风功能开启后，应能明显感觉到空气流通。

4. 仪表盘检查

外观：查看仪表盘表面是否有划痕、裂纹等损伤情况，确保各个仪表（如车速表、转速表、燃油表、水温表等）的表盘清晰可辨，指针能正常转动且指示准确。

警示灯：将车辆通电但不启动发动机，观察仪表盘上的各种警示灯（如发动机故障灯、机油压力灯、电瓶指示灯等）是否正常亮起和熄灭。正常情况下，在车辆未启动时，部分警示灯应亮起，启动发动机后应在短时间内全部熄灭。

5. 中控台检查

外观与触感：检查中控台表面是否有划痕、污渍等情况，用手触摸感受其材质及装配工艺，不应有明显粗糙感或部件松动现象。

多媒体系统：测试多媒体系统的各项功能，如收音机、CD/DVD 播放（若有）、蓝牙连接、USB 接口使用等。播放音乐或其他音频内容，检查声音是否正常，蓝牙连接是否稳定，USB 接口能否正常读取设备等。

空调系统：开启空调，测试制冷、制热功能，调节温度、风速等设置，确保空调能正常制冷或制热，且风速调节灵敏，出风口风量分布均匀。同时，检查空调出风口是否有异味，若有异味，则表示空调系统可能存在问题，如需要清洗滤网等。

6. 车门内饰板检查

外观完整性：查看车门内饰板表面是否有划痕、破损等情况，检查内饰板与车门框架的装配是否紧密，用手轻轻摇晃时不应有明显松动现象。

功能部件：测试车门内饰板上的功能部件，如车窗升降按钮、车门锁按钮、后视镜调节按钮（若在车门上）等，确保这些按钮的功能正常，按下后能准确执行相应操作，且无卡顿、异响等情况。

7. 其他内饰部件检查

遮阳板：检查遮阳板能否正常翻转、伸缩，其化妆镜的灯光（若有）是否能正常亮起。

扶手箱：打开扶手箱，查看其内部是否干净整洁，空间是否符合车辆规格，且扶手箱盖的开合是否顺畅。

车内灯光：测试车内的各种灯光，如阅读灯、氛围灯（若有）、后备厢灯等，确保灯光能正常亮起和熄灭，且亮度符合要求。

三、车辆机械部分检查

1. 检查前准备

确保车辆处于安全停放状态，拉起手刹或使用驻车制动装置，若要启动发动机检查某些项目，则需将车辆停放在通风良好的空旷场地，避免尾气积聚。

准备必要的工具，如扳手、套筒、听诊器（用于听发动机、变速箱等部件运转的声音）、胎压表（再次确认轮胎气压，虽然前面可能已经检查过，但是机械部分检查时可复查）等。

2. 发动机舱检查

1）整体外观

打开发动机舱盖，首先观察发动机舱整体是否整洁，有无明显油渍、水渍、灰尘堆积等情况。过多的油渍表示发动机或其附近部件可能存在漏油问题，需进一步检查确认。

查看发动机舱内各部件的布局是否正常，各管线（如油管、水管、电线等）连接是否牢固，有无松动、破损、老化等迹象，管线连接异常可能会影响车辆正常运行。

2）发动机本体检查

启动发动机（在确保安全的情况下），听发动机启动瞬间的声音是否清脆有力，不应有刺耳的摩擦声、异常的敲击声等。正常情况下，发动机启动后会迅速进入平稳运转状态。

观察发动机运转时的状态，是否有明显的抖动现象，若发动机抖动厉害，则表示发动机支架、火花塞、喷油嘴等部件可能存在问题。

用听诊器分别在发动机的不同部位（如缸体、气门室、曲轴等部位附近）听其运转声音，判断是否存在异常的杂音。例如，若有类似“咔咔”的敲击声，则表示可能存在气门间隙过大或活塞敲缸等问题。

3）冷却系统检查

查看冷却液储液罐，检查冷却液液位是否在正常范围内（储液罐上一般标记有最低和最高液位），液位过低可能会导致发动机过热。

观察冷却液的颜色是否正常，正常的冷却液颜色一般较为鲜艳、清晰，若冷却液颜色变深、变浑浊，则表示冷却液已变质，需要更换。

检查冷却水管路，查看水管是否有破损、渗漏现象，用手触摸水管，感觉其是否有明显的温度变化，若某段水管温度异常高或低，则表示可能存在管路堵塞或内部循环不畅等问题。

4）润滑系统检查

查看机油尺，先将机油尺拔出，用干净的抹布擦干净后再插回，然后再次拔出，观察机油液位是否在正常范围内，机油液位过低可能会使发动机润滑不足，过高则可能导致发动机运转阻力增大。

检查机油的颜色和质地，正常的机油颜色为淡黄色或琥珀色，且质地较为清亮。若机油颜色变黑、变稠，则说明机油已到更换周期或发动机可能存在问题，如烧机油等。

5）燃油系统检查

检查燃油管路，查看是否有渗漏现象，特别是在接头部位，要确保燃油管路连接牢固，无泄漏风险。

对于采用化油器的车辆（现在较少见），需检查化油器的工作状态，确保其能正常将燃油与空气混合；对于采用电喷系统的车辆，可通过故障诊断仪（若有）检查燃油喷射系统的工作状态，查看是否有故障码存在，若有故障码，则需进一步分析解决。

3. 变速箱检查

1）外观及连接

查看变速箱的外观有无明显的油渍、划痕、变形等情况，若有油渍，则表示变速箱可能存在漏油问题。

检查变速箱与发动机及其他部件的连接是否牢固以及有无松动现象，若连接不牢固，则可能会影响动力传递。

2）运转状态检查

启动发动机并挂上不同的挡位（手动挡车辆需手动操作换挡，自动挡车辆可通过换挡杆操作），感受变速箱换挡时的平顺性，正常情况下，换挡应该是顺畅无阻的，不应有明显的顿挫感、冲击感或挂不上挡的情况。

听变速箱运转时的声音，用听诊器在变速箱外壳附近听其声音，判断是否存在异常的杂音，如有“嗡嗡”的声音且声音持续，则表示可能存在变速箱内部齿轮磨损等问题。

4. 传动系统检查

1）传动轴检查

查看传动轴的外观有无明显的划痕、变形、锈蚀等情况，传动轴变形可能会影响动力传递的稳定性。

启动发动机并挂上挡位，让车辆处于缓慢行驶状态（可在空旷场地进行），听传动轴运转时的声音，正常情况下，传动轴运转声音应该是较为轻微且平稳的，若有“咔咔”等异常声音，可能是传动轴的十字轴等部件存在问题。

2）差速器检查

对于四轮驱动车辆，需要检查差速器的外观有无明显的油渍、划痕、变形等情况，有油渍可能暗示差速器存在漏油问题。

启动发动机并挂上挡位，让车辆处于缓慢行驶状态，听差速器运转时的声音，正常情况下，差速器运转声音应该是较为轻微且平稳的，若听到“嗡嗡”等异常声音，则表示可能存在差速器内部齿轮磨损等问题。

5. 制动系统检查

1）刹车踏板检查

踩下刹车踏板，感受其行程是否正常，正常情况下，刹车踏板行程应该在一定范围内，若行程过长或过短，则表明刹车系统存在问题，如刹车片磨损严重、刹车油泄漏等。

检查刹车踏板的回位情况，踩下刹车踏板后松开，踏板应该迅速回到初始位置，若回位缓慢或不完全回位，则表明刹车踏板的回位弹簧等部件可能存在问题。

2）刹车油检查

查看刹车油储液罐，检查刹车油液位是否在正常范围内（储液罐上一般标记有最低和最高液位），液位过低可能会导致刹车失灵。

检查刹车油的颜色和质地，正常的刹车油颜色为淡黄色或琥珀色，且质地较为清亮。若刹车油颜色变黑、变稠，则说明刹车油已到更换周期或刹车系统可能存在问题，如水分含量过高。

3）刹车片及刹车盘检查

查看刹车片的厚度，一般可以通过轮毂上的观察孔（部分车辆有）或者拆卸轮胎（若必要）来查看，刹车片厚度应在规定范围内，若厚度过薄，则需要更换刹车片。

查看刹车盘的表面状况，有无明显的划痕、磨损不均等情况，磨损不均可能导致刹车时抖动，若划痕较深，则可能影响刹车性能。

4）刹车管路检查

查看刹车管路的外观有无明显的油渍、划痕、变形等情况，有油渍可能暗示刹车管路存在漏油问题。

检查刹车管路的连接是否牢固、有无松动现象，连接不牢固可能会影响刹车性能。

6. 悬挂系统检查

1）外观及连接

查看悬挂系统各部件（如减震器、弹簧、摆臂、球头等）的外观有无明显的油渍、划痕、变形等情况，若有油渍，则表示减震器等部件存在漏油问题。

检查悬挂系统各部件与车身及车架的连接是否牢固、有无松动现象，连接不牢固可能会影响车辆的行驶稳定性。

2）性能检查

按压车辆的四个角（可分别按压车头的左右角和车尾的左右角），感受减震器的反弹力，正常情况下，减震器应该能够迅速反弹，且反弹力较为均匀。若减震器反弹缓慢或反弹力不均匀，则表示减震器可能存在问题。

启动发动机并挂上挡位，让车辆处于缓慢行驶状态，观察车辆行驶时的晃动情况，正常情况下，车辆行驶时应该是较为平稳的，若车辆晃动厉害，则表明悬挂系统各部件可能存在问题，如弹簧变形、摆臂松动等。

7. 轮胎及轮毂检查

1）轮胎检查

查看轮胎表面是否有划伤、鼓包、磨损不均等情况，轮胎鼓包是比较危险的情况，应立即更换。

用胎压表测量轮胎气压，确保气压符合车辆规定标准，还需检查轮胎花纹深度，一般花纹深度低于规定值时应考虑更换轮胎，以保障行车安全。

2）轮毂检查

查看轮毂外观是否有划痕、变形、锈蚀等情况，变形的轮毂可能会影响车辆行驶稳定性和轮胎寿命，划痕明显的轮毂可能会影响美观。

四、随车文件检查

1. 购车发票

检查购车发票的真实性，可通过税务部门相关平台或工具（如有条件）进行验证，确保发票是正规开具的，不存在伪造等情况。

确认发票上的车辆信息（如车架号、发动机号、车型、配置等）与实际车辆完全一致，任何细微差异都可能导致后续车辆相关事务办理出现问题。

2. 车辆合格证

查看车辆合格证是否齐全，对于新车验收这是必备文件，它证明车辆经过了生产厂家的检验并合格，具备交付使用的条件。

核对合格证上的车辆关键信息（车架号、发动机号、车型等）与车辆本身及购车发票是否匹配无误，确保车辆身份的准确性。

3. 车辆一致性证书

检查此证书是否存在且内容是否完整。该证书详细列出了车辆的各项参数、配置等信息，是车辆符合国家标准及厂家生产标准的一种证明。

对比车辆一致性证书上的内容与实际车辆情况，包括车辆外观特征、内饰配置、动力系统等方面，确保车辆实际状态与证书描述相符。

4. 保修手册

确认保修手册是否提供,这是车辆售后服务保修的重要依据。

查看保修手册内的保修政策说明,了解车辆不同部件的保修期限、保修范围以及保修条件等内容,以便车主清楚知晓后续车辆出现问题时可享受的保修权益。

核对保修手册上填写的车辆信息(车架号、发动机号等),确保手册与车辆对应关系正确。

5. 使用说明书

检查使用说明书是否配备齐全,它是车主了解和正确使用车辆各项功能的指南。

大致浏览使用说明书的内容,确保其涵盖了车辆的基本操作(如启动、驾驶、停车等)、各项功能(如多媒体系统、空调系统等)介绍以及日常维护注意事项等方面,能满足车主日常使用车辆的需求。

6. 保养记录手册(如果车辆已进行过保养)

若车辆不是新车,有过保养经历,则需要查看保养记录手册是否存在且记录完整。

检查保养记录中的保养时间、保养项目、更换的零部件等信息,了解车辆之前的保养情况,这对于后续的保养计划制订以及车辆状况评估有重要意义。

7. 车辆保险相关文件(如果涉及)

对于已购买保险的车辆,检查保险单是否齐全,保险单应明确车辆投保的险种、保险金额、保险期限等重要信息。

确认保险单上的车辆信息(车架号、发动机号等)与车辆本身匹配无误,确保保险的有效性。

查看是否有保险理赔记录(如有),了解车辆是否曾发生过保险理赔事件以及理赔的具体情况,这对于评估车辆状况也有一定的参考价值。

8. 其他文件

根据车辆的具体情况,可能还会有一些其他相关文件,如车辆购置税完税证明(新车)、车辆过户手续相关文件(二手车)等,都要进行相应的检查,确保文件齐全且信息准确无误。

五、客户异议类型与处理方法

1. 对验收流程不理解的异议

1) 异议表现

客户不清楚为什么要进行这么多步骤的验收,觉得烦琐,例如:“怎么要检查这么多东西,之前都没这么麻烦,是不是故意为难我?”

2) 处理方法

耐心解释:向客户详细说明车辆验收流程的目的和重要性。比如:“这次详细的验收流程是为了确保您的爱车在经过维修/保养等服务后,各项性能和状况都能达到最佳状态,保障您的行车安全,也让您清楚了解车辆目前的情况。就像人做完体检后,医生会把各项检查结果都告知您一样。”

简化说明：可以用通俗易懂的语言将复杂的验收流程简化描述给客户听，突出关键环节和对客户的好处。例如："我们主要就是检查车辆的外观有没有划痕，内饰功能是不是都正常，机械部分运转好不好，还有随车文件齐不齐全，这样您开着车也放心。"

2. 对验收结果不满意的异议

1）异议表现

客户认为验收结果与自己的预期不符，比如觉得车辆外观仍有细微划痕没处理好，或者内饰某个功能还是不太正常等，会说："我这来取车了，怎么还有这些小毛病没解决，你们这服务不行啊！"

2）处理方法

再次确认：首先，对客户提出异议的部分再次进行仔细检查确认，排除可能存在的误判情况，比如重新查看外观划痕是否真的未处理好，再次测试内饰功能是否确实存在问题等。

诚恳道歉：如果确实存在未处理好的情况，则向客户诚恳道歉，对给客户带来的不便表达歉意。例如："真的很抱歉给您带来了不便，我们这就马上安排处理，一定把问题解决好。"

说明计划：告知客户针对发现的问题将采取的处理计划，包括预计处理时间、处理方式等，让客户心里有数。比如："我们会马上安排师傅重新处理这个划痕，大概半小时就能处理好，处理完后还会再次给您验收的。"

3. 对验收时间过长的异议

1）异议表现

客户觉得车辆验收花费的时间太长，影响了自己的其他安排，可能会抱怨："我都等了这么久了，怎么还没验完，我还有其他事呢！"

2）处理方法

时间预估与解释：先向客户诚恳道歉，然后重新评估剩余验收时间，并向客户解释清楚为什么需要这么长的时间。例如："真的很抱歉让您久等了，这次验收因为要全面检查车辆的各个方面，包括一些比较细致的地方，所以花费的时间会稍微长一点，不过我们已经加快进度了，预计还有半小时就能完成了。"

提供替代方案：如果确实无法在短时间内完成验收，可以考虑提供一些替代方案给客户，比如先完成部分关键项目的验收，让客户先把车开走，后续再约时间完成剩余项目的验收，同时要明确告知客户后续验收的时间安排和注意事项。例如："要不这样吧，我们先集中精力完成车辆的机械部分和随车文件的验收，您先把车开走，后续我们再约个时间完成外观和内饰的验收，您看这样行不？我们会在明天下午两点给您打电话约时间的。"

4. 对验收费用存在异议（如果有收费项目）

1）异议表现

客户认为验收费用过高，不合理，可能会说："就这么个验收，怎么要收这么多钱，太贵了吧！"

2）处理方法

费用明细解释：向客户详细解释验收费用的构成，包括人工成本、使用的工具与设备成本、涉及的检查项目等，让客户明白钱花在了哪里。例如："您看，这次验收我们投入了不少人工时间，师傅们要仔细检查车辆的外观、内饰、机械部分等各个方面，而且还用到了一些专业的工具和设备，像漆膜仪、故障诊断仪等，这些都是有成本的，费用是这样核算出来的，并不是随意定价的。"

价值强调：强调验收能为客户带来的价值，告诉客户通过这次验收可以确保车辆的安全性、可靠性以及后续使用的便利性，从长远来看是很值得的。例如："虽然有这笔费用，但通过这次验收，我们能准确找出车辆可能存在的问题，提前预防可能出现的故障，保障您的行车安全和车辆的正常使用，其实是帮您省钱了。"

5. 对随车文件不全或有误的异议

1）异议表现

客户发现随车文件存在缺失、信息不准确等问题，比如保修手册上的车架号写错了，或者购车发票找不到了等，会说："你们这随车文件怎么不全，而且还有错误，这怎么行呢？"

2）处理方法

立即核实：马上对客户提出的问题进行核实，查看是否真的存在文件不全或信息有误的情况，例如核实购车发票是否真的丢失，核对保修手册上的车架号是否正确等。

采取补救措施：如果确实存在问题，应采取相应的补救措施，如重新开具购车发票（如果丢失）、更正保修手册上的错误信息等，并及时告知客户处理的进度和预计完成时间。例如："真的很抱歉给您带来了不便，我们已经在重新开具购车发票了，预计明天就能拿到新的发票，到时候会第一时间通知您的。"

案例分析

案例一：外观瑕疵未处理引发客户不满

一、案例情况

车主李先生将车送到汽车售后服务中心进行全车喷漆修复。在车辆验收环节，李先生发现车辆右侧车门处仍有一处细微划痕，虽然不仔细看不太明显，但在特定角度下还是能看到。李先生认为既然是全车喷漆，就应该将车辆外观处理得完美无瑕，所以对这个结果很不满意。

售后人员小张在验收时，只是简单地进行了外观整体查看，没有对车门等部位进行细致检查，也未使用漆膜仪等工具进一步确认漆面情况，所以未发现这处细微划痕。

二、分析

售后人员小张在车辆外观检查环节存在疏忽，未能按照规范流程进行操作。小张没有对车门等容易出现问题的部位进行重点排查，也未借助专业工具辅助检查，导致遗漏了车辆外观的瑕疵问题。

对于车主李先生而言，他对全车喷漆服务有着较高的期望，认为完成服务后车辆外观应无任何瑕疵，所以即使是细微划痕也会引起他的不满。这反映出在服务前，售后人员可能未与车主充分沟通，明确告知车主可能存在的一些无法完全避免的情况，比如细微瑕疵的存在及处理程度等。

案例二：内饰功能异常未被发现致客户抱怨

一、案例情况

车主王女士的车在售后服务中心做完保养后进行验收。在验收过程中，售后人员小王只是简单测试了车内部分常用功能，如灯光、喇叭、车窗升降等，未对多媒体系统进行全面检查。王女士在取车后使用多媒体系统播放音乐时，发现音响没有声音，随即返回售后服务中心抱怨。

原来，在保养过程中，维修人员可能误碰了音响系统的线路，导致线路连接出现松动，但售后人员小王在验收时未发现这一问题。

二、分析

售后人员小王在内饰检查方面不够全面，只侧重于部分常用功能的测试，忽略了对多媒体系统等其他重要功能的检查，未能及时发现由保养操作可能引发的问题。这表明在车辆验收流程中，对于内饰功能的检查应该更加细致、全面，不能有遗漏。

从车主王女士的角度看，她在取车后正常使用车辆功能时发现问题，这不仅影响了她的驾驶体验，也让她对售后服务的质量产生了怀疑。该情况提醒售后人员在验收时要充分考虑车主的使用场景，尽可能确保所有用到的功能都能正常运行。

案例三：机械部分故障未排查彻底引争议

一、案例情况

车主张先生的车因发动机故障送到售后服务中心维修。维修后在车辆验收环节，售后人员小赵启动发动机并简单听了听声音，感觉运转正常，又检查了机油液位等基本项目，便告知张先生车辆已修好，可以取车。

然而，张先生在取车后开车上路，行驶不久就发现发动机抖动明显，再次返回售后服务中心。经进一步检查，发现是发动机的一个火花塞未安装牢固，在行驶过程中出现松动，导致发动机工作不正常。

二、分析

售后人员小赵在对车辆机械部分进行检查时，检查方法过于简单、草率。仅仅启动发动机听声音和查看机油液位等,未能对发动机及相关部件进行全面、深入的检查,如未对火花塞的安装情况进行细致排查,从而遗漏了关键问题。

对于车主张先生来说,他原本以为车辆经过维修已经彻底修好,结果上路后又出现故障,这给他带来了极大的不便和困扰,也严重影响了他对售后服务中心的信任。这说明在车辆验收的机械部分检查中,要严格按照规范流程和专业方法进行,确保将所有可能影响车辆正常运行的机械问题都排查出来。

案例四:随车文件错误导致客户办理业务受阻

一、案例情况

车主刘女士在购买新车后到售后服务中心进行首次车辆验收。在检查随车文件时,刘女士发现购车发票上的车架号填写错误,这使得她在后续办理车辆上牌等业务时无法顺利进行。

售后人员小李在交付车辆时,未对随车文件进行仔细核对,只是简单查看了文件是否齐全,没有注意到购车发票上的车架号错误这个问题。

二、分析

售后人员小李在随车文件检查环节工作不细致,仅仅关注文件的齐全性,而忽略了对文件内容准确性的核查。购车发票上的车架号错误是一个严重的问题,会直接对车主后续办理诸多车辆相关业务造成影响。

对于车主刘女士而言,她在办理业务时因文件错误而受阻,这不仅浪费了她的时间和精力,也让她对售后服务中心的专业性产生了怀疑。这强调了在车辆验收过程中,对随车文件的检查要做到全面、准确,确保文件信息无误,为车主后续办理业务提供便利。

任务实施

一、实施准备

1. 学生准备

(1) 学生学习完知识导航部分,便可进行学习考评。

(2) 由学生自由组合成研究性学习项目小组,4～6 人为一组。

2. 教师准备

(1) 教师和各小组的组长担任考评人员。对协助教师进行考评的学生进行课前考评和监督方法的培训,确保考评结果准确和公平。

(2) 做好考评记录准备。

二、实施内容

学生分组进行角色扮演，对所学知识进行实操训练。考评人员根据学生实操的内容，结合考评标准进行考评。

三、考评标准

车辆验收测评表见表 7-3。

表 7-3　车辆验收测评表

班级		姓名		小组		
任务名称	车辆验收					
考核内容	测评标准	配分	学生自评	小组互评	教师评价	考核得分
实训步骤	车辆外观检查	30				
	车辆内饰检查	30				
	车辆机械部分检查	20				
	随车文件检查	20				
总分		100				

注：考核得分＝学生自评×20%＋小组互评×40%＋教师评价×40%。

任务拓展

学生课后通过讨论和查阅相关资料完成学习通上的研讨任务“车辆验收时需要注意哪些细节”。

课后习题

一、选择题

1. 在汽车售后服务车辆验收的车辆外观检查中，用于精确检测漆面厚度的工具是(　　)。

A. 手电筒　　B. 胎压表　　C. 漆膜仪　　D. 万用表

2. 验收车辆时，对车辆内饰的仪表盘进行检查，启动发动机后，正常情况下以下哪种警示灯应在短时间内熄灭？(　　)

A. 发动机故障灯　　B. 安全带未系警示灯

C. 远光灯指示灯　　D. 转向指示灯

二、填空题

1. 在汽车售后服务车辆验收的机械部分检查中，检查发动机运转时，可使用

________来听其运转声音，判断是否存在异常杂音。

2. 验收车辆时，对车辆轮胎进行检查，除了查看表面是否有划伤、鼓包等情况，还需用________测量轮胎气压，确保其符合车辆规定标准。

三、简答题

1. 简述汽车售后服务车辆验收中车辆外观检查的主要内容及注意事项。

2. 当在汽车售后服务车辆验收过程中发现车辆某功能不正常时，应如何处理？

任务4　客户回访与客户关系维护

任务导入

通过视频或文字描述来展示一个汽车售后服务客户回访的真实案例，比如某车主在车辆保养后接到回访电话，客服询问服务体验，车主反馈了一些小问题但后续未得到妥善解决，导致车主对该品牌售后服务满意度下降，且后续不再选择该品牌的车辆维修保养服务等情况。

展示完案例后，向学生提问，从这个案例中看到了什么问题，觉得客户回访以及关系维护重要性体现在哪里，让学生初步感受做好这两项工作的意义。

任务要求

一、知识与技能目标

(1) 了解客户回访的重要性、流程及主要内容：学生能够清晰阐述汽车售后服务中客户回访对于企业了解客户需求、提升服务质量、维护品牌形象等方面的重要意义；熟知回访工作从准备、实施到跟进的完整流程；准确说出回访过程中应涵盖的车辆使用情况询问、服务满意度调查、问题收集等主要内容。

(2) 掌握客户关系维护的方法与技巧：理解客户关系生命周期各阶段的特点，能针对不同阶段客户（如潜在客户、新客户、老客户等）制定合适的关系维护策略；熟练掌握通过电话、短信、邮件、线下活动等多种渠道进行客户关系维护的具体操作方法；学会运用个性化沟通、提供增值服务等技巧来增强客户黏性。

(3) 提升分析与处理客户反馈问题的能力：能够准确识别客户在回访中反馈的各类问题，如车辆故障、服务不满、使用疑惑等；掌握对这些问题进行分类、评估严重程度的方法；并能依据所学知识提出合理的解决方案，及时有效地回应客户，提升客户满意度。

二、过程与方法目标

(1) 通过案例分析提升问题解决能力:在分析一系列汽车售后服务客户回访与关系维护的实际案例过程中,学生能够总结成功经验和失败教训,培养从具体案例中发现问题、分析问题原因,并运用所学知识提出针对性解决措施的能力。

(2) 小组合作完成项目任务,培养团队协作精神:安排学生分组模拟汽车售后服务客户回访及关系维护的项目任务,如设计回访话术、制定关系维护方案、实施模拟回访等。在合作过程中,学生要学会分工协作、有效沟通、互相支持,共同完成项目目标,提高团队合作能力和项目执行能力。

三、情感态度与价值观目标

(1) 树立以客户为中心的服务理念:深刻认识到在汽车售后服务领域,客户满意度是企业生存和发展的关键。通过学习,学生能够将以客户为中心的服务理念内化为自身的职业价值观,在今后从事相关工作时始终关注客户需求、尊重客户意见,努力为客户提供优质、贴心的服务。

(2) 培养积极主动的工作态度:了解到客户回访与关系维护工作需要持续投入精力、主动与客户沟通互动。学生应养成积极主动的工作态度,主动关注客户动态,及时跟进客户需求,不坐等客户上门反映问题,而是通过主动回访和维护,预防问题的产生,提升客户对企业的好感度和忠诚度。

(3) 增强职业责任感和敬业精神:认识到汽车售后服务客户回访与关系维护工作对于企业品牌建设、客户口碑传播的重要性。学生能够感受到自身工作的重要性和重大责任,从而在今后的工作中以高度的职业责任感和敬业精神,认真对待每一次回访任务,精心维护与每一位客户的关系,为企业的长远发展贡献自己的力量。

知识导航

一、客户回访

1. 回访时间选择

1) 服务完成后不久

一般在车辆维修保养等售后服务完成后的 1～3 天内进行首次回访较为合适。此时客户对服务体验记忆犹新,能准确反馈服务过程中的细节,比如维修人员的态度、维修效率、等待时间等方面的感受,便于企业及时了解服务质量情况并做出改进。

2) 避免打扰客户休息

回访时间要避开客户的休息时间段,通常早上 9 点之前、中午 12 点至下午 2 点、晚上 8 点之后尽量不要打电话回访,除非事先与客户有特殊约定,不然很可能引起客户反感,影响回访效果。

3）根据服务类型区分

简单保养服务：除了上述提到的完成后1～3天内回访外，也可在车辆下次保养提醒周期前1～2周再次回访，询问车辆的使用情况，顺便提醒下次保养的时间，既能体现对客户的关怀，又能起到一定的营销作用。

维修服务：对于故障较为复杂的车辆，在维修完成后1～3天内回访了解初步情况，并可在车辆行驶一定里程（如500～1000公里）或1～2周后再次回访，确认故障是否彻底解决，客户是否满意后续车辆的行驶状况等。

4）特殊情况考虑

若得知客户近期工作繁忙、出差等特殊情况，应适当推迟回访时间，并与客户另行约定合适的回访时段，确保回访能顺利进行且不影响客户正常生活和工作。

2. 回访方式

1）电话回访

直接沟通：这是最常见的方式。工作人员通过拨打客户预留的电话号码，与客户直接对话，询问服务体验、车辆使用情况等，能及时解答客户疑问，获取最直观的反馈。

效率较高：可在较短时间内完成对多个客户的回访任务，且能根据客户的回答实时调整询问内容和沟通方式，灵活性较强。

2）短信回访

便捷省时：编辑好回访内容，如询问客户对服务是否满意、提醒车辆保养等，批量发送给客户，操作简便，节省人力。

内容简洁：由于短信篇幅有限，需言简意赅地传达关键信息，通常用于简单的满意度调查、服务提醒等，客户可在方便时回复。

3）邮件回访

详细全面：适合发送内容较为详细的回访资料，比如包含车辆保养建议、售后服务介绍、调查问卷等，能让客户更全面地了解相关信息。

针对性强：可根据不同客户群体或服务类型定制邮件内容，但回复率相对电话回访可能较低，因为客户可能不会及时查看邮件。

4）线上平台回访

多渠道利用：借助企业官方网站、微信公众号、App等线上平台设置回访入口或发送回访消息。例如，在公众号中推送服务评价问卷，客户可直接在手机上填写提交。

互动性好：方便客户随时参与回访，还能通过平台与客户进一步互动，如解答客户后续疑问、提供增值服务信息等，提升客户体验感。

5）线下回访

深入了解：安排工作人员上门拜访客户，当面了解客户对售后服务的看法和车辆使用情况，这种方式能展现企业对客户的重视，获取更深入、真实的反馈。

成本较高：该回访方式耗时费力，且需要提前与客户预约，通常用于重要客户或问题较为复杂、需要当面沟通解决的情况。

3. 回访内容

1）服务体验相关

服务态度：询问客户对售后服务人员态度的感受，比如接待人员是否热情、维修人员是否耐心解答疑问等。

服务效率：了解车辆维修保养等服务的完成时间是否让客户满意，是否存在等待时间过长的情况。

2）车辆状况相关

维修效果：对于进行过维修的车辆，询问客户故障是否彻底解决，车辆在后续行驶过程中是否还有异常情况。

保养情况：在车辆保养后，了解客户对保养项目实施的看法，以及车辆使用起来是否感觉更顺畅等。

3）满意度调查

整体满意度：直接询问客户对此次汽车售后服务的整体满意度，可设置打分制（如 1～5 分）让客户评价。

具体环节满意度：分别针对接待环节、维修保养环节、交车环节等各个具体服务环节，了解客户的满意度。

4）意见和建议收集

改进建议：鼓励客户提出对售后服务的任何改进建议，例如服务流程可以如何优化、服务设施是否需要完善等。

新增需求：询问客户是否有其他潜在的需求，比如是否希望增加某些特定的保养项目、对后续的增值服务有何期待等。

5）后续服务提醒

保养提醒：根据车辆的行驶里程和上次保养时间，提醒客户下一次保养的大致时间或里程节点，告知保养的重要性。

其他服务：若有相关的季节性检查、安全检测等其他服务项目，也可适时提醒客户。

4. 注意事项

1）回访前准备

熟悉客户信息：详细了解回访客户的基本资料，如姓名、车型、服务项目、服务时间等，以便在回访中能准确称呼客户并针对性地询问相关情况。

明确回访目的：清楚此次回访是为了了解服务满意度、确认维修效果、收集意见和建议，还是为了进行后续服务提醒等，从而确定回访的重点内容和流程。

准备好话术：设计合理、礼貌且清晰的回访话术，避免出现生硬、难懂或易引起歧义的表述，确保能顺利与客户沟通并获取有效反馈。

2）回访过程中

选择合适时间：避开客户休息时间以及可能忙碌的时段（如工作日上午 9 点前、中午 12 点至下午 2 点、晚上 8 点后，除非事先约定），确保回访不打扰客户正常生活和工作。

注意礼貌用语：回访开始要用礼貌的称呼，如“您好，××先生/女士”，全程保持热情、温和、耐心的态度,多用“请”“谢谢”“打扰您了”等礼貌用语,给客户留下好印象。

认真倾听回应:客户讲话时要认真倾听,不要随意打断,适时给予回应,如“嗯”“好的”“明白”等,让客户感受到被尊重,同时准确记录客户反馈的内容。

提问清晰简洁:询问的问题要简单明了,避免复杂、冗长的表述,确保客户能轻松理解并准确回答,比如“您对这次的维修服务满意吗?”而不是绕圈子询问。

控制回访时长:一般回访时间不宜过长,以 5～10 分钟为宜,避免占用客户过多时间,引起客户厌烦。

3) 回访后处理

及时整理反馈:回访结束后,立即对客户反馈的内容进行整理分类,如将满意的评价、不满意的问题、提出的建议等分别归类,以便后续分析处理。

跟进处理问题:对于客户提出的问题和建议,要及时安排相关人员进行跟进处理,能立即解决的要尽快解决,不能立即解决的要告知客户处理进度和预计解决时间,让客户看到企业对其反馈的重视。

记录存档:将回访的全过程,包括回访时间、客户反馈内容、处理情况等详细记录下来,存档保存,以便日后查询参考,也有助于分析客户需求和服务质量变化趋势。

5. 客户异议类型及处理方法

1) 服务体验类异议

(1) 异议类型。

服务态度不佳:客户觉得售后服务人员态度冷漠、不耐烦或不够热情,比如接待时没有微笑、回答问题敷衍等。

服务效率低下:反映维修保养等服务耗时过长,等待时间超出预期,影响了他们的正常安排。

(2) 处理方法。

诚恳道歉:首先向客户表达诚挚的歉意,承认企业在服务过程中存在的不足,让客户感受到被重视。

了解详情:询问客户具体在哪个环节、遇到了哪位工作人员出现这样的情况,以便准确掌握问题所在。

承诺改进:告知客户企业会立即对相关人员进行教育和培训,采取措施确保类似情况不再发生,同时邀请客户下次体验时监督。

2) 车辆状况类异议

(1) 异议类型。

维修效果不理想:客户表示车辆经过维修后,原本的故障仍未彻底解决,或者又出现了新的问题。

保养效果不明显:客户觉得保养后车辆的行驶性能等方面没有得到预期的改善,比如油耗依旧很高、动力没有提升等。

(2) 处理方法。

安抚情绪:先对客户遇到的情况表示同情和理解,缓解客户的焦虑情绪。

详细了解:请客户详细描述车辆目前的具体状况,包括故障现象、出现的频率等,以便准确判断问题。

安排复查：立即安排专业技术人员与客户联系，约定时间对车辆进行复查，找到问题的原因，并承诺会免费为客户解决问题，直至车辆恢复正常。

3）费用相关异议

（1）异议类型。

维修保养费用过高：客户认为所支付的维修保养费用超出了他们的预期，觉得性价比不高。

收费项目不明确：对账单上的一些收费项目存在疑惑，不清楚具体是做什么用的，为什么要收取。

（2）处理方法。

解释费用构成：针对维修保养费用过高的异议，向客户详细解释费用的构成，包括零部件的价格、工时费等，说明企业的定价是基于市场行情和成本核算的。

提供明细：对于收费项目不明确的情况，为客户提供详细的收费项目明细，用通俗易懂的语言解释每个项目的用途和必要性，确保客户理解。

优惠补偿：如果客户仍然觉得费用不合理，可在权限范围内考虑给予一定的优惠或补偿措施，如折扣券、小礼品等，以缓解客户的不满情绪。

4）沟通类异议

（1）异议类型。

回访方式不喜欢：例如客户不喜欢电话回访，觉得打扰了他们的生活，或者觉得短信回访内容太简单，无法充分表达意见。

信息传达不清晰：在售后服务过程中，客户觉得工作人员传达的一些信息，如维修进度、预计交车时间等不清晰，导致他们产生误解。

（2）处理方法。

尊重客户意愿：如果客户不喜欢某种回访方式，则询问客户希望的回访方式，如改为线上问卷回访或邮件回访等，并按照客户的要求进行回访。

重新沟通：对于信息传达不清晰的情况，重新向客户清晰准确地传达相关信息，必要时可以通过多种方式（如电话、短信、微信等）同步告知，确保客户理解。

5）其他异议

（1）异议类型。

对后续服务不满意：比如客户觉得后续服务提醒不及时，或者提供的增值服务不符合他们的期望。

对企业形象有看法：客户可能因为听到了一些关于企业的负面传闻，或者在售后服务现场看到了一些不规范的操作，从而对企业产生了不好的印象。

（2）处理方法。

了解诉求：先了解客户具体的不满和诉求，以便针对性地采取措施。

改进完善：针对客户对后续服务不满意的情况，优化服务流程，提高服务质量，及时准确地提供后续服务提醒和符合客户期望的增值服务。对于对企业形象有看法的情况，向客户解释清楚那些负面传闻或不规范操作的真实情况，展示企业积极向上的一面，争取改变客户的看法。

二、客户关系维护

1. 建立客户档案

客户档案应包含以下基本信息。

1）客户个人资料

（1）姓名、性别、年龄、联系方式（电话、电子邮箱、微信等）：以便能准确联系客户进行回访及沟通后续服务事宜。

（2）家庭住址或工作单位地址：对于一些涉及上门服务、寄送资料等情况会有帮助。

2）车辆信息

（1）车型、车架号、车牌号、发动机号等车辆唯一标识信息：明确客户所拥有的具体车辆。

（2）购车时间、购车地点：可据此了解车辆的使用年限及初始购买渠道，对后续服务安排有参考意义。

（3）车辆配置情况：包括不同的选装配置等，有助于在提供服务时更精准地满足客户提出的与车辆相关的需求。

2. 服务记录相关内容

1）维修保养记录

（1）每次维修保养的时间、地点、服务项目：详细记录车辆经历过的各项维护操作，方便后续查询车辆的维护历史，分析车辆可能存在的潜在问题。

（2）维修保养费用：了解客户在车辆维护上的花费情况，对于一些费用敏感型客户，可针对性地提供优惠或性价比高的服务套餐。

（3）负责维修保养的工作人员姓名：便于在出现问题时能迅速找到当时的服务人员了解具体情况，同时也能对工作人员的服务质量进行跟踪评估。

2）故障投诉记录

（1）每次故障发生的时间、故障现象描述：准确记录车辆出现的问题，为后续分析故障原因、提供解决方案提供依据。

（2）客户投诉的内容及诉求：了解客户对故障情况的不满点及期望的解决方式，以便更好地处理投诉，提升客户满意度。

（3）处理投诉的结果及处理时间：显示企业对客户投诉的重视程度及处理效率，同时也能为后续类似投诉的处理提供参考。

3. 客户偏好与需求记录

1）服务方式偏好

（1）记录客户喜欢的售后服务方式，如电话回访、短信回访、线上平台回访或线下拜访等，以便按照客户喜好进行回访和沟通，提高客户接受度。

（2）了解客户对不同服务渠道（如4S店、特约维修站等）的选择偏好，在后续安排服务时能更贴合客户需求。

2）增值服务需求

（1）询问并记录客户对汽车相关增值服务的需求，如车辆美容、内饰改装、汽车用品购买等，以便适时向客户推荐合适的增值服务项目，增加客户与企业的业务往来。

（2）了解客户对特定季节或行驶场景下的特殊服务需求，比如冬季的防冻液检查、夏季的空调制冷检查等，针对性地提供服务提醒和安排。

4. 客户反馈记录

1）回访反馈记录

（1）每次回访时客户的反馈内容：包括对服务满意度的评价、提出的意见和建议等，通过对这些反馈的分析，可以不断优化服务质量，维护良好的客户关系。

（2）回访时间、回访方式：便于了解回访的实施情况，查看是否按照客户喜好进行回访等。

2）其他反馈记录

客户在非回访场合下（如在展厅、服务现场等）给出的反馈，比如对展厅布置、服务设施等方面的反馈，也应及时记录下来，以便全面了解客户的想法，改进企业的各项工作。

5. 档案更新与管理

1）定期更新

（1）每当有新的服务记录、客户反馈等情况发生，应及时更新客户档案，确保档案内容的准确性和时效性。

（2）对于客户的个人信息变化（如电话号码更换、家庭住址变动等），也要第一时间进行更新，以便能持续有效沟通。

2）安全管理

（1）客户档案涉及客户大量的个人隐私和车辆信息，要采取必要的措施确保档案的安全性，如设置访问权限、进行数据加密等，防止信息泄露。

（2）安排专人负责档案管理工作，明确其职责，保证档案管理工作的有序进行。

6. 提供增值服务

1）车辆相关增值服务

（1）免费车辆检查：定期为客户提供免费的车辆全面检查服务，如换季时检查车辆的各项系统（包括制动、转向、空调等）是否正常，在特殊节日或客户生日时也可安排此类检查，让客户感受到关怀的同时及时发现潜在问题。

（2）车辆清洗美容：赠送一定次数的车辆清洗服务，或者提供车辆美容套餐优惠，比如内饰清洁、打蜡、抛光等项目，提升车辆外观和内饰的整洁度与美观度，从而提高客户满意度。

（3）轮胎养护与更换优惠：针对车辆轮胎的使用情况，开展轮胎养护知识讲座，同时提供轮胎更换的折扣优惠或举办买赠活动，确保车辆行驶安全，也为客户节省费用。

2）车主生活便利增值服务

（1）道路救援协助：除了常规的道路救援服务（如拖车、搭电等）外，还可协助客户联系周边的酒店、餐厅等资源，当客户在旅途中遇到车辆故障被困时，能为其提供更全面的生活便利保障。

(2) 出行规划建议:根据客户的出行目的地和车辆状况,为其提供详细的出行规划建议,包括最佳路线推荐、沿途加油站及服务区信息等,让客户的出行更加顺畅。

3) 知识与培训增值服务

(1) 汽车保养知识讲座:定期举办汽车保养知识讲座,邀请专业技师为客户讲解车辆日常保养的要点、常见故障的预防与处理等知识,提升客户对车辆保养的认知,也让客户感受到企业对他们的关心和专业支持。

(2) 驾驶技巧培训:对于有需求的客户,提供驾驶技巧培训课程,如安全驾驶技巧、节油驾驶技巧等,帮助客户提升驾驶技能,同时也增强客户与企业之间的互动。

4) 专属优惠与活动增值服务

(1) 服务套餐优惠:设计各类专属的汽车售后服务套餐,并给予客户一定的折扣优惠或额外赠品,如保养套餐、维修套餐等,吸引客户选择企业的服务,同时降低客户获得服务的成本。

(2) 车主俱乐部活动:成立车主俱乐部,定期组织各类车主活动,如自驾游、亲子活动、公益活动等,为客户提供社交平台,增进客户之间以及客户与企业之间的感情,提升客户的归属感和忠诚度。

7. 快速响应客户需求

1) 建立多渠道反馈机制

确保客户能通过多种途径反馈需求,如电话、短信、企业官方网站、微信公众号、App等。各渠道安排专人负责监控和接收信息,保证客户的诉求能第一时间被知晓。

2) 优化响应流程

制定清晰明确的需求响应流程,规定从收到客户需求到首次回复、深入了解情况、安排处理以及最终反馈结果的各个环节的时间限制和责任人。例如,要求在接到电话反馈后5分钟内给予客户初步回应,告知已收到需求并会尽快处理。

3) 提升人员专业素养

对售后服务人员进行全面培训,包括提升沟通技巧,使其能准确理解客户需求;增强专业知识,以便快速判断问题并给出合理建议;培养应急处理能力,面对突发情况能高效应对。

4) 储备充足资源

确保有足够的零部件库存,以满足常见维修需求,避免因缺少零件而导致处理客户问题延误。同时,合理安排技术人员的排班,保证随时有足够的人力可调配来处理客户反馈的各类情况。

5) 实时跟进与反馈

安排专人对客户需求的处理进度进行实时跟进,及时将处理情况反馈给客户,让客户清楚知道自己的需求处于何种处理阶段,如已安排维修人员上门、正在维修中、预计完成时间等,避免客户因不了解情况而产生焦虑和不满。

6) 事后复盘与改进

每处理完一个客户需求,都要进行复盘,分析响应过程中存在的问题和不足之处,如响应是否够快、处理是否得当等，据此不断优化响应流程和提升服务质量，以便在未来能更快速、高效地响应客户需求。

8. 保持沟通与互动

1）定期回访沟通

（1）设定回访周期：按照车辆保养、维修等服务完成情况，确定合理的回访周期。比如，保养后1～3天进行首次回访了解服务体验，下次保养前1～2周再次回访询问车辆使用情况等，通过定期回访与客户保持常态化沟通。

（2）丰富回访内容：回访时不只是询问服务满意度，还可关心客户车辆近期的使用状况、是否有新需求等，同时提供一些车辆保养小知识、出行注意事项等有用信息，增加回访的价值。

2）利用线上平台互动

（1）官方网站与App：通过企业官方网站和App搭建与客户互动的平台，如设置论坛供客户交流车辆使用心得、发布汽车相关资讯和技术文章让客户学习了解，还可开通在线客服功能，方便客户随时咨询问题并及时回复。

（2）微信公众号：定期推送优质内容，包括车主故事、最新车型介绍、售后服务优惠活动等，吸引客户关注并互动。设置留言区，鼓励客户留言提问或分享看法，及时回复客户留言，形成良好的互动氛围。

3）举办车主活动

（1）线下活动形式：组织各类车主活动，如自驾游、亲子活动、车主联谊会等。这些活动能为车主提供社交机会，让他们结识其他车主，同时也增强了客户与企业之间的感情联系。活动过程中，安排专人负责与车主沟通互动，了解他们的需求和感受。

（2）线上活动开展：也可举办一些线上活动，比如汽车知识竞赛、最美车主摄影比赛等，通过线上活动的便利性吸引更多客户参与，获胜者给予一定奖励，提高客户的参与热情和互动积极性。

4）提供个性化沟通方式

（1）关注客户喜好：依据客户档案了解客户的兴趣爱好、服务偏好等，在沟通中融入这些元素。比如，知道客户喜欢自驾游，在回访或推送信息时就可以提及一些适合自驾游的路线推荐、车辆准备事项等，让客户感受到沟通的针对性和用心。

（2）定制沟通内容：针对不同客户群体（如新车主、老车主、高端车的车主等）制定不同的沟通内容和方式。例如，新车主可能更需要车辆使用和保养的基础知识，老车主则可能对车辆升级改造、增值服务更感兴趣，根据这些特点进行个性化沟通。

5）及时回复客户咨询

（1）快速响应机制：无论是通过电话、短信还是通过线上平台等收到客户的咨询，都要建立快速响应机制，确保在短时间内（如10分钟内）给予客户明确的回复，让客户感受到企业对他们的重视和关注。

（2）准确解答问题：回复时要准确解答客户的问题，如果遇到暂时无法回答的问题，要诚实地告知客户，并说明会尽快查找资料或咨询相关专家后再回复，保证沟通的质量。

9. 感恩回馈客户

1）优惠活动类回馈

（1）服务折扣优惠：定期推出针对老客户的汽车维修保养服务折扣活动，比如在特定节日、店庆期间给予8折甚至更低的折扣，让客户切实感受到在价格上得到实惠，激励他们继续选择企业的服务。

（2）套餐升级优惠：对于购买常规保养套餐的客户，适时提供套餐升级优惠。例如，原本的基础保养套餐可免费升级为包含更多项目的高级保养套餐，或者在购买维修套餐时赠送额外的增值服务项目，增加客户的获得感。

2）礼品赠送类回馈

（1）节日礼品：在重要节日（如春节、中秋节等），为客户送上精心挑选的节日礼品，如特色美食礼盒、汽车用品（如车载吸尘器、车载香水等）、精美纪念品等，表达对客户的节日祝福，同时也让客户感受到企业的关怀。

（2）纪念日礼品：关注客户的购车纪念日、车辆保养维修达到一定次数等特殊纪念日，送上专属纪念礼品，如定制的汽车模型、带有客户姓名及车辆信息的精美摆件等，增强客户与车辆、企业之间的情感联系。

3）专属服务类回馈

（1）优先服务通道：设立老客户优先服务通道，当客户前来维修保养车辆时，可享受优先接待、优先安排维修人员、优先交车等特权，减少客户的等待时间，提升服务体验，体现对老客户的特殊待遇。

（2）上门服务便利：针对一些行动不便、距离较远或车辆故障无法行驶的老客户，提供上门维修保养、车辆检测等上门服务，为客户提供极大的便利，展示企业对客户的贴心关怀。

4）会员权益类回馈

（1）建立会员制度：创建汽车售后服务会员体系，老客户可免费或通过消费积分等方式成为会员。会员可享受诸多专属权益，如积分兑换汽车用品、免费车辆清洗、参加会员专属活动等，通过不断丰富会员权益来吸引客户成为会员并长期维持会员身份。

（2）会员升级激励：设置会员等级，根据客户的消费金额、忠诚度等因素进行升级。随着会员等级的提升，客户可享受更高级的权益，如更高的折扣优惠、专属的客服服务、免费参加高端车车主活动等，鼓励客户持续消费并提升对企业的忠诚度。

5）情感关怀类回馈

（1）生日祝福：在客户生日当天，通过电话、短信、微信等方式送上诚挚的生日祝福，让客户感受到企业的温暖与关怀，拉近与客户的距离。

（2）感谢信：定期给客户写感谢信，回顾客户与企业的合作历程，感谢客户一直以来的支持与信任，表达企业对客户的珍视之情，让客户在情感上得到满足，进一步巩固客户与企业的关系。

案例分析

案例一：积极回访解决问题，挽回客户信任

一、案例情况

一位车主在某汽车4S店做完车辆保养后，接到了售后客服的回访电话。客服询问了保养服务的体验，车主反馈在保养过程中等待时间过长，影响了他当天的其他安排。

车主原本对这次保养服务不太满意，甚至考虑下次换一家店保养。

二、处理措施

客服人员在回访中认真倾听了车主的反馈，当即向车主诚恳道歉，并详细记录了具体情况。

回访结束后，客服迅速将问题反馈给相关部门。4S店马上采取行动，对当天的保养流程进行了复盘，发现是由于临时增加了几台紧急维修车辆，保养工位被占用，从而使正常保养的车主等待时间变长。

4S店随后安排专人与车主联系，再次向车主道歉，并告知车主已针对此问题制定了改进措施，如优化预约流程、预留一定比例的工位给正常保养车辆，避免类似情况再次发生。同时，为了表示歉意，还为车主提供了一次免费的车辆检查服务。

三、结果与启示

结果：车主对4S店积极处理问题的态度非常满意，不仅打消了换店保养的念头，还在之后的车辆保养中一直选择这家4S店。

启示：及时有效的回访能够发现客户的不满，通过积极解决问题并给予适当补偿，可以挽回客户的信任，对客户关系维护起到关键作用。

案例二：忽视回访反馈，导致客户流失

一、案例情况

某车主的车辆出现故障，在一家4S店进行了维修。维修后，4S店按惯例进行了回访，车主在回访中提到虽然车辆故障暂时解决了，但在行驶过程中感觉有些异常，怀疑还有其他问题。

回访客服只是简单记录了反馈内容，没有及时跟进处理，也没有将情况告知维修师傅。

二、处理措施

由于没有得到重视，车主发现车辆异常情况越来越严重，于是又自行将车辆开到另一家4S店进行检查。结果发现是之前维修时遗留的一个小部件安装不当引发的新问题。

第一家4S店工作人员在得知车主去了别家后，才想起之前的回访反馈，但为时已晚。

三、结果与启示

结果：车主对第一家4S店非常失望，不仅不再选择这家4S店进行维修，还向周围的朋友讲述了自己的不愉快经历，导致这家4S店口碑受损。

启示：回访不能流于形式，对于客户反馈的问题必须高度重视并及时跟进处理，否则会严重损害客户关系，导致客户流失。

案例三：通过关系维护活动，提升客户忠诚度

一、案例情况

一家汽车品牌4S店建立了车主俱乐部，定期组织自驾游、亲子活动等车主活动。同时，在重要节日还会为车主们送上精心挑选的节日礼品，如春节送春联、中秋节送月饼等。

他们还通过微信公众号、短信等方式定期向车主推送车辆保养知识、优惠活动等信息，保持与车主的互动。

二、处理措施

在每次活动组织前，4S店都会提前向车主们发出邀请，详细介绍活动内容、时间、地点等信息。活动过程中，工作人员会积极与车主们互动，了解他们的需求和感受。

对于没有参加活动的车主，也会通过回访了解原因，并继续推送相关活动信息，鼓励他们下次参加。

三、结果与启示

结果：通过这些举措，车主们感受到了4S店对他们的重视和关怀，很多车主不仅自己一直选择这家4S店进行车辆保养和维修，还介绍身边的朋友来购买该品牌的汽车并享受其售后服务。

启示：通过多样化的活动来维护客户关系，如组织车主活动、赠送礼品、保持信息互动等，可以有效提升客户忠诚度，为企业带来更多的潜在客户。

任务实施

一、实施准备

1.学生准备

(1) 学生学习完知识导航部分,便可进行学习考评。

(2) 由学生自由组合成研究性学习项目小组,4～6人为一组。

2. 教师准备

(1) 教师和各小组的组长担任考评人员。对协助教师进行考评的学生进行课前考评和监督方法的培训,确保考评结果准确和公平。

(2) 做好考评记录准备。

二、实施内容

学生分组进行角色扮演,对所学知识进行实操训练。考评人员根据学生实操的内容,结合考评标准进行考评。

三、考评标准

客户回访与客户关系维护测评表见表7-4。

表7-4　客户回访与客户关系维护测评表

班级		姓名		小组		
任务名称	客户回访与客户关系维护					
考核内容	测评标准	配分	学生自评	小组互评	教师评价	考核得分
实训步骤	客户回访	50				
	客户关系维护	50				
总分		100				

注:考核得分＝学生自评×20％＋小组互评×40％＋教师评价×40％。

任务拓展

学生课后通过讨论和查阅相关资料完成学习通上的研讨任务“建立客户档案时要重点突出哪些内容”。

课后习题

一、选择题

1. 汽车售后服务客户回访最合适的时间一般是在服务完成后的(　　)。

A. 当天　　B. 1～3 天内　　C. 一周后　　D. 一个月后

2. 以下哪种回访方式能最直接获取客户反馈且互动性较强?(　　)

A. 电话回访　　B. 短信回访　　C. 邮件回访　　D. 线上平台回访

3. 在客户关系维护中,针对老客户可提供的优先服务通道属于(　　)回馈方式。

A. 优惠活动类　　B. 礼品赠送类　　C. 专属服务类　　D. 会员权益类

二、填空题

1. 汽车售后服务客户回访内容通常包括服务体验、车辆状况、________、意见和建议收集以及后续服务提醒等方面。

2. 建立客户档案是客户关系维护的重要环节,档案应包含客户个人资料、车辆信息、服务记录、________以及客户反馈记录等内容。

三、简答题

1. 请简述汽车售后服务客户回访的重要性。

2. 请列举三种常见的汽车售后服务客户关系维护的方法,并简要说明其作用。

模块 7 综合测试题

一、选择题(每题 2 分,共 20 分)

1. 汽车售后服务中,车辆保养后回访的最佳时间一般是在保养完成后的(　　)。

A. 当天　　B. 1～3 天内　　C. 一周后　　D. 一个月后

2. 以下哪种客户回访方式的回复率相对可能较低,但可发送详细资料?(　　)

A. 电话回访　　B. 短信回访　　C. 邮件回访　　D. 线上平台回访

3. 在汽车售后服务客户关系维护中,成立车主俱乐部并组织自驾游等活动属于(　　)。

A. 提供增值服务　　B. 快速响应客户需求

C. 感恩回馈客户　　D. 保持沟通与互动

4. 客户反馈车辆维修后故障依旧存在,作为售后服务人员,首先应(　　)。

A. 解释原因　　B. 再次维修

C. 安抚客户情绪　　D. 询问详细情况

5. 汽车售后服务客户档案中,以下哪项不属于车辆信息内容?(　　)

A. 车型　　B. 车主姓名　　C. 车架号　　D. 购车时间

6. 以下哪种情况不属于汽车售后服务中常见的客户异议类型?(　　)

A. 对车辆颜色不满意　　B. 服务效率低下

C. 维修保养费用过高　　D. 回访方式不喜欢

7. 汽车售后服务中,对于客户提出的维修保养费用过高的异议,恰当的处理方法是(　　)。

A. 直接拒绝解释　　B. 只说这是公司规定

C. 解释费用构成及必要性　　D. 不理会客户异议

8. 在客户关系维护中,对于老客户而言,可以用积分兑换汽车用品属于(　　)回馈方式。

A. 优惠活动类　　B. 礼品赠送类

C. 专属服务类　　D. 会员权益类

9. 汽车售后服务人员在回访客户时,以下哪项做法不正确?(　　)

A. 选择合适时间回访,避开客户休息时间

B. 礼貌用语,全程热情、耐心

C. 随意打断客户讲话,快速完成回访

D. 认真倾听客户反馈并准确记录

10. 汽车售后服务中,为客户提供免费的车辆换季检查属于(　　)。

A. 基本服务内容　　B. 增值服务内容

C. 客户必须要求才提供的服务　　D. 只有新车主才能享受的服务

二、填空题(每题 3 分,共 15 分)

1. 汽车售后服务客户回访内容主要涉及服务体验、车辆状况、满意度调查、________以及后续服务提醒等方面。

2. 汽车售后服务客户关系维护的方法包括建立客户档案、提供增值服务、快速响应客户需求、保持沟通与互动以及________等。

3. 在处理客户异议时,对于客户提出的问题,应及时跟进处理,能立即解决的要________,不能立即解决的要告知客户处理进度和预计解决时间。

4. 汽车售后服务客户档案应包含客户个人资料、车辆信息、________、客户偏好与需求记录以及客户反馈记录等内容。

5. 为了提升客户满意度,汽车售后服务企业应定期对服务质量进行________,并根据结果进行改进。

三、判断题(每题 2 分,共 20 分)

1. 汽车售后服务中,只要完成了车辆维修保养任务就不需要进行回访了。(　　)

2. 短信回访因为篇幅有限,所以只能用于简单的满意度调查,不能询问其他内容。(　　)

3. 在客户关系维护中,提供增值服务就是单纯给客户送礼物。(　　)

4. 客户反馈车辆保养效果不明显,售后服务人员可以直接告诉客户这是正常现象,无须进一步处理。(　　)

5. 汽车售后服务客户档案的更新应根据客户的情况及时进行,比如客户更换电话号码等。(　　)

6. 对于客户提出的回访方式不喜欢的异议,应按照企业的常规回访方式继续回访,

不必理会客户的意愿。(　　)

7. 汽车售后服务中,老客户比新客户更重要,所以只需关注老客户的需求即可。(　　)

8. 汽车售后服务企业通过举办车主俱乐部活动,可以增强客户与企业之间的情感连接,提升客户忠诚度。(　　)

9. 在处理客户异议时,安抚客户情绪是可有可无的步骤。(　　)

10. 汽车售后服务人员在回访时,不需要熟悉客户的基本信息,只要问对问题就行。(　　)

四、简答题(每题15分,共45分)

1. 请简述汽车售后服务客户回访的目的和重要性。

2. 请列举并简要说明汽车售后服务中常见的客户异议类型及处理方法。

3. 请阐述汽车售后服务客户关系维护的重要性,并举例说明一种维护客户关系的具体方法及其作用。

综合测试题

一、选择题(每题2分,共20分)

1. 汽车营销中,市场细分的依据不包括以下哪项?(　　)

A. 地理因素　　B. 人口因素　　C. 心理因素　　D. 随机因素

2. 以下哪种促销方式通常能在短时间内迅速提高汽车销售量?(　　)

A. 广告宣传　　B. 人员推销　　C. 营业推广　　D. 公共关系

3. 汽车品牌的核心价值主要体现在(　　)方面。

A. 品牌名称　　B. 品牌标志　　C. 品牌文化　　D. 品牌车型

4. 汽车销售展厅的布局设计,最重要的目的是(　　)。

A. 美观大方　　B. 方便销售人员工作

C. 吸引顾客进店并促进销售　　D. 展示最多的车型

5. 在汽车营销中,针对高收入群体推出高端豪华车型,采用的是(　　)市场定位策略。

A. 避强定位　　B. 迎头定位　　C. 重新定位　　D. 差异化定位

6. 汽车销售人员在与客户沟通时,以下哪种行为是不合适的?(　　)

A. 认真倾听客户需求　　B. 频繁打断客户说话

C. 用专业知识解答客户疑问　　D. 保持微笑和热情的服务态度

7. 汽车营销渠道中,直接销售渠道不包括(　　)。

A. 汽车制造商直接卖给消费者

B. 汽车制造商通过直营店卖给消费者

C. 汽车制造商通过电商平台卖给消费者

D. 汽车制造商通过经销商卖给消费者

8. 以下哪项不属于汽车产品的售后服务内容?(　　)

A. 车辆维修保养　　B. 提供购车贷款咨询

C. 车辆召回处理　　D. 客户回访

9. 汽车价格构成中，除了生产成本、流通费用、利润外，还包括(　　)。

A. 促销费用　　B. 研发费用　　C. 税收　　D. 运输费用

10. 在汽车营销中，为了吸引潜在客户，经常会举办一些车展活动，车展属于(　　)营销手段。

A. 广告宣传　　B. 人员推销　　C. 营业推广　　D. 公共关系

二、填空题(每题 3 分，共 15 分)

1. 汽车营销的核心是满足________的需求和期望。

2. 汽车产品的整体概念包括核心产品、形式产品、________和延伸产品。

3. 在汽车销售过程中，客户异议处理的基本原则是________、理解、解决。

4. 汽车营销渠道的长度是指产品从生产者到消费者所经过的________的多少。

5. 汽车品牌形象的塑造主要通过品牌名称、品牌标志、品牌文化以及________等方面来实现。

三、判断题(每题 2 分，共 20 分)

1. 汽车营销只需要关注产品的销售，不需要考虑售后服务。(　　)

2. 所有的汽车品牌都适合采用高端定位策略。(　　)

3. 汽车销售人员不需要了解汽车的技术参数，只要会推销就行。(　　)

4. 汽车营销渠道越短，企业对销售终端的控制能力就越强。(　　)

5. 汽车价格一旦确定，就不能再调整了。(　　)

6. 举办车展活动主要是为了展示汽车的外观，对销售促进作用不大。(　　)

7. 客户购买汽车时，只会考虑价格因素，其他因素不重要。(　　)

8. 汽车产品的延伸产品主要是指车辆本身附带的一些配件。(　　)

9. 在汽车营销中，公共关系活动的开展主要是为了应对负面新闻。(　　)

10. 汽车品牌的知名度越高，其销售量就一定越高。(　　)

四、简答题(每题 15 分，共 45 分)

1. 请简述汽车营销中市场细分的作用及常见的细分依据。

2. 请说明汽车销售人员在接待客户时的基本流程及各环节的主要工作内容。

3. 请阐述汽车价格制定的影响因素及常见的定价方法。